DESTINOS Cruzados

• VOLUME 2 •

Catalogação na Fonte
Elaborado por: Dayanne Leal Souza
Bibliotecária CRB 9/2162

C246d
2024

Caporasso, Rose
Destinos cruzados – volume 2 / Rose Caporasso. – 1. ed. – Curitiba: Appris, 2024.
329 p. : il. ; 23 cm.

ISBN 978-65-250-6251-8

1. Literatura brasileira - Romance. 2. Família. 3. Amor. I. Caporasso, Rose. II. Título.

CDD – B869.93

Editora e Livraria Appris Ltda.
Av. Manoel Ribas, 2265 – Mercês
Curitiba/PR – CEP: 80810-002
Tel. (41) 3156 - 4731
www.editoraappris.com.br

Printed in Brazil
Impresso no Brasil

Rose Caporasso

DESTINOS Cruzados

• VOLUME 2 •

Appris editora

Curitiba, PR

2024

FICHA TÉCNICA

EDITORIAL	Augusto V. de A. Coelho Sara C. de Andrade Coelho
COMITÊ EDITORIAL	Marli Caetano Andréa Barbosa Gouveia (UFPR) Edmeire C. Pereira (UFPR) Iraneide da Silva (UFC) Jacques de Lima Ferreira (UP)
SUPERVISORA EDITORIAL	Renata C. Lopes
REVISÃO	Bruna Fernanda Martins Stephanie Ferreira Lima
DIAGRAMAÇÃO	Amélia Lopes
CAPA	Carlos Pereira
REVISÃO DE PROVA	Sabrina Costa

SUMÁRIO

Esta história é pura ficção.

Personagens, nomes, locais e os eventos retratados são produtos da imaginação da autora. Qualquer semelhança com a realidade é mera coincidência.

Capítulo 19

Livre de culpas...

Ao voltar a São Francisco, desolada por ver seu sonho de amor desfazer-se como bolhas de sabão, Susan deu um longo suspiro ao sair da janela, para ouvir uma música. O silêncio estava lhe incomodando. Talvez pelo estado de espírito em que se encontrava, escolheu Nabucco de Verdi. Adorava essa ópera e sabia que era uma das preferidas de Carlo. Será que era por isso que ela gostava tanto da música? Riu de si mesma ao não ter a resposta.

Pegando uma caneca de café forte, largou-se na poltrona próxima ao toca-discos vintage que ganhou dos pais quando fizera 17 anos e, então, lembranças da última vez em que o encontrara lhe povoaram a mente.

Seu coração doía como se alguém o apertasse com violência. Amava-o tanto que sua vida parecia ter perdido o sentido, ao se dar conta de que não teria nenhum futuro com ele.

Lembrava com nitidez a expressão séria, convictamente fria, de Carlo, durante a cerimônia do funeral. Sabia que ele estava decidido a pôr fim a qualquer sentimento romântico que tivesse por ela e, com isso, amenizar a culpa que ele carregava em relação à esposa morta. Ela também se sentia assim!

Era muito triste constatar que teria que abrir mão do amor da sua vida por uma brincadeira do destino. Ela deu um longo suspiro e sua garganta doeu com a sua tentativa de segurar o choro, até que não conseguiu mais se conter e deixou-se levar pelas lágrimas de dor.

Ficou deitada por horas, relembrando os momentos tórridos que tiveram em Houston, naquele almoço, no gabinete dele após o Natal.

As imagens do encontro fortuito naquela noite na casa dele ainda estavam bem nítidas em sua mente. Ao lembrar-se das caricias que trocaram naquela noite, sentia o corpo esquentar, em todas as suas partes sensíveis, e o coração acelerar, como se ele a estivesse tocando. Só faltou terem tirado a roupa e saciado aquela chama ardente de desejo que sentiram. Depois, quando começaram a trocar mensagens pelo WhatsApp, seu coração estava pleno de esperanças. Mas... agora tudo era passado... Tudo acabara.

Limpando as lágrimas, levantou-se e decidiu tomar um banho, para acalmar-se.

Antes de entrar no chuveiro, olhou-se no espelho. Estava horrível, com olheiras resultantes de noites mal dormidas e os olhos inchados e vermelhos de tanto chorar.

De repente, nada mais viu. Sua visão estava borrada de lágrimas, impedindo-a de se enxergar no espelho.

Precisava urgente de Sarah, precisava desabafar, senão ficaria louca. A amiga sabia ouvi-la. Depois do banho, ligaria para ela.

Tal como esperava, uma hora depois de ligar, a amiga entrava em seu apartamento.

— Meu Deus, amiga, você está horrível. — disse a ruiva, tão logo ela abriu-lhe a porta.

— Ah, obrigada. — respondeu Susan ironicamente. — Estou precisando de um incentivo como esse, para o meu ego destruído.

Sarah abraçou a amiga, rindo.

— Desculpe, Susi, mas é que eu nunca a vi assim.

— Por isso te chamei. Não aguento mais, Sarah. Está muito difícil para mim aceitar o fim do meu sonho com Carlo.

— Eu entendo, minha querida. Mas deve ter paciência. Quem garante que é o fim do seu sonho? Deixe o tempo falar por si. — disse Sarah, levando a amiga até o sofá, onde elas se sentaram lado a lado.

— Eu sinto tanto a falta dele, dos seus telefonemas... — queixou-se Susan.

Sarah a abraçou com compaixão.

— Oh, minha querida... — murmurou-lhe. — E eu tenho uma notícia que não sei como você vai encarar.

Assustada, Susan afastou-se do abraço da amiga e encarou-a.

— O que aconteceu, Sarah? — perguntou — É sobre Carlo?

Sarah assentiu levemente, sem tirar os olhos da amiga.

— Carlo sumiu! — declarou ela, prestando atenção na reação de Susan.

— Sumiu? Sumiu como? Como soube disso?

— Lorenzo andou telefonando para os rapazes, a fim de perguntar se sabiam do paradeiro de Carlo. A família está preocupada com ele, inclusive seu guarda-costas que está preocupado com a sua segurança. Ninguém sabe onde ele se encontra. Deixou um bilhete para a família, dizendo que precisava de solidão, por uns tempos.

— Ele deve ter ido para Palm Beach, como...

— Não. — cortou Sarah. — Desta vez não. Já averiguaram e ele não estava lá.

— Onde essa criatura se meteu? — Susan perguntou curiosa e enxugando os olhos com os punhos fechados.

Sara meneou a cabeça ruiva.

— Se eu soubesse, amiga... — respondeu.

— Aldo... a *villa*... — lembrou Susan, mas a amiga meneou a cabeça novamente.

— A pedido de Lorenzo, Aldo foi até lá para verificar e disse que não havia nada que denunciasse sua presença lá.

— Então, minha amiga, acho que agora minhas chances de viver algo com esse homem acabaram de vez. Sumir assim sem avisar ninguém... Ele deve estar se consumindo de culpa... — murmurou Susan, sentindo o coração apertar de amor e compaixão por seu amado. — Ah, Sarah, como eu gostaria de estar com ele e consolá-lo...

— Sei disso, minha querida, mas...

— Sarah, Kate sabia que tinha algo entre mim e Carlo... Lembra-se do que ela falou naquele dia no Gio's?

— Claro que lembro. Mas ela apenas deduziu do que ela pensou ter visto.

— Não. Ela viu o que viu, Sarah. E você mesma me disse isso, não lembra mais?

Sarah assentiu, mesmo sem jeito. Tentou confortar a amiga, não querendo lembrar-se do que falara, mas Susan não lhe deu chance.

— E é isso que está corroendo a Carlo e a mim. Nós traímos a confiança dela. Oh, meu Deus... — murmurou a jovem desesperada, cobrindo o rosto com as mãos trêmulas.

Sarah passou a mão nos cabelos louros da amiga.

— Oh, não, Susan, não vai começar de novo, minha amiga! — pediu a ruivinha, pegando a caixa de lenços aberta ao lado do sofá e limpando ela mesma as lágrimas da amiga.

— Sarah, você já imaginou se minha mãe ou *mamma* Carmela tivessem reparado também? Se... Se... se eles chegarem a saber que... que dormimos juntos? Oh, meu Deus!

— Pare, pare. E deixe para lá essa quantidade de "ses". Vocês não sabiam...

— Não! — cortou Susan. — O principal eu sabia! — exclamou ela desesperada. — Sabia que ele era casado. Esse é o grande pecado que cometi. Por Deus, Sarah, ele ainda usava aliança e nós não respeitamos isso.

— Bem, nesse ponto, creio que ele foi mais culpado que você. — retrucou Sarah, querendo suavizar a culpa da amiga. — Não deveria ter chamado sua atenção com aqueles olhares sedutores. — completou a amiga.

Susan abanou a cabeça.

— Isso não importa agora. Nós dois traímos Kate.

— Olha, Susan, eu não sei mais o que lhe dizer. Mas tem razão, o que está feito, está feito. Pense que seria pior, caso vocês tivessem continuado com o affair. Bem, isso não aconteceu. Mesmo aquele encontro louco de vocês na casa dele não passou de abraços e beijos tórridos, porém vocês souberam refrear.

— Mas foi por pouco. E se mamãe souber...

— Não pense nisso e chega de "ses". E quanto à sua mãe, ela não precisa saber, Susan. Sei que conta tudo a ela, mas, nesse caso, acho melhor você ficar quieta. Isso é entre você e Carlo por enquanto.

Susan ficou olhando por uns instantes para a amiga e então sacudiu a cabeça concordando, um tanto relutante.

— Quem sabe você tenha razão. Mas isso não alivia minha culpa.

— E quem sabe não seria bom você conversar com aquele padre da igreja que você frequenta? Que tal?

Os olhos de Susan brilharam.

— É, acho que vou fazer isso. Faz tempo que não me confesso, mesmo.

— Você se sentirá melhor, tenho certeza.

— Sarah, obrigada, minha amiga. Não sei o que seria de mim, se não tivesse você sempre ao meu lado, para me ouvir, para me entender.

— Você já me falou isso muitas vezes, amiga, mas não esqueça que é recíproco. Eu te escuto e você me escuta. Quantas lágrimas derramei em seus ombros?

Susan puxou a amiga e ambas se abraçaram carinhosamente.

E por fim, depois que a amiga foi embora, deitou-se e conseguiu dormir, naquela noite. *Estava tão cansada...*

Quando Susan foi à missa, antes do seu início, ela foi falar com o pároco.

Quando voltou para casa, estava mais relaxada, mais tranquila. Ligou para a amiga e contou-lhe que conversara com o padre.

— Espero que esteja mais aliviada, amiga. — Sarah retrucou alegremente.

— Sim, estou. Graças a Deus. Mas tenho uma grande penitência a fazer. — respondeu Susan com voz mais tranquila.

— Não vou lhe perguntar qual a penitência, mas fico feliz por você.

— Obrigada, Sarah. É só deixar o tempo passar e ver o que o está destinado a nós.

— Isso mesmo, querida. Não apresse o rio. Dê tempo ao tempo. — aconselhou a amiga.

A escolha de Carlo...

Carlo tomava um gole do seu café, no convés do pequeno veleiro que alugara, seguindo a sugestão de Kevin.

Mesmo estando em Miami, onde morava sua irmã, ninguém o incomodaria, pois ele fizera de tudo para permanecer incógnito. Sabia que, só assim, ali ele teria sossego para remoer suas culpas.

Precisava do tempo que estava se dando, para concatenar suas ideias. Sua vida estava um caos.

Escolheu uma das duas espreguiçadeiras que havia ali e se jogou nela enquanto bebia seu café. Já tinha três semanas que fazia esse ritual todos os dias. Adorava aquela quietude e agradecia ao amigo pela ideia do veleiro e daquele lugar. Melhor do que ficar em casa, onde as lembranças da última discussão que ele e Kate tiveram eram muito vívidas e doloridas.

Tomando mais um gole do café, lembrou-se da sogra. Ainda era muito difícil aceitar que ela e Kate não estavam mais entre eles. *Inseparáveis até na morte.*

Sabia que a sogra sempre fora contra o seu casamento com Kate. Ela só fora mais condescendente, porque, mesmo que não fosse bilionário como Walker, ele tinha sua própria fortuna, graças a uma parte da herança que seu pai deixara a cada filho. Enquanto seus irmãos aplicaram nos restaurantes, ele soubera aplicar bem o seu capital, enquanto se dedicava à sua profissão pública e triplicara sua herança. Mesmo tendo escolhido a área jurídica, lembrava sempre dos conselhos de seu pai de como investir bem o seu capital. Ele e os irmãos seguiram ao pé da letra os conselhos do pai. Cada um havia feito sua própria fortuna.

O futuro dos jovens Martinelli estava garantido pelos pais e por eles mesmos.

Sorriu ao se lembrar do filho. Era um garoto de ouro. Sentia-se um pouco culpado, por não ficar ao seu lado naqueles dias, mas sabia que ele entenderia e que estava bem e ainda seria bem cuidado por sua mãe e sua irmã, se ela ainda estivesse em NY.

Decidiu que no dia seguinte compraria um celular e ligaria para ele. Com exceção dos documentos, tinha deixado tudo em casa. Celular, agenda, laptop, tudo ficara para trás. Por força do hábito, só não conseguiu ficar sem o relógio.

Terminou seu café e colocou a caneca no chão, ao lado da cadeira. Puxando a outra cadeira para mais perto, esticou as pernas e colocou os pés sobre ela, enquanto entrelaçava as mãos na nuca.

Dois dias depois, sentado na habitual espreguiçadeira, ele deixou-se levar pelos pensamentos.

As palavras de Kate, antes de morrer, eclodiram em sua mente. *Que segredo grave ela tinha para lhe confessar? Isso não saia da sua cabeça. Ela dissera que era um segredo grave, mas... O que seria?*

Talvez não vale a pena eu me ater a isso. Ela não está mais aqui para me contar. Se Deus quis assim, assim vai ficar.

Olhando para o céu, pediu que Deus o ajudasse a aliviar seu coração.

Sentindo um ventinho frio, ele resolveu descer para a cabine. Tentaria ler o livro que trouxera.

E assim os dias foram passando...

Com o novo celular na mão, que comprara no dia anterior, Carlo mandou uma mensagem de texto para o filho anotar o novo número e dizendo que voltaria em tempo para estar com ele no dia da leitura do testamento.

Deixou uma mensagem de texto para cada irmão, pedindo-lhes que tivessem paciência, pois logo ele retornaria. Só pediu a Lorenzo que respondesse sua mensagem de texto por outra, lhe dando notícias sobre seu sogro e a mãe.

Para Klaus, decidiu ligar diretamente, a fim de tranquilizá-lo, avisando que logo retornaria. Percebeu algo diferente no tom de voz do alemão. De pronto, perguntou ao guarda-costas, que desconversou e pediu que ele tomasse muito cuidado e que o avisasse sobre a hora do seu voo, para que ele pudesse ir buscá-lo no aeroporto. Que em hipótese alguma pegasse um táxi. Ele contaria pessoalmente o que estava acontecendo.

Carlo sentiu um formigamento na nuca. Não gostava dessa sensação. Era a mesma que sentira quando fora atacado pelos homens de Mendonza.

Deixava-o tenso, com maus pressentimentos.

Dio, dai-me sua proteção!

Por último resolveu ligar e conversar com Kevin. Após um tempo de conversa, o amigo lhe disse que ele deveria esquecer o passado e dar uma chance ao futuro.

— Italiano, por que não deixa o passado para trás e tenta ser feliz dessa vez? — dissera ele.

— Juro que tentei, meu amigo, mas sinto que estou devendo algo para Kate. Não consigo me perdoar. Eu ainda estava casado com Kate quando a trai. — acrescentou Carlo, convicto.

— E quanto à Susan? — perguntou Kevin.

— Sinto que não conseguirei me relacionar com ninguém.

— Entendo... Mas ela já sabe disso?

— Não. Ainda não.

— Então se você está decidido a terminar sua história com ela, agora é a hora certa para isso, mas ela precisa saber. Não acho certo Susan ficar alheia a essa sua decisão. Independentemente acho que você está cometendo um grande erro, do qual poderá se arrepender mais tarde.

Dias depois, tomou o avião e foi até São Francisco.

Chegando ao aeroporto, era muito cedo. Então resolveu tomar um café por ali mesmo e aguardar um horário mais adequado para ligar para a jovem.

Enquanto as horas corriam, a ansiedade tomava conta de seu coração, tal como um garoto de 15 anos. Por mais que quisesse evitar isso, não conseguia.

Às dez horas, ligou para o celular dela e aguardou ansioso ela atender.

Não reconhecendo o número, ela estranhou, mas atendeu.

— Sim? — disse ela ao atender, com voz impessoal.

— *Ciao, bella.* — respondeu. — Como está?

Reconhecendo a voz, perguntou:

— Carlo?

— *Sì.* Troquei o número do celular. Como está você? — tornou a perguntar.

— Estou... Estou bem. E... você?

— Vou levando, como posso. — respondeu ele, seco.

— Você já está em casa? — perguntou a jovem, surpresa com o telefonema dele. — Sarah me contou que você havia sumido...

— Não. Estou em São Francisco — respondeu ansioso.

Um longo silêncio se estendeu do outro lado da linha. Susan pensou ter entendido errado.

— São Francisco? Você disse... São Francisco? Aqui? — gaguejou ela, entre alegre e preocupada.

Ele riu da surpresa dela.

— Você estava o tempo todo aqui? — indagou ela desconfiada.

— Não. Cheguei bem cedo. Precisamos conversar pessoalmente e resolvi vir até aqui para isso. Vamos almoçar juntos?

A jovem sentiu o coração querendo sair pela boca, ao mesmo tempo em que se preocupara com o tom frio e urgente de Carlo.

— Almoçar? Onde?

— Que tal na Macy's às 12h30? — sugeriu. — Nos encontramos lá? Ainda vou tentar locar um carro. Vou te esperar lá em cima, certo?

— Ok. Estarei lá. — respondeu ela, sem saber se ficava feliz ou desapontada. Ele estava tão distante... Tão frio...

Desligando, Carlo dirigiu-se ao balcão de locação, porém na última hora desistiu e resolveu usar o sistema de táxi do aeroporto.

Às 12h20, já estava na cobertura da Macy's, onde funcionava o restaurante, sentado num banco frente ao elevador, aguardando, muito ansioso e emocionado, a jovem. Estava tão ansioso e nervoso que não parava de olhar ao relógio. Ele tinha que parecer totalmente desprovido de emoção, usar a mesma expressão que usava, quando atuava no tribunal, ao dar as sentenças.

Passava um minuto do horário combinado quando o elevador abriu-se e ela surgiu, linda e elegante, numa saia envelope preta e um casaqueto branco, mesclado com preto, ao estilo Chanel, scarpins e meias pretas finas, ressaltando aquelas belas pernas que ele tanto acariciara. Como sempre, elegante, refinada e encantadora. Seu coração apertou-se.

Levantando-se de imediato, ele percebeu que ela usava a gota de esmeralda na corrente de platina, que ele lhe dera no Natal, sob a blusa de seda preta que usava por baixo do casaqueto.

Seu coração alegrou-se, sentindo-se agraciado com esse detalhe, que demonstrava o quanto ela havia gostado do presente.

Vê-la tão perto e linda com todo o frescor de seus 27 anos, Carlo sentiu a frieza programada se derreter como gelo perto de fogo e o corpo queimar de desejo. Era sempre assim, quando a via.

Que Dio o ajudasse! Não podia fraquejar de maneira alguma.

Ela não o tinha visto de imediato, o que lhe deu a oportunidade de apreciá-la, sem que ela visse o quanto ele a desejava naquele momento.

Com as mãos nos bolsos, ficou a fitá-la, esperando que ela o visse.

Susan saiu do elevador, com o coração acelerado pela expectativa de ver Carlo perto de si, mais uma vez.

Sentiu um aperto no coração ao não o ver de imediato. Procurou-o com os olhos em meio a várias pessoas, que aguardavam um lugar para almoçar.

De repente, viu-o. Ele a fitava intensamente com um sorriso triste no belo rosto e com as mãos nos bolsos da jaqueta.

Ao contrário dele, ela sorriu-lhe abertamente, mostrando-lhe o quanto ela se sentia feliz em vê-lo ali, esperando por ela.

Casualmente vestido num jeans claro, camiseta branca e uma jaqueta de sarja bege e mocassins. Os cabelos grisalhos estavam um tanto revoltos pelo vento que assolava São Francisco desde o início da manhã, mas mesmo assim ele estava lindo, másculo e charmoso. *Como ela o amava...*

Ela parou e, sem saber o que dizer, apenas o olhou. Seus olhares grudaram um no outro com intensidade.

Como se tivessem combinado, se mexeram ao mesmo tempo e se aproximaram um do outro.

Como duas pessoas tímidas com o momento, não sabiam como se cumprimentar.

Ele foi o primeiro a se decidir por um beijo impessoal na face. Ela retribuiu, sem saber se conseguira disfarçar o desapontamento.

— *Ciao, cara.*

— Olá, Carlo. Faz tempo que chegou? — conseguiu que sua voz saísse normal.

— Uns 10 minutos no máximo. — respondeu ele segurando-a pelo cotovelo. — Reservei uma mesa aqui dentro, pois está ventando muito para ficarmos no terraço e como os turistas não se importam com o vento, sobrou lugar para nós. Vamos?

Ela assentiu e seguiu-o. A garota que coordenava o movimento das mesas lhes indicou o lugar reservado.

Galantemente ele puxou a cadeira para ela sentar-se e depois puxou a sua e sentou-se à sua frente.

— O que quer beber? Um vinho? — perguntou ele gentilmente, pegando a carta de vinho, que a garçonete lhe entregava naquele momento.

— Não, obrigada. Eu ainda tenho que trabalhar, esqueceu? — brincou ela. — E você está dirigindo, não? Locou o carro?

Ele abriu um lindo sorriso.

— Não. Resolvi que andar de táxi ou de Cable Car em São Francisco é mais prático. Vim de táxi até aqui. Não iria perder por nada tomar um bom vinho californiano. — respondeu. — Então vai beber o quê?

— Um suco de laranja com folhas de hortelã e gelo.

A garçonete anotou o pedido das bebidas e afastou-se.

Carlo apoiou os braços sobre a mesa, inclinou-se e trançou os dedos, para olhá-la mais de perto.

— Então, o que tem feito, *signorina?* — perguntou olhando-a nos olhos.

— Trabalhando bastante, dormindo pouco e acordando cedo. E você?

— Tentando pôr as ideias em ordem... Pensando num plano de vida, daqui para frente junto com meu filho. — respondeu ele.

"Junto com meu filho", dissera ele. Ela então estava fora da vida dele.

Susan sentiu como se ele tivesse lhe dado um soco no estômago.

Ela nada respondeu e somente o fitou não escondendo a decepção, que ele percebeu de imediato.

— Foi Kevin quem me incentivou a vir conversar com você frente a frente.

Certo. Quer dizer que, se não fosse Kevin, ele não estaria aqui agora, pensou desolada.

— Ah, sim, Kevin. — não escondendo sua frustração, ela resolveu ser irônica.

— Acho que a magoei com minha atitude fria, durante o funeral de... Kate. Olha... Eu...

Com uma coragem, que não sabia de onde havia tirado, a jovem disse olhando-o com seriedade.

— Carlo, por favor, não diga nada. Eu entendo a sua atitude. Eu também me sinto muito culpada...

— Não, *cara.* — interrompeu-a e retrucou — Você não tem culpa de nada. Eu sou o único culpado.

— Não, ouça-me. Eu me sentia naquele dia a pior pessoa do mundo, por ter traído Kate, principalmente naquela noite em sua casa, quando nos deixamos levar pelo impulso.

Ele negou com a cabeça e estendendo o braço, pegou uma de suas mãos.

— Fui eu quem a levou aquela situação, *bambina.* — respondeu ele acariciando-lhe o dorso da mão com o polegar. — Eu nunca deveria tê-la obrigado a entrar no meu quarto...

— Aí é que está. Você não me obrigou. Eu consenti, então, somos culpados os dois. Eu me senti tão mal que resolvi procurar meu confessor, o padre Antonio da paróquia que frequento aqui em São Francisco.

Ele ergueu uma das sobrancelhas, demonstrando surpresa.

— Interessante. Kevin sugeriu que eu também procurasse o padre Vito da paróquia da minha mãe. Então você foi?

— Sim, eu fui. Contei tudo e me senti leve como uma pluma. Estou mais em paz comigo.

Carlo apertou-lhe a mão e continuou a fitá-la intensamente.

— Você, então, é melhor do que eu, *cara...* — sussurrou ele.

Ela interrogou-o com um olhar curioso.

Ele riu e deu de ombros.

— Eu não me arrependo dos pecados que cometi com você, *bambina.* — confessou ele sendo sincero. — Fazer amor com você foi a coisa mais maravilhosa que me aconteceu. Não me arrependerei nunca, assim como não me arrependo de todos os beijos e abraços que trocamos.

Ela percebeu que ele estava falando sério.

Ela sentiu o rosto em chamas e puxou a mão.

— Carlo! — exclamou abismada com a resposta dele.

— Sinto muito, *bella,* mas é o que sinto, independentemente do sentimento de culpa que levo no peito. — concluiu ele mais sério do que antes, se isso fosse possível.

— Então... você se arrependeu de tudo o que aconteceu entre a gente? — perguntou ele de chofre, assustando-a.

Ela fitou-o por uns instantes em silêncio e balançou a cabeça lentamente.

— Veja bem, é uma coisa bem louca, eu me arrependi de termos traído sua esposa, mas não dos momentos que vivemos. O padre disse que somos humanos e por isso pecadores. E que Deus é Pai e perdoa nossos pecados.

— Sabe, Kate morreu não sabendo que eu a traí dormindo com outra mulher... É como se eu tivesse contribuído com as loucuras e paranoias dela. E foi isso que a levou à morte. — comentou ele com imensa tristeza nos lindos olhos azuis. — E isso faz com que eu me sinta devendo algo a ela, entende?

Não, não entendia! Susan sentiu-se morrer, assim como suas esperanças.

Sabia o que ele diria a seguir então, lentamente, puxou a mão que ele segurava.

— E por mais que isso me doa, tenho que me afastar de você. Cada vez que eu olho para você, eu lembro da minha traição. E acho que isso não seria justo com você.

Inconsciente do quanto a estava magoando, ele continuou.

— Decidi viver apenas para o meu filho e minha nova carreira de advogado trabalhista.

Ele olhou-a com pesar e percebeu a mágoa em seus olhos.

— *Scusame, cara.* — ele disse, depois de alguns segundos olhando-a em silêncio.

Susan ficou fitando-o, completamente sem ação. Sentiu os olhos arderem e lágrimas querendo sair como verdadeira cascata.

Carlo se odiou, por magoá-la. *Mas não posso fraquejar,* pensou com dor no coração.

Uma lágrima rebelde teimou em sair e correu suavemente pelo rosto pálido. Irritada ela interrompeu seu percurso, com a mão.

— Por favor, não chore. — pediu ele com o coração nas mãos. — Nunca quis magoá-la. Nunca quis. Isso me torna mais culpado, *bambina,* por favor... — implorou, esticando as mãos para pegar as duas mãos trêmulas, que estavam sobre a mesa. Ela ficou ereta na cadeira e puxou as mãos rapidamente, evitando o contato, como se isso fosse queimá-la. Isso surpreendeu Carlo.

Seu coração se despedaçou com a reação dela e sorriu tristemente.

— Você é jovem... — continuou ele implacável.

— Bem... Parece que você já decidiu por nós dois. — interrompeu ela com sarcasmo. — Se é isso que você quer... — murmurou ela tristemente.

Seu coração falhou por alguns segundos e uma dor no estômago que era sutil, a princípio, tornou-se mais aguda, por causa do nervosismo e decepção. Ele a estava matando com suas palavras.

— Não é o que *quero,* mas sim o que *devo* fazer, *cara mia.* — ele respondeu tentando pegar em sua mão que ela novamente puxou com rapidez. Siga sua vida, *bambina.* Encontre sua felicidade com alguém menos complicado do que eu. Você precisa de alguém desimpedido sem bagagem, alguém com a sua idade que possa lhe dar tudo o que você merece. Quem sabe alguém do escritório, algum amigo de Sarah...

Susan sentiu o sangue esquentar, mas dessa vez de raiva. *Tudo bem que ele não quisesse ter um compromisso com ela, mas daí a empurrá-la para outro homem, como se ela precisasse de um prêmio de consolação?*

A indignação tornou-se tão nítida em sua expressão que ele levantou uma das sobrancelhas, surpreso.

Ela sentiu tanta raiva de Carlo que se levantou com ímpeto, furiosa. Estava com vontade de bater nele.

— Escute aqui, seu italiano teimoso e arrogante... — disse ela com o dedo em riste, falando entre dentes e vermelha de raiva. — Nunca... — começou ela, ainda lhe apontando o dedo — *Nunca mais* vou trair meus princípios e muito menos enganar alguém com os meus sentimentos. Ninguém merece ser usado como prêmio de consolação, muito menos para esquecer você, está entendendo? Você pensa que é assim... — e fez um estalo com os dedos. — Fácil? Rejeitar-me e amenizar sua culpa, tentando arranjar um "*prêmio de consolação*" para "a pobre *bambina...*" — imitou-o com ironia. — Descartada porque lembra a traição de um homem corroído pela culpa? Você pensa que me conhece, não?

Ela nem prestou atenção que estava falando mais alto de tão zangada que estava. Naquele momento sentia uma grande vontade de dar-lhe um tapa bem-merecido.

Ele a olhava com os olhos azuis arregalados, aturdidos, não acreditando no que estava vendo. Nunca a vira fora de si, o fulminando com os olhos injetados de ódio. Pela postura dela, sabia que se não estivessem em público era bem capaz de lhe bater.

— *Bambina...* — ele tentou falar, mas ela ignorou-o, continuando a falar e olhando para ele com total desprezo.

— Pois não me conhece, *senhor* Martinelli. — prosseguiu. — Se me conhecesse saberia que não preciso me consolar nos braços de outro homem, só porque você quer que eu o esqueça para ficar bem com a sua consciência.

Carlo percebeu que as pessoas próximas a mesa deles estavam prestando atenção na discussão deles.

— *Cara*... — tentou acalmá-la novamente e sem sucesso.

— E não me chame de *cara*, seu italiano teimoso e idiota! Acha que é o dono da verdade, não é? Quer seguir com a vida que programou para si? Solitária, vazia? Então vá em frente, mas não tente arrumar minha vida. Da minha vida cuido eu!

Ela parou apenas para normalizar sua respiração, inspirando fundo. Seus lindos olhos verdes estavam soltando chispas de ódio ao fitá-lo e isso o deixou transtornado. Nunca esperara essa reação por parte dela.

Abriu a boca para falar, mas ela o interrompeu novamente, continuando a despejar sua raiva e indignação.

— Bastava apenas dizer que não queria mais nada comigo. Pronto. E eu saberia o que fazer com a minha vida, sem precisar de suas sugestões ridículas. Eu tomo minhas próprias decisões. — enfatizou e meneou a cabeça, olhando-o como se tivesse com pena dele.

Carlo queria sumir dentro de um buraco bem fundo, tomando consciência do quanto fora infeliz com as palavras.

— Eu não quis... — começou ele com o arrependimento expresso nos olhos.

— Lógico que "*quis*". Veio aqui para isso, não? Mas não se preocupe comigo. Quer que eu o esqueça? Pois bem. Considere-se esquecido a partir de agora. — afirmou, pegando a bolsa para ir em direção aos elevadores. Ele chamou-a gentilmente levantando-se também.

— Sente-se, vamos pedir o almoço. — murmurou ele, um tanto constrangido, ainda atônito com a reação dela.

— Não. Já que dissemos tudo o que tínhamos para dizer um ao outro, o almoço não é mais necessário. Almoce você. Eu perdi a fome. E acabamos aqui, certo? Fique longe de mim, por favor, e vá curtir suas culpas no inferno, "*signore* Martinelli!". Adeus! — disparou ela, com veemência antes de virar-lhe as costas e sair da área do restaurante para os elevadores, pisando duro, numa postura digna e sem olhar para trás, deixando-o perplexo e constrangido por ser abandonado sozinho na mesa.

Nunca em seus mais loucos sonhos, poderia pensar em Susan, a sua doce Susan, agindo dessa maneira, agressiva com ele. Kate fazia muitas dessas cenas, mas ela o deixava só constrangido e furioso. E essa cena de

Susan deixou-o também constrangido, mas também numa extrema desolação, pois a tinha perdido e provavelmente para sempre.

Sem saber o que fazer, olhou para a mesa do lado e sorriu para as duas senhoras idosas que o olhavam com compaixão, o que o deixou ainda mais constrangido.

— Não se preocupe, meu filho... — começou a que parecia ser a mais velha. — Elas sempre voltam atrás, depois dessas explosões temperamentais. Eu era assim de *pavio curto* como ela. — observou a idosa, bem-humorada. — Sabe, fiz muito disso, com o meu pobre Peter e sempre voltava com um pedido de desculpas, que ele aceitava com um beijo apaixonado. — terminou ela, dando um suspiro sonhador.

— Nada, que umas lindas rosas vermelhas, cor da paixão, não possa resolver, não é mesmo, Nancy? — complementou a outra, piscando graciosamente para Carlo, fazendo-o se lembrar da mãe.

De que adiantaria dizer às doces senhoras que não era tão simples assim? E que ele nem sabia que Susan tinha "pavio curto".

Viu a jovem entrar no elevador e, antes da porta fechar-se, ela ainda fuzilou-o com os belos olhos verdes. Ele continuava pasmo e arrasado com as palavras duras que ouvira. *Ela me mandou mesmo ir para o inferno? Chamou-me de italiano teimoso e idiota?*

Bem, acho que eu realmente sou *teimoso e idiota*, reconheceu.

Sentiu o sangue gelar quando ela lhe dissera que já se considerasse esquecido.

Droga, eu sei que eu pedi, é o que decidi, mas eu não quero que ela me esqueça. Carlo estava com raiva de si mesmo.

De nada adiantaria correr atrás dela, uma vez que ela não o escutaria e, na verdade, ele nem saberia o que lhe dizer depois daquilo.

Resolveu então se sentar, almoçar mesmo que sozinho. Precisava de um tempo para elaborar tudo que tinha acontecido. Foi tudo muito diferente do que imaginara. *Se bem que... Não sei exatamente o que eu imaginava que ia acontecer quando eu contasse a minha decisão para ela.*

A comida parecia ração ao seu paladar e até o vinho perdera o seu sabor. Comeu até onde seu estômago aguentou e pediu a conta.

Despediu-se das duas velhinhas e dirigiu-se ao elevador.

Já na rua, fechou a jaqueta e ficou parado por uns minutos, decidindo se ia para o hotel ou ia atrás dela. O apartamento dela ficava longe dali, para ir a pé.

Ao ouvir a conversa de alguns turistas parados na grande porta da Macy's, resolveu segui-los e dar um passeio de Cable Car, para arejar um pouco a cabeça, antes de ir para o hotel. Fazia anos que não visitava São Francisco e andava de Cable Car. Na verdade, desde que Luigi tinha 9 anos, quando o trouxera para andar neles.

Foi até o ponto-final, no Píer 37, desceu e andou nas imediações, passando pelas lojas de souvenir lotadas de turistas, mas com a cabeça focada no que ia fazer em relação a Susan.

Dissera a ela que procurasse se acertar com alguém, mas, na realidade, odiara aquela ridícula sugestão que lhe dera. Não gostava de pensar em Susan com outro homem. Ele a queria para si. Mas naquele momento não conseguia dissociar o que vivera com ela da culpa pela morte de Kate. Era demais para ele.

Após tomar um café, numa das cafeterias do píer, ele se dirigiu ao ponto do Cable Car, para retornar ao centro e ao seu hotel. Ia deixar as coisas entre eles como ficaram.

Voltaria para Miami e deixaria as coisas acontecerem.

Doía-lhe muito saber que desta vez ele a perdera!

Susan chegara em casa após o trabalho, ainda tinindo de raiva. Não sabia como conseguira trabalhar o restante do dia, escondendo seus verdadeiros sentimentos. Em dado momento, fora obrigada ir até à toalete para chorar, pois estava difícil segurar a emoção da raiva e da decepção.

Ao chegar em casa, foi logo para o banho, para ver se diminuía a tensão do dia que estava lhe deixando desconfortável, acrescida de uma enorme dor de cabeça. Depois de comer alguma coisa, tomaria duas aspirinas e tentaria dormir.

Lavou os cabelos e ia secá-los como sempre fazia, mas estava com muita fome. Como estava sozinha em casa, vestiu o roupão felpudo que ganhara da mãe sobre o corpo ainda um tanto úmido.

Enrolou uma toalha nos cabelos para não molhar os ombros e dirigiu-se à cozinha para preparar um sanduíche e uma salada verde. Pensou em tomar uma taça de vinho, mas a cabeça ainda doía bastante. Seria melhor tomar as aspirinas ao deitar-se.

Sentou-se à bancada e, retirando a toalha dos cabelos, sacudiu vigorosamente os cabelos e começou a comer, pois estava com muita fome. Afinal, não almoçara.

Enquanto comia, lembrava-se da cara de assustado de Carlo, quando ela levantou-se da cadeira no restaurante. Se não tivesse tão zangada, riria da cena cômica.

Sinto muito, italiano, se fiz uma cena igual as de Kate, mas você mereceu, pensou ela desolada, entre uma mordida e outra.

De repente, a campainha do seu celular tocou e ela assustou-se.

Limpando a mão no guardanapo, levantou-se e chegou até onde tinha deixado o aparelho sobre o aparador que tinha próximo da porta de entrada. Fez uma careta ao ver o nome, mas atendeu.

— Perdão, *bambina*. Perdão, por favor. — ouviu a voz dele um tanto trêmula.

Ela ficou em silêncio.

— Susan? Você está aí? — perguntou ele intrigado com o silêncio.

— Sim. Estou. — respondeu ela secamente.

— Você ouviu? — ele retrucou.

— Sim. Ouvi.

— Por favor, me perdoe... — tornou a pedir ele.

— Carlo... Não sei se poderei perdoá-lo. Você me magoou muito. Você disse coisas que... que... Olha, vamos deixar como está e seguir nossas vidas, como você quer.

— Mas você me perdoará um dia? — ele insistiu.

— Não sei, Carlo. Somente o tempo dirá. Adeus.

Ele fez silêncio do outro lado. Quando ela pensou que ele não iria falar ela ouviu, bem baixinho:

— Adeus, *bambina*. Eu nunca a esquecerei. Talvez um dia você me perdoe.

— É. Quem sabe. — Ela respondeu e desligou.

Susan encostou-se a parede e ficou olhando para seu celular mudo, com o coração em pedaços. Aos poucos, foi se abaixando até quase se sentar no chão, tamanha sua dor e frustração. Lágrimas sentidas escorriam pelo seu rosto. Ficou ali por um tempo, até que, levantando-se do chão, a jovem enxugou as lágrimas com as mangas do roupão e voltou para a cozinha. Desistindo de comer, limpou rapidamente a bancada, guardou a comida na geladeira, apagou a luz e foi deitar-se. As emoções do dia a deixaram exaurida.

Consternado, olhando para o seu celular por vários minutos, Carlo ouviu a chamada do seu voo para Miami. Desolado guardou o aparelho no bolso da jaqueta e foi até o portão de embarque.

No dia seguinte, no veleiro, Carlo tomava uma taça de vinho, sentado na espreguiçadeira do deque, envolto em pensamentos e totalmente alheio de tudo a sua volta. Não fizera a barba e não trocara a roupa desde que chegara de São Francisco.

Os dois rapazes que faziam a limpeza do barco, duas vezes por semana, lhe lançavam olhares curiosos, que ele nem percebia.

Sempre que eles chegavam para a limpeza, ele já havia tomado banho, se barbeado. Nunca o viram tão desleixado e tão apático.

Carlo não conseguia esquecer o suave rosto de Susan, das lágrimas em seus lindos olhos.

Como fui idiota! Pensou com raiva dele mesmo.

— *Pazzo!* — gritou batendo com força na testa por duas vezes. Ao tomar mais um gole do vinho, escutou as risadinhas atrás de si. Voltou-se para os dois rapazes que esfregavam o deque e sorriu desconcertado.

— *Pazzo* quer dizer *louco* em italiano. — explicou e desculpou-se levantando-se da cadeira. — Creio que preciso dormir um pouco. Não preguei o olho, noite passada.

— Bom descanso, patrão.

Carlo assentiu e, sem dizer, nada desceu para sua cabina.

Estava tão exausto e o vinho tinha sido relaxante.

Jogando-se na cama de sapato e tudo, dormiu tão logo deitou a cabeça no travesseiro, só acordando bem tarde da noite. Os jovens já tinham ido embora e deixaram um bilhete que voltariam no dia seguinte para terminar a limpeza da cabina. Não quiseram perturbar-lhe o sono

Levantando-se sentou na beira da cama, segurando a cabeça nas mãos.

Ah, Kate, Kate... por que tinha que ser assim? Por quê?

A imagem da esposa na UTI, presa a máquinas e tubos, veio-lhe à cabeça. Sentiu um estranho arrepio nas costas.

— Me perdoe, *cara.* — murmurou num lamento. — Talvez se eu aguentasse um pouquinho mais...

Porém, Carlo sabia que tinha sido tolerante além da conta. Mas ainda assim... Talvez se insistisse mais...

Totalmente alquebrado, levantou-se e foi tomar o banho que precisava.

Comeu um pedaço de pizza que tinha na geladeira e uma água mineral, pois sua cabeça começava a incomodar. Esperava que não fosse aquela enxaqueca que aparecia, quando ele ficava muito estressado.

Deitando-se após tomar duas aspirinas, não conseguia pregar o olho, pois dormira demais à tarde. Leu um pouco e depois, deixou-se levar pelas lembranças e começou a rever o encontro com Susan. Ainda podia sentir o perfume dos cabelos dela.

Suas emoções estavam tumultuadas e o corpo debilitado pela amargura.

Lembrava da suavidade do seu corpo quando a abraçava, da resposta apaixonada de seus beijos e da frustração avassaladora que sentiu ao se dar conta de que nunca mais a teria em seus braços. Fechando os olhos com força, ele se obrigou a parar de pensar naquilo tudo, pois de nada adiantaria. Na verdade, ele nunca a faria feliz carregando a culpa.

Mas as palavras magoadas da jovem não lhe saíam da cabeça.

Estava ficando maluco! Precisava desabafar com alguém, mas não queria incomodar seus irmãos ou amigos com seus problemas. Precisava encontrar seu habitual equilíbrio emocional, mesmo sendo difícil.

Na manhã seguinte, após os jovens terminarem a limpeza, ele os dispensou e levou o veleiro até bem longe da marina, onde pôde mergulhar um pouco, tentando se refazer. Depois se esticou no convés para relaxar sob o sol agradável da primavera, com seu iPod ao ouvido, escutando suas músicas e óperas preferidas.

Dias depois, foi dar uma volta pelas imediações da marina. Pensou em procurar a irmã, mas sabia que ela ficaria ainda mais preocupada com ele.

Vou ficar bem, tentava se convencer. *Tenho que seguir minha vida!*

Logo faria um mês que estava enclausurado naquele veleiro e em si mesmo. Já era hora de voltar para NY e voltar para a vida.

No sábado à noite, ligou para Arthur. *Precisava saber como estava Susan.* Sarah deveria saber.

Por mais que desejasse, não conseguia tirá-la da cabeça.

— Onde você está, *caro?* — perguntou logo que o amigo atendeu.

— Em Washington D.C. E você, italiano, onde está? Todos já estão preocupados com você.

— Estou bem agora. Logo estarei de volta, não se preocupe. Sarah está com você?

— Não. Estão com trabalhos atrasados no escritório, e como Susan viajou...

Carlo sem saber por que sentiu seu sangue gelar.

— Viajou? — perguntou com o coração em disparada. — Foi para casa, você quis dizer? — ele tentou esconder a ansiedade.

— Não. Foi para a Grécia.

Foi como se tivesse levado um soco no estômago e se sentou na cama, fechando os olhos.

Dio! Ela foi se acertar com o amigo grego? Não. Ela disse que não faria isso... Mas e se ela tivesse pensado melhor e resolvera dar uma chance a alguém que a merecesse?

— Grécia. — repetiu Carlo atordoado.

— Sim. Já faz uns dois dias que está em Atenas.

— Ãh... ãh, você sabe o que ela foi fazer lá? — sabia que estava sendo masoquista, mas precisava saber.

— Não sei, meu amigo. Só sei que Sarah a incentivou muito ir para lá. O amigo grego dela mandou buscá-la em seu jato particular.

— Uau! Que gentileza a dele, não? — foi impossível não sentir o orgulho ferido. — Não sabe quando ela volta?

Arthur ficou em silêncio por alguns minutos.

— É impressão minha ou você está preocupado e ansioso com alguma coisa? — O publicitário perguntou intrigado.

— Ãh... Não, não. Claro que não. Curiosidade apenas. Desculpe.

— Ora, italiano, você não precisa disfarçar para mim... Você está preocupado com a Susan, não é?

Carlo ficou em silêncio.

— É, talvez... Esquece. — Carlo respondeu, tentando parecer casual.

— Certo, não vou insistir. Então, quer dizer que você logo voltará para casa? — Arthur perguntou muito curioso e Carlo ficou aliviado pela mudança de assunto.

— Sim. Amanhã ou depois.

— Sua mãe ficará muito feliz, pois está muito preocupada com seu sumiço.

— Com certeza ela será a primeira pessoa que eu vou visitar quando eu voltar. Mas, Arthur, meu amigo, não quero prendê-lo mais, *buonanotte e grazie.*

— De nada. Foi bom falar com você. Boa noite.

Carlo desligou lentamente o celular e jogou-o atrás dele, na cama, e cobriu o rosto com as mãos.

Pronto. Eu a perdi para sempre! Pazzo, idiota, stupido que eu sou, insultou-se. Oh, Dio, que confusão, na minha vida. Dei de presente para outro homem o amor da minha vida. Com certeza, ela foi para se acertar com o grego. A troco do que essa viagem à Grécia e ficar dias, quando o escritório está com muitos projetos atrasados? Susan era uma profissional responsável. Tinha certeza disso. As palavras de Kevin lhe vieram à cabeça: *"Você está cometendo o maior erro da sua vida."*

Será? Madonna, nem eu me entendo mais!

Levantando-se foi até a pequena cozinha do veleiro à procura da garrafa de uísque. Era raro, mas, às vezes, sentia vontade de tomar uma dose de uísque com água. Abriu-a, pegou um copo e foi para o deque, torturado pela dor e a amargura, sentando-se na sua espreguiçadeira favorita.

Horas depois, com o copo vazio na mão, pegou a garrafa para servir-se de mais uma dose. Estava vazia. Começou a rir e simplesmente jogou a garrafa no deck. Pela primeira vez na vida, havia tomado uma garrafa de uísque sozinho! *Tudo tem a primeira vez, não é, Martinelli?* Murmurou, caçoando de si mesmo.

Rindo mais ainda, ele também jogou o copo e estirou-se na cadeira, fechando os olhos.

Ah, Susan, minha bambina... Era comigo que você tinha que ficar.

Falava como se ela estivesse ali perto dele. *Comigo*! Gritou, batendo no peito, com a voz pastosa, devido ao álcool ingerido. Tentou levantar-se, mas não conseguiu. Desequilibrou-se e caiu sentado na cadeira de novo.

— *Cazzo!* — gritou, tentando levantar de novo.

Desistindo, esticou as pernas longas e deixou os braços caírem ao lado da cadeira, como se fosse um boneco sem vida.

De repente começou a chorar, numa atitude típica de alguém muito embriagado.

— Você é minha, *bambina.* — lamuriou. — Eu sei que esse grego não representa nada para você.

Tinha que acreditar nisso, senão enlouqueceria.

Aos poucos foi perdendo a consciência, sucumbindo ao sono dos bêbados.

No dia seguinte, quando os jovens chegaram, o encontraram dormindo ali fora e estirado na espreguiçadeira, como se alguém o tivesse jogado lá.

Os dois trocaram um olhar abismados com o que viam. Um deles pegou a garrafa vazia e o outro o copo que foram jogados pelo patrão.

Nesse instante, Carlo gemeu e os dois ficaram quietos, esperando ele acordar de vez.

Viram quando ele abriu os olhos e olhou-os sem ver. Parecia não saber onde estava.

Aos poucos, porém, o reconhecimento foi tomando forma nos olhos azuis, e ele os fitou com surpresa. Ele se espreguiçou com vontade e esfregou as mãos no rosto.

— Olá, rapazes... Que horas são?

— Patrão, o senhor passou a noite aqui fora, nessa cadeira? — perguntou um deles, ainda incrédulo.

Carlo ficou em silêncio, fitando-os com curiosidade.

Foi tentar levantar-se, mas ao movimentar a cabeça, sentiu uma dor enorme. Segurou a cabeça com as duas mãos.

— Cazzo! Minha cabeça parece que vai explodir! — queixou-se.

Os dois garotos riram com gosto, enquanto ele pegava a garrafa vazia da mão daquele que a segurava.

— Bem, levando em conta que tomei sozinho esta garrafa de uísque... — observou Carlo, mostrando a garrafa vazia e rindo.

Carlo olhou para a garrafa e o copo que o outro jovem segurava e ria, meneando a cabeça, esquecendo da dor da cabeça.

Ao sentir a agulhada forte, gritou.

— E ainda bem que o senhor conseguiu dormir nessa cadeira. — respondeu divertido o jovem que segurava o copo vazio.

— Preciso de um banho e aspirinas... Estava tão bêbado que dormi, sem pensar em nada. Foi o mesmo que tomar anestesia. *Madonna mia*, parece que tenho uma bigorna na cabeça. Ai! — queixou-se, gemendo de novo, segurando a cabeça com mais força, como se isso fizesse a dor passar.

Os jovens não conseguiram segurar as risadas.

— Desculpe, patrão. — disse o que se chamava Luke que era o mais velho.

O italiano apenas olhou para os dois jovens que o olhavam divertidos e fez uma careta de nojo...

— Por favor, tirem essa garrafa da minha vista. — recomendou, entregando a garrafa ao mais velho deles, indicando a cozinha, com a cabeça. De imediato, ele gemeu alto e segurou a cabeça com as duas mãos.

Os jovens gargalharam ao ver a careta que ele fez.

— Se o senhor não se importar, o Bill vai buscar um remédio que a minha mãe faz para acabar com porres no dia seguinte. Melhor que aspirinas, patrão. Ela faz para o nosso pai, quando bebe e dá resultado.

— Sério? — perguntou Carlo, desconfiado. — Que remédio é esse?

— Olha, é tanta coisa que ela mistura, que nem sei o que é. O senhor vai ver. — e olhando para o irmão, Luke fez um sinal para ele ir buscar.

Bill, que estava agachado em frente ao patrão, ficou em pé e pulou do veleiro.

— Bem, se vê que o senhor não está acostumado a beber demais. — observou Luke, enquanto jogava a garrafa de uísque no lixo.

— Na verdade eu bebo uísque uma vez ou outra. Como bom italiano, estou mais acostumado com o meu vinho. — explicou, tentando se levantar de novo com todo cuidado para não mexer muito a cabeça.

Ao ver a dificuldade do patrão ao querer levantar-se da cadeira, Luke se aproximou.

— Quer que eu o ajude? — perguntou solícito.

— Não! Obrigado, garoto. *Dio mio...* Ai! Como dói minha cabeça. Agora parece que mil tambores tocam dentro dela.

O jovem riu gostosamente.

— Então, imagino como deve estar sua cabeça. Primeiro uma bigorna e agora mil tambores... — deu um assovio divertido.

Enfim, Carlo conseguiu se levantar, mas teve que segurar a cabeça, gemendo ruidosamente, para mais divertimento do jovem.

— Um dia chegará sua vez, rapaz. — profetizou, olhando enviesado para Luke. — Um homem sempre tem o seu primeiro porre.

Depois de um banho gelado, Carlo estava deitado em sua cama, quando Bill bateu à porta e entrou com uma caneca de ágata e ofereceu-lhe.

— Aqui está o remédio milagroso para curar porre. Minha mãe mandou dizer que ela caprichou para o senhor. — disse estendendo-lhe a caneca.

Carlo olhou desconfiado para a caneca e para o garoto.

— O que é isso?! — perguntou ao ver a cor do líquido.

— O santo remédio, *"cura porre"*, de dona Frida. — respondeu o jovem alegremente.

Carlo pegou a caneca e cheirou.

— *Dio Santo*, o que é isso? — tornou a perguntar Carlo, fazendo uma careta. — O cheiro é horrível! — torceu o nariz e quis devolver a caneca.

— Não sei o nome, mas sei que é isso que ela dá para nosso pai, quando ele bebe demais. — respondeu o jovem, dando de ombros.

— Além do banho gelado, ela faz essa mistura com ervas de todo tipo, um ovo e obriga-o tomar antes do café. — Luke complementou, entrando na cabine.

— Ovo? — perguntou o italiano, cheirando o líquido da caneca e torcendo o nariz de novo.

— A mãe diz que, quando se bebe demais, a pressão sanguínea sobe. — respondeu Bill, dando risada. — E deve ser mesmo horrível, pela cara feia que meu pai faz quando toma, mas resolve. Tome, patrão. A mãe disse que o senhor vai se sentir bem logo, logo.

Carlo fechou os olhos e tomou tudo de um gole só.

— *Madonna mia*, que horrível! — reclamou fazendo caretas e balançando a cabeça e passando as mãos na boca como se isso diminuísse o gosto horrível na garganta. — Seu pai ainda continua a embriagar-se, mesmo depois de beber isso? — perguntou ao jovem, que assistia a tudo, sem esconder o divertimento. — Tenho certeza, que ele não bebe há um bom tempo. — Carlo afirmou, ainda fazendo careta.

— Faz um tempo que ele não bebe, mesmo. Mas como o senhor tem certeza disso? — perguntou Luke, surpreso.

— Ah, ele prefere não beber, para não ter que tomar "*essa coisa horrível*" da sua mãe. — assegurou-lhe o italiano. — Isso é um castigo!

Os dois irmãos riram gostosamente.

— Não tinha pensado nisso, patrão. — disse Bill, entre risos. — Mas acho que o senhor tem razão.

Carlo riu.

— Você disse que sua mãe se chama Frida? Ela é alemã? Bem que desconfiei da descendência de vocês.

— Nossa mãe é alemã e nosso pai sueco. E nós somos americanos. — explicou Luke.

Carlo anuiu lentamente.

— O senhor quer tomar o café agora? A mãe mandou um café bem reforçado.

O italiano sentiu o estômago rebelar-se ao pensar em comida, mas sabia que precisava comer.

— Ela deve ter muito orgulho de vocês dois. — disse. — Você e seu irmão são bons garotos. Obrigado aos dois, por cuidarem de mim. — disse envergonhado.

— Ora, não foi nada, patrão. Sorte sua que voltamos para terminar a limpeza. — respondeu Luke, sorrindo.

— Obrigado, mais uma vez. Mas de uma coisa eu tenho certeza. Vou ficar um bom tempo sem colocar uísque na boca.

— Tenho certeza disso, pois é o que nosso pai diz e cumpre. Ele fica sem beber por meses...

— Sim e tem outra coisa... — chamou a atenção deles. — Dona Frida não estará em Nova Iorque para me salvar. — concluiu olhando divertido para os dois irmãos.

Ambos riram após a referência da mãe.

— O senhor vai ficar até quando aqui? — perguntou Luke, o mais curioso.

— Vou hoje, mas primeiro... — ele interrompeu o que ia falar e olhou para o jovem com um riso divertido. — Não acredito...

— O que foi, patrão? — perguntou Luke curioso.

— E não é que, o *veneno* da sua mãe funcionou? — Carlo estava incrédulo pelo efeito positivo da tal mistura da mãe deles. — *Caro*, minha cabeça voltou ao normal e estou pronto para devorar o café que sua mãe mandou.

— Então vamos para o deck onde arrumei a mesa. — convidou Luke animado.

— Luke, meu jovem, não sei como agradecer-lhe. Obrigado a você e ao Bill. E, por favor, agradeça sua mãe pelo poderoso "veneno" que funcionou muito bem. E por esse café maravilhoso. — acrescentou alegremente.

Depois de tomar um café forte, como gostava, Carlo rejeitou os ovos e comeu somente duas torradas e dois biscoitos caseiros. Não queria provocar seu estomago, depois da bebedeira da noite anterior.

— Agora, se me dão licença, vou arrumar minhas coisas e me trocar. — disse se levantando. — Vou aproveitar a tarde para ir visitar minha irmã, que mora aqui e à noite volto para Nova Iorque.

Mais tarde agradecendo aos jovens irmãos, deu-lhes um cheque polpudo que fez os dois arregalarem os olhos e preparou-se para ir até a casa da irmã gêmea, antes de voltar a Nova Iorque.

Giorgia ficou surpresa com a visita do irmão e depois zangada, ao saber que ele tivera todo esse tempo em Miami e não fora procurá-la.

— Se eu lhe procurasse, não estaria sozinho como queria estar.

— E deixou todos nós preocupados, sem saber onde você estava. Seu guarda-costas quase teve um infarto, por não conseguir comunicação com você. Está muito preocupado com sua segurança. — censurou Giorgia.

Carlo lembrou da conversa que teve com Klaus e do mau pressentimento que teve.

— Já conversei com ele. — respondeu calmamente.

A irmã estava realmente zangada com ele. Dificilmente acontecia isso.

— Isso sem falar na preocupação que causou a nossa *mamma*. — ela apontava-lhe o dedo furiosa. — Se prepare para receber sermões de toda a família. — avisou.

Ele suspirou e riu.

— Estou sabendo. — disse levantando-se e indo servir-se de água. A bebedeira da noite anterior lhe deixara com a boca seca. E enquanto ouvia a irmã, Carlo chegou à conclusão de que fora mesmo irresponsável e reconhecia seu erro.

— Achou mesmo que só aquele bilhete que deixou resolveria tudo? E precisava se ausentar tanto, para pensar? — indagou a gêmea ainda zangada.

Carlo levantou as mãos num gesto de aceitação do sermão que estava levando da irmã.

— *Scusa,* Gioa, mas eu precisava ficar só para pensar, no que faria da minha vida daqui para frente. — explicou. — Não pensei que causaria esse *rebuliço* todo.

— E valeu a pena esse *rebuliço* todo? Chegou a alguma conclusão? — indagou mais preocupada do que curiosa.

Ele assentiu, voltando a sentar-se na mesma poltrona que se sentara logo que chegou.

— E...

— E... decidi abrir um escritório de direito trabalhista com Kevin, talvez com a turma toda, e viver a vida com meu filho.

— E...

— E... é isso. — respondeu Carlo, olhando para a irmã, interrogativamente. — O que mais seria? Decidi que minha vida pessoal só tem lugar para meu filho e para o trabalho daqui para frente. — respondeu solenemente, surpreendendo a irmã.

— Mas e a jovem que você... — Giorgia ficou muda, ao ver Carlo levantar a mão, fazendo-a parar.

— *Finito.* Ela correu atrás da felicidade. — disse sem esconder a mágoa. — E fui eu quem a incentivou. — Pedi a ela... — continuou ele. — Que me esquecesse...

— Incentivou? Como assim? — perguntou a irmã, curiosa ao ver o semblante anuviado do irmão gêmeo.

— Disse-lhe que procurasse alguém menos complicado e que poderia lhe dar a felicidade que merece.

— E você? — perguntou Giorgia, que o fitava incrédula. — Não merece ser feliz?

Ele olhou bem dentro dos olhos da irmã ao responder.

— Como posso fazê-la feliz se estou tomado pela culpa, minha irmã?

— Ainda continua com essa idiotice? — perguntou severa.

Ele ficou olhando-a em silêncio, por alguns minutos, como se não soubesse o que responder.

— Eu não acredito, Carlo! — exaltou-se a irmã levantando-se abruptamente. Com as mãos na boca e meneando a cabeça, virou-se de costas para ele, tão furiosa estava.

Ele ergueu as grossas sobrancelhas confuso com a reação da irmã.

— Não acredita no que, Gioia? — indagou ele confuso.

Ela voltou-se para ele, não escondendo a contrariedade e a fúria.

— Katherine, que Deus a tenha, está interferindo na sua vida mesmo depois de morta! É isso? Dio mio!

— Pode até ser, mas não consigo pensar em outra coisa. — a irmã percebeu a amargura evidente em seus olhos e se compadeceu.

— Deixe-a descansar em paz. Vá viver a sua vida e ser feliz, meu querido irmão.

Ele levantou-se e passou a mão na nuca.

— Não é bem assim, Gioia. — defendeu-se. .

— Como não? Carlo, acorda para a vida!

— Gioia, agora não adianta questionar sobre isso. Eu a perdi. — disse ele, passando as duas mãos no rosto e depois a fitou, tristemente.

— Disse que ela foi a procura de alguém, é isso?

Ele anuiu tristonho.

— Mas... Como tem certeza disso?

— Arthur me contou. Sarah...

— Arthur? Sarah? Eles a conhecem? — interrompeu a gêmea muito intrigada.

Carlo prendeu a respiração e ficou olhando para a irmã, sabendo que falara demais.

— Bem... Eles a conhecem sim. Principalmente Sarah. — respondeu, desviando o olhar.

Giorgia ficou olhando para o irmão, de uma maneira questionadora e desconfiada. Pela expressão da irmã, notou que, aos poucos, ela foi ligando os fatos e...

Carlo sabia que tinha que lhe contar a verdade. Afinal, Giorgia era sua gêmea e sempre o compreendia.

— Carlo? Há algo que quer me contar? — perguntou suavemente, olhando-o nos olhos. — Afinal, quem é essa jovem por quem está apaixonado? Por favor, que não seja quem eu estou pensando...

Carlo voltou os olhos para a irmã, sem esconder a tristeza no olhar, e ficou fitando-a em silêncio por alguns minutos, sem saber como começar.

— Carlo? Quem é essa jovem? — tornou a perguntar Giorgia, num tom de voz desconfiado.

Sem deixar de fitar a irmã, Carlo deu um longo suspiro e criou coragem para dizer-lhe a verdade.

— É... A... Giorgia, estou loucamente apaixonado por Susan. — revelou, sentindo alívio.

A irmã arregalou os olhos e colocou a mão direita, no peito. Ficou sem palavras e boquiaberta, sem acreditar no que ouvira.

— *Dio mio,* Carlo! — exclamou. — Você está falando de... de...

— De Susan Hamilton. — completou ele anuindo. — Aquela garotinha que cansamos de pegar no colo.

— *Dio,* não consigo acreditar... Não pode ser... — Giorgia agora o fitava com as duas mãos no rosto. — Oh, Carlo... meu irmão, que confusão é essa? Como pode...

— Simplesmente, aconteceu, Gioia. — respondeu-lhe tristemente.

— E ela também... — de repente ela calou-se e arregalou mais ainda os belos olhos azuis. — Carlo, você me contou tempos atrás que... Não, não posso acreditar... Você... você dormiu com... com... Susan? — indagou apavorada.

Ele apenas anuiu, sem deixar de fitar a irmã corajosamente nos olhos.

— *Madonna,* Carlo, que insensatez foi essa? Com a filha de Louise? Você era um homem casado.

— Não julgue, por favor! — pediu ele, olhando-a um tanto irritado. — Quando aconteceu em Houston, nem eu e nem ela sabíamos quem éramos. — explicou ele, ao ver a acusação nos olhos da irmã.

— Como assim? Não estou entendendo.

— Ficamos sem nos ver há quase 20 anos, certo? — Quando fomos para a universidade, ela tinha apenas 4 anos. Lembra disso, não é?

Giorgia pensou um pouco e anuiu.

— Quando nos encontramos no hotel, nunca passou pela nossa cabeça que já nos conhecíamos. E ainda o fato de que nós dois não termos redes sociais.

— Mas sabiam seus nomes. — redarguiu a gêmea.

— Aí é que está. Nós não nos preocupamos em saber nossos nomes naquela noite, pois tínhamos certeza de que não nos encontraríamos mais. A única coisa que ficou claro e não escondi, pois usava aliança, foi que eu era casado.

— Inacreditável, meu irmão! Mas Susan então sabia...

Ao ver novamente a expressão de censura no olhar da irmã, Carlo levantou a mão, pedindo silenciosamente para parar.

— Não a julgue, por favor. Foi mais forte do que nós. Aconteceu, minha irmã. Simplesmente aconteceu! Foi uma única noite, mas... foi especial para nós dois. Nos vimos de longe no aeroporto meses depois, ela estava embarcando para São Francisco e eu para Chicago. E depois... o choque do nosso encontro no Natal, quando descobrimos quem éramos, na casa da *mamma.*

— Ah, o Natal... Agora faz sentido muitas coisas, daquela noite. O susto dela, derrubando os presentes no chão, quando te viu... A cara de espanto dos dois, a postura estranhamente desconfortável de vocês... *Dio...* vocês devem ter levado o maior susto.

— Foi uma cruel surpresa do destino. — acrescentou Carlo com uma careta.

— Muito cruel, meu irmão. — falou a gêmea acariciando-lhe a face. — E depois? — quis saber.

Ele abaixou os olhos, silenciando por alguns minutos, depois os reergueu, com uma expressão atormentada.

— Depois? Bem, depois nos encontramos duas vezes e nos beijamos.

— Não... por favor, Gioia, não. — interrompeu ele ao ver a censura de volta no olhar da irmã. — Não conseguimos evitar. Mas foi só isso. Esporadicamente, nos comunicávamos por mensagens de texto.

— Então a cena que Kate fez no jantar do Gio's teve um fundo de verdade?

— Procuramos ser discretos ao máximo, mas Kate deve ter percebido algum deslize nosso infelizmente.

— Oh Carlo... —condoeu-se a irmã, ao ver a dor nos olhos do irmão. — Que situação constrangedora para vocês...

— Gioia, é por isso que me sinto culpado, entende? Ainda fiz parecer que Kate estava vendo coisas que não existiam. — confessou, passando a mão no rosto e olhando para a irmã, com um olhar atormentado.

— Isso são águas passadas, meu irmão. Eu já lhe disse que não deve culpar-se de nada. Foi uma fatalidade.

Carlo meneou a cabeça.

— Será mesmo?

— Com certeza, *caro*. Não se esconda nessa couraça de culpas. Ninguém é culpado.

— O pedido do divórcio a deixou transtornada... — declarou ele, ainda imerso em culpa. Eu a decepcionei... Disse palavras duras a ela...

— Meu irmão, depois de você saber sobre os abortos, ela, com certeza, já sabia que você pediria o divórcio. Kate era inteligente. Seu pedido não a pegou de surpresa, pode ter certeza. Ela só não queria ficar sem você.

— Eu a magoei. — teimou ele.

— Ela também te magoou. — retrucou Gioia.

Carlo olhou a irmã em silêncio, absorvendo o que ela dissera.

— Sim, mas...

— Chega de *mas*. Não se culpe mais. Infelizmente ela morreu. E não se pode negar, Carlo, que ela contribuiu muito para o seu afastamento. Você deu chances demais a ela, meu querido. Até seu filho compreende isso.

— É verdade.

— Bem, e agora? Pelo que você me contou, Susan seguiu seu conselho e foi a procura de outro homem?

Ele apenas confirmou com um aceno de cabeça.

— Por minha escolha. — disse olhando para a irmã com os olhos marejados.

Giorgia não resistiu ao ver o semblante triste do irmão e abraçou-o com carinho.

— Fui até São Francisco e a magoei. — explicou com a voz embargada.

— Certo. E o que foi que você fez para magoá-la? Agora me conte o que aconteceu. — pediu ela, baixinho.

E pausadamente, abraçado com a irmã, ele contou tudo o que aconteceu desde que chegara a São Francisco e o fatídico almoço na Macy's. A reação inesperada de Susan, a conversa com Arthur e por fim a bebedeira que tomou na noite anterior.

— Não acredito que você embriagou-se. — ela estava surpresa.

— Foi a maneira que encontrei de esquecer a idiotice que fiz. — explicou-se.

— Ah, Carlo, não deveria tê-la procurado no estado emocional em que estava. Não era o momento oportuno. Você a tratou como se ela fosse uma adolescente...

— Agora é tarde. *Finito, finito*! Agora vou curtir meu filho, antes que ele vá para a universidade.

— Alguém mais sabe sobre esse seu envolvimento com Susan? *Mamma...?*

— Não, evidente que não! Somente Kevin e Arthur por causa de Sarah e agora você.

Aldo sabe que dormi com outra mulher, mas não sabe que é Susan.

Balançando a cabeça, a gêmea levou-o para a sala de jantar, atendendo ao chamado da governanta, onde a mesa estava posta para os dois, pois Giorgia estava sozinha em casa.

— Sente-se, almoce comigo e depois eu o levarei ao aeroporto. — disse-lhe. — Robert, você sabe, só voltará para casa pela madrugada. As meninas estão viajando.

Horas depois já se encontrava a caminho de Nova Iorque, aonde chegaria por volta da 1 hora da manhã. Antes de desligar o celular a bordo, ele mandou uma mensagem de texto para Klaus avisando o horário da chegada.

Durante o voo, lembrou-se do que a irmã dissera, ao se despedir dele.

Corra atrás de sua felicidade. Você merece ser feliz!

Mas como poderia?

Klaus estava aguardando-o na saída com o semblante fechado.

— Deixou-nos preocupados, senhor. — disse o guarda-costas e pegou-lhe a pequena mala.

— *Scusa,* Klaus. Eu precisava estar totalmente só.

— O importante é que está aqui são e salvo. — cortou o alemão. — Mas precisamos conversar amanhã, seriamente, senhor. Vamos ter que redobrar sua segurança.

Carlo sentiu os pelos da nuca se eriçarem. De novo aquela sensação de perigo.

— Alguma coisa errada? — perguntou desconfiado e temeroso.

O guarda-costas olhou-o, deixando transparecer o quanto estava tenso.

— Amanhã. Amanhã eu o colocarei a par dos fatos. Hoje deve descansar. Dona Carmela está ansiosa para vê-lo.

Ao chegarem no condomínio, percebeu que somente as luzes das ruas estavam acesas. Todos dormiam.

Iria falar com a mãe e o filho, no dia seguinte. Olhando no relógio, viu que já eram quase duas da manhã. É claro que todos já estavam dormindo.

Enquanto entrava em casa, sorriu para si mesmo ao se lembrar do quanto sua mãe era protetora. Estava com saudades dela. Era bom demais ainda poder contar com os abraços e palavras carinhosas de sua mãe. Sentia-se exausto e inquieto. Um forte aperto no peito lhe incomodava... Era amargura e tristeza.

Pensou em, no dia seguinte, ir até o cemitério levar algumas flores para Kate.

Depois de uma noite mal dormida, com imagens de Susan com outro homem lhe infestavam a mente, Carlo se levantou antes das seis horas, tomou um café forte e sem açúcar, antes de ir tomar banho.

Na volta da cozinha, passou pela suíte máster que pertencera a ele e Kate e parou diante da porta fechada.

Suspirou e abriu a porta lentamente. Ao entrar, aspirou o ar ainda impregnado pelo perfume da mulher. Sentou-se na cama e olhou para o porta-retratos que ela mantinha na mesa de cabeceira há anos. Era a foto do dia do casamento deles. Carlo pegou-o e examinou cada detalhe da foto com tristeza no coração. Kate estava linda vestida de noiva, com a felicidade estampada no rosto. Ambos estavam felizes e apaixonados naquele dia.

Poderia ter sido tão diferente, Kate... pensou tristonho. *Se você confiasse mais em mim, se não desse tanta importância para as aparências... Se não fosse tão impulsiva...*

Cuidadosamente pousou a foto no lugar e passeou os olhos pelo ambiente ainda com marcas da esposa. O livro que ela estava lendo jogado na poltrona de leitura... Os chinelos de cetim branco, a caixa de joias aberta sobre a cômoda.

Precisava falar com Walker sobre o que ele iria querer ficar como lembrança, para depois, verem o que doariam. Luigi já se adiantara e já havia empacotado algumas coisas da mãe, pelas caixas lacradas e encostadas num canto.

Precisava tirar as lembranças dali, pois apesar de tudo era dolorido saber que a esposa estava morta e nunca mais ocuparia aquele quarto. Pediria para Helen ajudá-lo naquela ingrata tarefa. Enquanto estivera no veleiro, tomara a decisão de redecorar toda a casa. Levantando-se, saiu do quarto imerso em pensamentos. Primeiro falaria com Luigi sobre redecorar a casa. Faria o que o filho quisesse, mas torcia para que ele concordasse. Saindo dali foi até o quarto do filho, mas ao abrir a porta notou que a cama estava arrumada, indicando que ele ainda estava na casa da avó. Estava com muitas saudades do filho. Sentiu-se desconfortável por tê-lo deixado sem saber para onde iria se esconder.

Voltou para o seu quarto e decidiu fazer a barba antes do banho.

Olhando-se no espelho fez uma careta. Estava horrível, com olheiras e pálido como nunca havia ficado.

Depois, percebeu que, mesmo barbeado, seu aspecto não mudara muito.

Enquanto aguardava movimentos na casa da mãe, tomou mais uma xícara de café e leu os jornais da manhã que já haviam sido deixados na porta da frente.

Ele sorriu para si mesmo, ao lembrar-se da face bondosa de sua mãe. Estava com saudades dela também.

Após ler as principais notícias do The New York Times, levantou-se e foi até o escritório, dar uma olhada em seu laptop, o qual deixara em casa.

Abriu as cortinas e o pálido sol da manhã primaveril iluminou o ambiente.

Sentando-se em sua cadeira giratória, puxou o laptop que estava atrás do telefone fixo, tal como o deixara, e não teve como deixar de olhar o porta-retratos que Kate jogara na parede furiosamente naquela noite fatídica, em que uma linda garotinha de cachos dourados e grandes olhos verdes agarrava-se em seu pescoço, dando risada, sob os olhos de sua irmã Giorgia.

Com um longo suspiro, Carlo pegou o porta-retratos sem o vidro e com uma pequena rasura e traçou o rosto lindo da garotinha com o dedo indicador.

— Quem diria que você iria povoar meus sonhos mais eróticos, quando fosse adulta, *bambina mia?* — sussurrou, colocando a foto no lugar. Encostando-se no espaldar da poltrona, fechou os olhos e cruzou as mãos atrás da cabeça.

Cenas do interlúdio em seu quarto depois do Natal tornaram-se vívidas em sua mente a ponto de fazê-lo enrijecer. E depois se lembrou da fúria dela em São Francisco.

Levou um susto quando a campainha tocou. Olhando pela janela, viu a mãe arrumando seu habitual xale de tricô, nos ombros e sua bengala.

Sorrindo Carlo levantou-se e foi abrir a porta.

— *Figlio mio,* até que enfim. *Onde* estava? — disse ela tão logo ele abriu a porta.

— *Buongiorno* primeiro, dona Carmela. — respondeu ele rindo e puxando-a gentilmente para dentro de casa.

— Estava fazendo hora, para ir até sua casa. Se soubesse que já estava em pé...

Ela abraçou o filho e respondeu ao cumprimento. -- Por onde andava você? Deixou sua mamma preocupada. Aliás todos nós. Ela abraçou o filho e respondeu ao cumprimento.

— Por onde andava você? Deixou sua mamma preocupada. Aliás todos nós.

— *Scusa, mamma.* Desculpa-me pela preocupação. Agora está tudo bem. Voltei para retomar minha vida. — disse ele levando-a para o escritório e fazendo-a sentar-se ao lado dele no largo sofá onde ele já passara muitas noites, após as discussões com Kate.

— *Dime,* você está bem? — perguntou a velha senhora acariciando-lhe o rosto.

Carlo segurou a mão dela e beijou-a.

— *Mamma,* estou bem, acredite. Consegui pensar e decidir o que vou fazer daqui para a frente, *certo*? Não se preocupe mais.

Carmela deu um longo suspiro.

— Não me faça mais isso, por favor. — pediu ela com lágrimas nos olhos azuis. — Eu não sabia mais o que pensar. Principalmente quando soube da grande preocupação de Klaus quanto à sua segurança. Não sei o que aconteceu, mas Lorenzo disse que ele estava inquieto e nervoso todos esses dias. Meu coração está muito apertado, meu *figlio.* Alguma coisa me diz que você precisa tomar muito cuidado.

Carlo abraçou-a fortemente.

— Oh, *mamma,* perdoe-me, perdoe-me. Não farei mais isso, eu juro! — prometeu ele lastimando a preocupação que causara à idosa mãe.

— E como está você, dona Carmela? — perguntou ele, para mudar de assunto. Não queria que a mãe fizesse mais perguntas.

Foi quando soube que Luigi estava com o avô, quando perguntou se ele estava dormindo em sua casa...

— Foi para o haras com Walker. O pobre homem está meio perdido.

— E Luigi está bem? — quis saber.

— *Sì.* Ele pediu a ajuda de Helen para empacotar algumas coisas sem muito valor sentimental de Kate. — explicou. — Disse que estava esperando você, para que junto com Walker tomem decisões quanto ao destino das outras coisas dela. — acrescentou a mãe.

— E sabe quando eles voltam?

— Hoje à noite. O *bambino* está muito preocupado com você. Afinal, onde você se meteu? — tornou a perguntar a mãe, curiosa.

Procurando falar somente o necessário, Carlo falou sobre o aluguel do veleiro e do tempo que se deu para si, em Miami.

— Miami? Então Giorgia sabia que você estava lá? — indagou a mãe surpresa.

— *No*, não. Eu só a procurei ontem. Almocei com ela e depois ela me levou até o aeroporto. Mas levei um grande sermão dela. — explicou.

A mãe só balançou a cabeça inconformada com a atitude do filho.

Ficaram conversando por mais uma hora, até que a idosa resolveu voltar para casa, convidando-o para o almoço.

— *Mamma*, que tal jantar? Eu pensei em almoçar com Klaus. Ele disse que gostaria de conversar seriamente comigo.

— *Bene*. Então até a noite, meu filho. Luigi já deverá estar de volta para jantar conosco.

— *Certo*.

Era tarde quando voltou para casa.

Quando chegou na casa da mãe, Luigi veio abrir-lhe a porta, com o sorriso mais lindo e carinhoso do mundo.

— *Papà*... — disse o jovem abraçando afetuosamente o pai. — Onde estava? Como você está? Faz alguns dias que não sei de você...

— Ei! Eu estou bem, *figlio mio*. — respondeu Carlo correspondendo ao abraço do filho. — *Scusa, figlio*, mas eu precisava desse tempo sozinho, okay?

— Onde você estava, *papà*? Senti sua falta.

— Vamos entrar, jantar e eu vou lhe contar tudo, ok? — disse ele ao filho.

— Vai ter que contar para mim também, meu irmão. Se demorasse mais um pouco, íamos colocar um detetive atrás de você!

Carlo e Luigi se voltaram para o homem alto que também chegava na porta.

— Enzo! Como está? — disse Carlo aproximando-se do irmão para abraçá-lo.

— Agora estou bem, mas você tem tirado o sono da família inteira, sabia?

— Sim, eu sei. — depois, empurrou o filho na sua frente para entrar, fitou o irmão com zombaria e fez com que ele o precedesse. — Que tal entrarmos para você continuar com o seu sermão "papai Lorenzo"?

— E se prepare que você vai receber sermão até de seus sobrinhos.

— Era só o que me faltava... — resmungou, piscando para o filho. — Bem, já recebi o de Gioia, da *mamma*, de Klaus, de Luigi, de você... Não chega?

— Talvez.

Durante o jantar, onde estava Helen, esposa de Lorenzo, que chegou minutos depois, Carlo explicou como se sentira após o enterro de Kate e de como precisava de um tempo só, para absorver a morte da esposa e para definir como seria sua vida daquele momento em diante. Deixou-os a par do que decidira para sua profissão e na vida que pretendia levar com o filho, até o momento de ele ir para a universidade.

— Então é sério mesmo? Vai montar um escritório aqui em Nova Iorque? — perguntou a cunhada, que pegou a conversa pela metade, pois tinha ido até a cozinha pegar mais salada.

— Sim. Vou trabalhar com direito trabalhista, além de atender o departamento jurídico da rede Martinelli's. Kevin vai deixar Chicago para ser meu sócio. Maureen aceitou vir morar em NY, uma vez que os filhos já estão independentes.

— Fico feliz. — disse-lhe a cunhada. — Assim *mamma* ficará mais tranquila. Aliás, todos nós!

— *Si*. Não gosto nem de pensar no que ele passou nas mãos daqueles capangas do tal traficante que graças a *Dio* está na cadeia. — falou a matriarca aliviada. — Agora ele não poderá fazer mais nada. — concluiu sem perceber o olhar preocupado do filho.

Se eles soubessem o que Klaus me contou... pensou ao lembrar-se da conversa que teve com Klaus no almoço. O segurança e guarda-costas lhe adiantaram algumas coisas alarmantes e combinaram de conversar mais detalhadamente em casa.

Carlo bateu de leve na mão da mãe.

— Tem razão, *mamma. O que poderia dizer à mãe?*

— *Bene*. Coma senão sua *pasta* fica fria. — respondeu-lhe indicando-lhe o prato.

— *Saluti*! Pela nova vida, meu irmão! — disse Lorenzo, erguendo a taça de vinho, seguido por todos.

Após o jantar todos foram para a sala de estar como sempre faziam. Carmela adorava se sentar em sua poltrona à frente da lareira que agora estava apagada.

— E como está seu avô? — perguntou Carlo, sentado ao lado do filho, abraçando-o pelos ombros.

— Mais conformado. Fomos ver como estava o haras. Vovô está pensando em passar a presidência do banco para o irmão e ficar morando no haras, criando e treinando cavalos de corrida, com uma equipe especializada.

Carlo aplaudiu em silêncio a ideia do sogro.

— Que grande ideia! — exclamou Lorenzo.

— Sim. Eu acho que vai ser bom para ele morar lá, longe das lembranças mais fortes da vovó Nadine e da *mamma*. Inclusive ele vai colocar à venda a cobertura deles. — comentou o garoto, pegando um biscoito de manteiga que sua tia lhe entregava. — *Grazie,* tia Helen.

Carlo adiantou-se e pegou um biscoito para ele do prato que Helen segurava.

— Grande decisão de Walker. — opinou Carlo, mordendo um pedaço do seu biscoito.

Horas mais tarde, pai e filho voltaram para casa. Ao passarem frente à casa de Edward e Louise, Carlo sentiu um aperto no peito.

Ia perguntar sobre Susan para o filho, mas não teve coragem. Lembrou de um ditado que lera anos atrás...

Se tem medo da resposta, nunca faça a pergunta que te atormenta.

Resolveu então não saber de nada sobre Susan.

Na noite do dia em que o testamente de Kate foi lido, antes de dormirem, ele conversou com o filho sobre as coisas da esposa que estavam encaixotadas na suíte que Kate ocupava.

— Vi as caixas com coisas de sua mãe, que você e Helen fizeram... — comentou Carlo.

— Sim. Ali estão as coisas sem valor estimativo, papà. Depois nós cuidaremos do resto, junto com o vovô.

— Será bem melhor. — concordou o pai. — Não achou nada que você queria?

— Por enquanto, só separei os porta-retratos que ela guardava da minha infância e de algumas viagens que nós três fizemos juntos. Tem algumas fotos dela com vovó, que eu acho que vovô vai querer.

— Certamente. Vou pedir para Walker vir até aqui, para ver o que ele vai querer levar. Veja também o que você vai querer e o restante doaremos, conforme o desejo de sua mãe no testamento.

No testamento, Kate deixava as ações que possuía no banco do pai e as joias para o filho. Era para Luigi escolher as joias. E as que não quisesse era para doar para alguma instituição que ajudasse crianças carentes. Com a venda delas, poderiam arrecadar fundos sólidos para as instituições.

Para Carlo, havia deixado os imóveis que haviam ganho de Walker e Nadine.

— E quanto às joias, já escolheu?

Luigi sorriu tristemente para o pai.

— Sim. Aquelas que ela sempre dizia para eu dar para a mulher que eu escolhesse para esposa.

— Agora vamos dormir. Amanhã cedo telefonaremos para seu avô.

— *Okay. Buona notte, papà.*

— *Buona notte.*

Na manhã seguinte, enquanto tomavam café, Carlo propôs a Luigi as modificações que havia pensado para a casa.

Luigi apoiou as ideias prontamente.

— Quero que saiba que eu só farei isso se você quiser! Se não, não mexeremos em nada. — explicou Carlo.

— Acho que vai ser ótimo, *papà*. — Luigi disse entre um gole e outro, de café. — Os detalhes aqui em casa lembram muito a *mamma*. Eu tenho dormido na *nonna* todos esses dias em que o senhor ficou fora. — disse o garoto tristemente.

— Desculpe, *figlio mio*. — desculpou-se.

— O importante é que você está bem, *papà*. Não vamos mais falar sobre isso, okay?

— Okay, *figlio mio.* — respondeu Carlo, passando a mão nos cabelos do filho para despenteá-lo, como era seu costume.

— Que tal aproveitarmos o dia e jogar uma partida de tênis? — sugeriu Carlo, bem-disposto.

— Se estiver pronto para perder... — respondeu o garoto com um sorriso travesso.

— Então vamos!

E assim passaram o dia todo juntos, ora jogando tênis, ora nadando, ora assistindo ao jogo de futebol ou ora jogando xadrez.

À noite, após o jantar, logo se deitaram, exaustos pelo dia movimentado.

No dia seguinte, a primeira coisa que fez foi telefonar para o sogro e pedir que viesse à tarde ou à noite, para juntos separarem os pertences de Kate. E assim foi.

Juntos, fizeram o que precisava ser feito, depois, sentaram-se no escritório de Carlo, para conversarem e tomarem o vinho californiano que trouxera de São Francisco, enquanto Luigi escapava para a casa de Matt.

O sogro começou contando sobre a decidida aposentadoria e sua mudança para o haras e Carlo, sobre a sociedade que esperava fazer com os amigos, num escritório de direito trabalhista. Foi inevitável falar sobre as duas falecidas. Walker foi quem puxou o assunto, falando das saudades que sentia da esposa e da filha. Comentou o que Luigi já havia lhe adiantado sobre vender a cobertura em Manhatan.

— Aquela cobertura lembra Nadine em tudo. Em cada cômodo, eu sinto a presença dela, entende?

Carlo disse que compreendia por que ele e Luigi também sentiam muita falta de Katherine.

— Sabe, Carlo, — disse o sogro em certa altura. — eu posso ter sido um pai condescendente, mas nunca fui cego quanto ao casamento de vocês. Eu sabia que Katherine era uma pessoa difícil, possessiva e mimada pela mãe, infelizmente. Sei que Nadine alimentava as atitudes obsessivas de Kate, em relação a você, sendo conivente com as atitudes dela. Eu, de certa maneira, também fui conivente... — continuou o banqueiro. — Deixando a educação de Kate por conta de Nadine, enquanto me dedicava ao banco.

Se, ao menos, ela conseguisse fazê-la enxergar os erros... — desabafou com tristeza.

Walker deu um tempo, como se estivesse pensando no que ia falar.

— Sabe, Kate... — recomeçou pausadamente. — Sempre foi obsessiva com suas coisas desde pequena e, ao conhecê-lo, ela transferiu essa obsessão para o relacionamento de vocês. Uma vez eu disse à Nadine que teríamos que levar Kate a um psiquiatra, mas não consegui convencê-la. Sabe como ela era sobre a "imagem da família". — brincou o sogro tomando mais um gole da sua bebida e olhando diretamente para Carlo. — Quando nós o conhecemos, — continuou ele. — minha esposa, na ocasião, achou que você não era para nossa filha. Você era simples demais, sem sofisticação alguma para acompanhar Katherine no círculo social que ela estava habituada. Ela achava que nossa filha merecia mais... Desculpe... — falou, olhando para o fundo do seu copo e depois voltando a fitar o genro, muito envergonhado.

— Não tem por que desculpar, meu sogro. Eu sempre soube disso, mas nunca dei importância. Não se preocupe. — respondeu o italiano.

— Sabe, Nadine me contou na noite anterior ao acidente sobre os abortos. Confesso que fiquei muito envergonhado e zangado quanto a essa atitude horrível da minha filha e também de Nadine, que participou de tudo isso.

— Realmente a atitude de Kate foi contra meus princípios e nossos acordos. — concordou Carlo, terminando de tomar o vinho e pegando um pedaço de queijo do prato que Luigi deixara ali, antes de ir para a casa do amigo.

— Nadine disse que, quando soube que eram dois fetos, se sentiu culpada e pela primeira vez ficou furiosa com a filha. Mas ela mandou que a mãe se acalmasse ou então não falaria mais com ela...

Carlo fechou os olhos e sentiu a mesma dor que sentiu quando ouviu a conversa da esposa ao telefone com a mãe.

— Ela ficou dias sem falar com a filha, mas, quando compreendeu que Kate não nascera para ser mãe, decidiu esquecer o episódio. E o que estava feito estava feito. Perdoe-me, meu filho, por isso. Creio que Kate não tinha noção da proporção da sua atitude.

Carlo ia falar alguma coisa, mas o sogro impediu-o com um gesto de mão.

— Sim, eu sei que não justifica o que fizeram, mas ambas sabiam que você nunca as perdoaria, Carlo. — falou num tom de súplica.

— Isso quase acabou comigo Walker.

— Eu sei. Não o culpo. Só sei que ela ficou desesperada com o fato de Luigi ter ouvido. Ela se culpou muito por isso e arrependeu-se do que fez.

— Mas arrependeu-se tarde demais. — observou o genro.

— Sim. A mãe tentou confortá-la, mas ela ficou muito abalada quando você pediu o divórcio.

— Há de concordar comigo que foi difícil justificar o que ela fez. — retrucou Carlo.

— Sim. Eu sei e não o condeno por isso. Aliás, para ser sincero, eu esperava esse pedido de divórcio muito antes, por tudo que minha filha aprontou.

Walker sorriu tristemente e ficou em silêncio por uns segundos.

— Ela te amava muito, Carlo. Era um amor doentio, eu sei, mas era verdadeiro.

— Eu não tinha dúvidas quanto a isso e sempre disse a ela. Mas, como você mesmo disse, era um amor doentio e nos fazia muito mal.

— Nadine tentou muitas vezes convencê-la a ir procurar o psiquiatra, senão ela o perderia. Porém ela sempre reagia com fúria à ideia da mãe. Nadine então resolveu parar de insistir.

Ficaram os dois em silêncio, por vários minutos, imersos em seus próprios pensamentos.

Foi Carlo quem quebrou o silêncio.

— Na UTI, ela me pediu perdão muitas vezes.

— Talvez você não tenha notado que ela estava muito estranha. Estava distraída, quieta demais. Até Nadine notara e me chamou a atenção para isso. — comentou o sogro.

— Mas eu percebi sim. Nos últimos dias ela estava muito calada, introspectiva e calma. Não tinha como não perceber, pois era um comportamento totalmente atípico dela.

— Quero que saiba, Walker, que eu fiz de tudo para salvar nosso casamento, mas... chegou um momento em que não havia mais nada a salvar. Eu tentei, meu sogro. E como tentei!

— Nunca duvidei disso, meu filho.

— Desde que viemos para Nova Iorque, a situação tornou-se intolerável.

— Ela não queria sair de Boston, na realidade. — confessou o banqueiro.

— Eu estava ciente disso, mas procurei explicar o porquê da minha decisão. Porém, ela foi intransigente. Depois, quando chegamos e nos instalamos na casa, os problemas começaram. Era muita discussão sem motivo algum. — continuou Carlo. — Fizemos aquela viagem a Veneza, quando pensei que iríamos dar uma nova chance ao nosso casamento. Quando retornamos, tudo voltou à rotina de sempre.

Carlo fez questão de deixar o sogro ciente de seus esforços para salvar o casamento deles.

Walker o fitou com o semblante emocionado.

— Sabíamos disso, meu filho. — disse o sogro.

— Obrigado. Não sabe o quanto é importante para mim.

— Nós não cuidamos dela, enquanto menina. Quem sabe, não seria tudo diferente do que foi, se eu tivesse mais atento e insistido com Nadine para levá-la a um psiquiatra, enquanto ela era adolescente...

— Não vamos nos torturar com isso. — cortou o genro gentilmente.

— Eram tão unidas que partiram juntas. Não sei se terei forças para suportar a ausência das duas. — confessou o sogro num murmúrio triste.

— *Dio* lhe dará forças, meu sogro. O tempo é o melhor remédio. — respondeu Carlo, sorrindo brandamente. — E depois, você não estará sozinho, lembre-se disso. Eu e Luigi sempre estaremos aqui.

— Também precisa usar o seu próprio conselho, Carlo. — retrucou o sogro. — Vamos ter que nos apoiar um no outro, cuidar um do outro, agora que ficamos sem elas. — o banqueiro estava com a voz embargada e os olhos marejados de lágrimas.

— Certamente meu sogro. Conte sempre comigo e minha família.

— Obrigado. Sua família é muito generosa. Obrigado, mesmo.

Ficaram em silêncio mais uma vez.

— Na noite anterior ao acidente... — agora foi Walker quem interrompeu o silêncio de repente. — Eu e Nadine ficamos por horas conversando, como há muito tempo não fazíamos. Ela estava se despedindo e eu não sabia...

Carlo sentiu pena do sogro ao ver a dor estampada em seu olhar.

— Existem coisas que são inexplicáveis, Walker. — Carlo disse, tentando amenizar a dor do sogro. — Procure encontrar seus amigos no clube de golfe como você sempre fez.

O banqueiro riu e meneou a cabeça.

— Olha, eu já sou velho demais para isso, mas é você que não deve se fechar para a vida. Não fique entocado dentro de casa, por favor. Você ainda é jovem e cheio de vida.

Carlo meneou a cabeça lentamente, olhando firme para Walker.

— Carlo, você não deve esquecer de viver, sim?

— Walker, já decidi. Eu vou viver para o meu trabalho e aproveitar a companhia de Luigi enquanto ele não vai para a Universidade.

— Ainda se sente culpado? — lembrou o sogro do que ele lhe dissera logo que entrou no hospital na noite do acidente. — Lembre-se de que você não tem culpa de nada. Não feche seu coração, sim?

— Obrigado, Walker, mas nem sei o que dizer...

Ficou emocionado com as palavras do sogro, mas sabia que seria impossível seguir com sua vida com a culpa corroendo-lhe a alma.

E ele não falaria para Walker que havia traído Kate com outra mulher, claro.

Mas nunca esqueceria das palavras da esposa em seus momentos finais naquela UTI. E ainda estava intrigado com o que ela não teve tempo de falar sobre o *erro grave* que cometera. Não conseguia atinar sobre o que seria.

— Não precisa falar nada. — respondeu de pronto o sogro. — Apenas viva. Você ainda tem muito tempo para ser feliz. Quanto à Kate, ela estava em paz, quando se foi, acredite.

Carlo apenas anuiu e ficou em silêncio.

Horas depois, o sogro se despedia, deixando-o pensativo.

Naquela noite, Carlo preparou um pequeno jantar para ele e Luigi.

Enquanto preparava a salada para eles, pensava na conversa que tivera com Walker naquela tarde.

— *Papà,* você parece que nem ouviu o que eu disse... — reclamou o garoto, divertido com o olhar distante do pai.

Surpreso, ele olhou para o filho e sorriu. Estava tão perdido nos pensamentos que não percebera que o filho estava falando com ele.

— Sim. Desculpe, *caro,* estava com os pensamentos longe... O que disse?

— Eu perguntei o que você e vovô ficaram conversando depois que empacotamos as coisas de *mamma.*

— Ah... Muitas coisas. Seu avô explicou-me muitas coisas que eu desconhecia sobre sua mãe, quando jovem. E pude compreender algumas atitudes dela.

— Pobre *mamma.* Sinto tanta falta dela... — comentou o garoto com tristeza.

— Eu também, meu filho, eu também.

Ao responder para o filho, Carlo estava realmente sendo sincero.

Sentia falta da esposa, pois foram muitos anos juntos.

Kate sempre seria lembrada com carinho, afinal, ela tinha lhe dado Luigi.

Após jantarem, arrumaram a cozinha em poucos minutos.

— Que tal tomarmos um banho para depois assistirmos àquele jogo do Milan com o Internazionale?

— É pra já. — concordou Luigi, saindo apressado para seu quarto.

Enquanto tomava banho, Carlo ainda deixava a mente vagar.

Pensava na linda jovem de olhos verdes que ele perdera. *Mas era o que achava ser o certo.*

Não seria capaz de amar outra mulher, como amava Susan, por isso seu coração estava fechado a sete chaves para qualquer outra mulher.

Depois do jantar assistiram ao jogo.

Quando o jogo terminou, Luigi levantou-se e se espreguiçou gostosamente, bocejando.

— Já vai se deitar? — perguntou o pai, com o controle remoto na mão, a fim de trocar de canal.

— Sim. Ainda vai ficar vendo televisão?

— Quero ver as notícias da noite e logo irei me deitar.

— Boa noite, *papà*.

— *Buonanotte*. Mathew está bem? — perguntou num impulso.

Luigi parou na porta e voltou-se para o pai.

— Sim. Está bem. Por quê?

— Não o vi por aqui. Você tem falado com ele?

— Sim. Falamos hoje por telefone. Ele está com uma virose e tia Louise disse que é contagioso e por isso ele tem que ficar de quarentena.

— Entendo. E Susan?

O jovem se surpreendeu com a pergunta do pai. Carlo sentiu-se um pouco incomodado.

— O que tem Susan? — perguntou o filho curioso.

— Ãh... Ela está bem? — perguntou sentindo-se como um garoto tímido.

— Que eu saiba está muito bem. Ela foi...

— Certo, meu filho. Pode ir deitar que eu já vou. — cortou rapidamente o que o filho ia lhe dizer, com medo do que ia ouvir apesar de saber a resposta.

O garoto ainda hesitou um momento e então saiu da sala da TV, dando de ombros, não entendendo por que o pai o interrompera.

Carlo passou as mãos no rosto e balançou a cabeça, desgostoso consigo mesmo.

— *Imbecille!* Por que ainda me torturo, afinal? *Fui eu quem disse para ela seguir com a vida... — murmurou para si. — Eu a perdi!*

Desolado, desligou a televisão, a luz e foi para o seu quarto, tentar dormir.

No dia seguinte, foi almoçar com Brian, Krista e Dorothy, conforme prometera. Sentia falta do convívio diário que tinha com eles. Dorothy estava se aposentando do tribunal e, quando Carlo perguntou se ela gostaria de trabalhar com ele e Kevin no escritório que iriam abrir, ela aceitou muito feliz, pois sabia que não conseguiria ficar em casa, longe de arquivos, minutas, relatórios e processos.

— Mas seu marido não ficará zangado por isso? Olha, não quero ser responsável pelo seu divórcio, hein? — concluiu brincando.

Todos riram e Dorothy meneou a cabeça sorrindo.

— Sem problemas, pois ele também não aguentou ficar em casa quando se aposentou. Agora está ajudando nosso filho na loja de equipamentos náuticos que ele possui no Brooklin.

— Então já está contratada. — ratificou Carlo, também muito feliz.

Brian ia dar início à sua campanha para concorrer à vaga de promotor deixada por ele.

O jovem se sentia preparado, depois de alguns anos trabalhando com alguns juízes e finalmente com Carlo, com quem adquiriu mais experiência. E tudo levava a crer que conseguiria o cargo, pois contava com o apoio do senador Hayes e do juiz Derek J. Chapman, cujo funcionário, Bert Curtis, fora preso juntamente com o senador Joseph Foster Bayard, como cúmplices de Mendonza.

A visita ao cemitério...

Numa manhã se levantou cedo e resolveu ir ao cemitério. Comprou algumas flores e pediu a Klaus que o levasse até lá. Fazia dias que isso não lhe saia da cabeça. Era como se alguém ficasse sussurrando em seus ouvidos. *Não esqueça. Não esqueça. Estranho.*

Quem sabe abriria suas ideias? Estava muito confuso, sem saber o que fazer e o que pensar.

Ao chegar, foi tomado por um sentimento de paz...

Klaus ficou a uma distância significativa, onde poderia vigiar a área confortavelmente, ao mesmo tempo em que dava privacidade ao patrão.

O dia estava muito agradável. O canto dos pássaros, de vez em quando, era apenas um complemento a mais à beleza daquela manhã de primavera.

Aproximou-se do túmulo de Kate, ficando em pé por alguns instantes com o maço das flores, numa das mãos e a outra no bolso da calça jeans preta, olhando para a placa com o nome da esposa. Logo, completaria dois meses que ela se fora.

Era estranho pensar que ela estava ali sob a terra. Lembrou-se da vitalidade da esposa, da maneira desdenhosa com que ela encarava algumas situações na vida.

Meneando a cabeça, ele agachou-se e colocou as flores na frente da placa, onde havia uma rosa em pleno viço, indicando que ela fora colocada ali a poucas horas.

Walker.

Lembrou que o sogro lhe dissera que vinha todas as manhãs colocar uma rosa no túmulo da filha e no da esposa.

Com o dedo, traçou lentamente o nome de Katherine, como se ele estivesse fazendo um carinho no rosto da esposa.

Sinto sua falta, cara. Irônico, não é?

Estávamos sempre discutindo, mas, mesmo assim, sinto a sua falta, pensou com um leve sorriso, lembrando dos muitos momentos de discussão entre os dois.

Sabe, você estava certa, quando desconfiou que existia algo entre mim e Susan, sussurrou melancolicamente... *Perdão! Foi mais forte do que eu, Kate. Do que nós. Mas decidi ficar só. Agora nada é mais importante do que nosso filho e meu trabalho.*

Luigi e seu pai sentem muito a sua falta também.

Tocou de novo o nome da esposa na placa, pensativo. Era como se assim ela o escutasse.

Você disse antes de partir que cometera um erro muito grave. Que erro seria esse, Kate? E nada do que você possa ter feito poderá me abalar mais que as mentiras sobre os bebês.

Você levou o seu segredo e eu fiquei com o meu, que me enche de culpa.

De repente, uma rajada de vento chegou até ele, arrepiando-lhe o corpo, chegando até a afastar o maço de flores que ele havia colocado em frente a placa. Foi tão forte que chegou a assustá-lo.

Caspita!

Ficou em pé e instintivamente olhou para o céu e para as árvores. Ficou intrigado.

O céu continuava azul e as árvores, estranhamente, sem movimento algum em suas folhagens. Não havia nada que explicasse aquele vento repentino. Sentiu novo arrepio a percorrer-lhe o corpo. E, de repente, sentiu uma paz muito grande.

Pegou o maço das flores e recolocou-o no lugar.

Olhando a sua volta percebeu que já havia um grande número de pessoas no cemitério, procurando pelos túmulos de seus familiares. Klaus continuava no mesmo lugar, com as longas pernas afastadas e de braços cruzados.

Deu um longo suspiro, colocou as mãos nos bolsos e baixou o olhar para onde estava gravado o nome da esposa.

Descanse em paz, cara.

Fez uma prece silenciosa e, depois, deixou o cemitério, caminhando lentamente para onde Klaus deixara o carro. O alemão caminhava a alguns passos atrás dele, fazendo uma varredura no local, com seus olhos perspicazes.

Durante o trajeto, Klaus lhe disse que queria ter aquela conversa programada dias atrás, a qual não foi possível, pois Carlo esteve muito ocupado com várias coisas ao mesmo tempo.

O assunto merecia atenção e prioridade, pensava o guarda-costas, pois era sobre a sua segurança e da família. Os telefonemas que recebera enquanto Carlo estava ausente o deixaram muito preocupado.

Chegando em casa, foram para o escritório.

— Não vou lhe oferecer uma bebida, pois sei que não bebe em serviço. — disse ele para o guarda-costas.

— É verdade, senhor. Mas mesmo assim obrigado.

— Sente-se, Klaus. — pediu gentilmente.

O homenzarrão sentou-se e cruzou as pernas, não escondendo o quanto estava preocupado.

— Fale, homem. — disse Carlo sentando-se também, atrás de sua mesa.

Klaus olhou-o diretamente nos olhos. Por isso gostava dele. O alemão era olho no olho.

No dia em que almoçara com ele, logo após voltar de Miami, Klaus lhe contara que havia recebido uns telefonemas anônimos estranhos, alertando-o que ele cuidasse de sua segurança.

— Bem, já lhe contei sobre os telefonemas...

Carlo anuiu silenciosamente.

— Bem, não conseguimos descobrir nada sobre quem me ligou. — comunicou Klaus. — O capitão Carmone também está empenhado, junto com seus homens, a elucidar esse mistério. Mas chegamos à mesma conclusão.

Carlo interrogou-o com o olhar.

— O sujeito que me ligou está tentando *alertá-lo e não querendo aterrorizá-lo...*

Carlo ergueu as duas sobrancelhas. Estava deveras surpreso.

— Alertar-me? — perguntou com desconfiança.

— Sim. Ele foi muito claro. *"Cuide do seu patrão. Estão aprontando para ele." E* na segunda vez, *"Não perca o promotor de vista. Fique atento."* E na terceira vez, *"Mendonza tem gente aqui fora, para fazer-lhe o serviço sujo."*

— Quem poderia ser? Não deu nenhuma pista? Tom de voz? Algum sotaque?

Klaus meneava a cabeça a cada sugestão de Carlo.

— Nada, senhor.

— Então, temos que redobrar a segurança para toda a família?

O guarda-costas anuiu.

— Isso também, senhor, mas sinto que agora o alvo é somente o senhor. — afirmou o guarda-costas com segurança. — E desta vez eles virão com tudo.

— Como assim "tudo"?

— O objetivo agora é acabar com a sua vida. O sequestro de Luigi, a sua agressão, o incêndio no restaurante do senhor Lorenzo foram apenas um aviso de Mendonza. É o modus operandi dele.

Carlo ergueu as grossas sobrancelhas, sentindo o sangue congelar em suas veias.

Conscientizou-se por fim de que agora a ameaça era mais perigosa. E mesmo Klaus dizendo que o alvo era provavelmente apenas ele, preocupou-se com Luigi e o restante da sua família.

— Tudo bem, Klaus. O que faremos daqui para frente?

— Redobrar a segurança de vocês e principalmente a sua.

Carlo concordou com um aceno de cabeça.

— Se me permite, gostaria de mudar-me para cá temporariamente. Ficarei como seu chofer e guarda-costas e trarei mais um dos meus homens para ajudar na segurança. Temos que arranjar uma atividade para ele, a fim de não levantar suspeitas. Enquanto eu saio com o senhor, ele ficará aqui, como segurança.

Carlo ficou pensativo por alguns instantes.

— Estou pensando em escrever um livro, contando minha trajetória na Promotoria. Que tal eu "arranjar" um secretário para ajudar-me nisso? — sugeriu Carlo, no que se referia ao segurança de Klaus.

O alemão achou ótima a ideia.

— Nesta noite, vou pensar com calma, mas acho que já tenho a pessoa certa para fazer esse serviço dentre os meus homens. Vou reunir minha equipe para fazermos um novo esquema de segurança. Vamos ter que reavaliar isso.

— *Certo*, então.

— Amanhã então estarei aqui.

— Temos quartos sobrando. Colocarei você e seu companheiro num deles. Está bem assim?

— Perfeito. Mas não precisa se preocupar. Bem, agora vou indo. Boa noite, senhor.

— Boa noitem meu amigo.

— Ah, já ia me esquecendo. — observou o alemão. — Só use o celular que eu lhe dei, pois tem rastreador, okay? Não sabemos se há escutas e se o seu telefone fixo está grampeado. Amanhã minha equipe virá fazer uma nova varredura por aqui.

— Estarei aguardando.

Acompanhou o guarda-costas até a porta e voltou para o escritório, jogando-se em sua cadeira. Apoiando os cotovelos na mesa, segurou a cabeça entre as mãos.

Ele recebera muitas ameaças ao longo dos anos em que fora promotor. Muitas e muitas. Porém, nenhuma delas se realizaram. E, talvez por isso, no início não dera muita importância às de Mendonza. O crápula tinha contatos perigosos. Em agora, a intenção do traficante era acabar com ele.

Cazzo! Não era hora de subestimá-lo. Mendonza era perigoso, mesmo trancafiado na prisão. Teria mesmo que reforçar sua segurança e de sua família.

Pegou o celular e ligou para Lorenzo, colocando-o a par das ameaças de Mendonza e das novas estratégias de segurança por parte de Klaus e sua equipe à família toda. O irmão ficou preocupado e pediu para ele tomar cuidado e que ele tomaria também as devidas providencias para proteger o restaurante de novo atentado.

Desligou e deu um longo suspiro. Encostou-se à cadeira e olhou para o porta-retratos dele e Giorgia com Susan. Deu um longo suspiro e desviou o olhar.

Abriu seu laptop e começou a ver seus e-mails..

O diário de Kate...

Depois de dar uma olhada nos e-mails e responder alguns, desligou o computador e foi para o seu quarto. Já era tarde e o cansaço por fim o vencera.

Antes decidiu ir ao quarto do filho para lhe desejar boa noite. Ia entrar em seu quarto, quando uma força estranha o fez seguir para a suíte máster, onde Kate dormira sozinha nos últimos meses. Sem dar-se conta, viu-se dentro da suíte e sentiu um arrepio estranho. Olhou as caixas que continham as coisas de Kate, que ele e Walker organizaram para serem doadas empilhadas ao lado da cômoda, junto à porta do banheiro. No dia seguinte, viriam buscá-las.

A caixa de joias ele já havia guardado no cofre.

Sentiu o perfume de Kate como se ela estivesse do seu lado. Caminhando até a cama, sentou-se e alisou o lado em que ela dormia.

Carlo fixou o olhar na poltrona, onde ela costumava sentar-se para ler ou passar creme nas pernas. Levantou-se e foi até ela, onde se sentou. Deixou-se levar pelas lembranças. Tivera muitos bons momentos com Kate ali, naquele quarto, naquela cama. Lentamente analisou cada canto, cada móvel do quarto, com a nítida imagem da esposa, seguindo seu ritual de beleza com a pele do rosto e corpo, antes de dormir. Isso era sagrado para ela. Levantando-se, foi até o closet, totalmente vazio, com as gavetas e portas abertas, tal como ele e o sogro haviam deixado, dias atrás, logo que voltara do seu prolongado retiro. Porém um dos armários estava com a porta fechada, e ele então a abriu para deixar como as outras, para arejar.

Estranho. Achava que tinha deixado *todas* as portas abertas.

Ao fazer isso, olhou para dentro do móvel e reparou que ainda havia uns livros entocados na parte de cima. Elevando os braços, puxou os livros, muito curioso e intrigado.

Como não reparara naqueles livros? Fora ele mesmo quem tirara as coisas desse armário...

Ao puxá-los, dois deles escaparam de suas mãos e, ao tentar pegá-los, derrubou-os no chão.

Cazzo! Praguejou e agachou-se para recolhê-los. Ao levantar-se, um deles escorregou e caiu no chão, novamente. Colocou os demais sobre a cama e agachou-se de novo, para pegar o que caíra. Estava aberto e uma foto escorregou de dentro da página.

Pegando a foto, reconheceu a que eles haviam tirado quando estiveram em Veneza, tentando a reconciliação. Quem os visse não os imaginaria como um casal em crise. Estávamos tão felizes nesse dia, cara..., pensou melancólico. Eu estava feliz, pois pensava que nosso casamento estivesse salvo.

Ao pegar o livro, ia fechá-lo, quando viu a letra elegante e firme de Kate, numa frase inicial, que lhe chamou a atenção e fez seu sangue correr mais rápido.

Não acredito que eu traí Carlo!

Carlo sentiu seu coração acelerar, ao perceber que o livro era o diário de Kate. *Nunca soube que ela tinha um diário.*

Sem saber se lia ou não o conteúdo da página, ficou com ele nas mãos, indeciso por algum tempo. Enfim, decidiu ler, sentando-se novamente, na poltrona. Tirando os óculos de leitura do bolso da camisa, começou a ler.

Não acredito que trai Carlo! Meu Deus, o que eu fui fazer? Que insano da minha parte deixar-me levar pelo ressentimento.

Mas eu estava tão zangada, tão carente, tão ressentida com Carlo...

E John... tão charmoso, tão gentil, tão sedutor, que não resisti ao convite dele para conhecer sua nova cobertura, mesmo sabendo no que ia dar esse convite. E aconteceu...

Carlo franziu a testa. *John? O ex-namorado?*

Quando ele começou a me tocar, dizendo o quanto eu estava sexy com aquele vestido... achei que era apenas o seu lado brincalhão. Mas fui surpreendida pelo beijo apaixonado dele. Acho que foi o efeito do álcool e carência... Eu me entreguei sem reservas. A velha química entre nós ainda estava lá. Não sou hipócrita em negar que senti prazer, mas, quando voltei a mim da nossa loucura, eu senti remorsos por ter traído meu marido. E John, muito cavalheiro, não fez comentário algum. Quando pedi que ele chamasse um táxi, ele negou e trouxe-me para casa. Ao nos despedir, beijou-me na testa. No dia seguinte, enviou-me flores na boutique, com um cartão dizendo que eu era maravilhosa, agradecendo a noite que tiveram apesar do constrangimento mútuo depois. Meu Deus, por pouco que mamãe não leu o cartão. Ainda bem que ela acreditou que era de uma cliente agradecida. Se ela souber disso, ela não me perdoará nunca, assim como Carlo.

Mas também bem-feito para aquele italiano. Não quis vir nesse jantar... Fica lá só no trabalho, encorajando flertes de qualquer sirigaita. Ele não me dá valor... Eu dou.

Eu...

Carlo fechou o diário com força, não querendo ler mais nenhuma palavra. Era o bastante.

Dio, Kate me traiu? Depois de me infernizar com seus ciúmes doentios, me traiu com o tal John?

Encostando a cabeça no espaldar da cadeira, fechou os olhos.

Estava pasmo e furioso. *Que idiota eu fui,* pensou com raiva. Mesmo depois dessa noite, ela ainda aprontou algumas cenas de ciúmes...

Relembrou as palavras de Kate antes de morrer: *"Cometi um erro grave..." Então era isso que ela iria me contar?* Abrindo os olhos ficou olhando para o diário em suas mãos, no qual na capa dura de couro estava escrito o nome dela em prateado.

Correu o dedo indicador na letra K e meneou a cabeça...

Fechou os olhos mais uma vez e aos poucos foi relaxando. A paz que sentiu dentro de si deixou-o aliviado.

Ah, Kate... nosso casamento estava mesmo falido! Imagino que era isso que você queria me contar antes de partir.

Não vou te culpar, pois nós dois cometemos esse erro, nós dois traímos um ao outro. Olhou de novo para a foto deles em Veneza e deu um grande suspiro de alívio, era como se um peso tivesse saído de suas costas. Não sabia exatamente o porquê, mas saber que não era o único a ter quebrado os votos de casamento diminuiu boa parte da culpa que carregava nos últimos meses. A raiva que sentiu ao ler aquela parte do diário de Kate foi evanescendo e, depois de alguns minutos em silêncio, Carlo conseguiu dizer: tudo que passou passou. Enfim, acho que agora você pode realmente descansar em paz. E eu também posso seguir minha vida um pouco mais leve.

Levantando-se saiu da suíte indo para o seu quarto, onde escondeu o diário. No dia seguinte, daria fim nele, pois nada mais lhe interessava daquele diário. Iria incinerá-lo.

Aliviado, deitou-se e pegou no sono tão logo deitou a cabeça no travesseiro, só acordando no dia seguinte. Fazia tempos que não dormia tão bem.

Três meses depois...

Uma tarde enquanto dirigia para casa, depois de almoçar com Luigi no Martinelli's, sentia-se revigorado.

Estava empolgado com o projeto do escritório com Kevin. Inclusive estavam com ideia de convidar Percy e Arold para formarem uma grande equipe jurídica. Estava tão absorto que nem ouviu o filho falando com ele.

— *Papà,* você está bem?

Surpreso ele olhou para o filho e sorriu.

— Sim. Desculpe, *caro,* estava com os pensamentos longe.

— Eu perguntei se você já está mais animado, para sair "da caverna". Já faz cinco meses que a *mamma* morreu... Está na hora, papà, de voltar a viver a vida. Encontrar seus amigos, ir visitá-los, passear de barco com Arthur que já o convidou várias vezes. Ir ao cinema, aos jogos de basquete que tanto gosta de ir, ao teatro...

— Ei, que farta programação está fazendo para mim, *figlio?*

— Eu sinto muitas saudades da *mamma...* — comentou o jovem com tristeza. — Mas a vida continua, *papà...*

— Eu estava pensando nisso agora mesmo. E também sinto falta da sua mãe, apesar das nossas discussões, meu filho. — ao responder para o filho Carlo estava realmente sendo sincero. — Em breve a reforma da casa ficará pronta, conforme combinamos.

— Que bom, *papà.* Assim ficará mais fácil nos acostumarmos com a ausência dela.

Nesse momento, o pensamento de Carlo já estava a quilômetros dali... Nos últimos meses, tivera tempo para entender seus sentimentos, se liberar das culpas e aos poucos vinha sentindo seu coração livre para amar. Mas seu amor tinha nome e endereço... Susan ainda ocupava os seus pensamentos. Mas ela agora estava comprometida com outro homem.

— Tem uma ideia de quando ficará pronta? — perguntou Luigi.

Carlo distraído não respondeu.

— *Papà?*

— Quê? Ãh?

— O senhor está desligado hoje, hein? — brincou o garoto.

— Desculpe, *figlio*. Estou com muita coisa na cabeça.

— É deve estar mesmo. Nunca o vi tão desatento.

Carlo riu.

— Provavelmente daqui mais umas duas semanas. — respondeu, enfim, à pergunta do filho.

Algumas semanas depois dessa conversa com o filho, acabava de sair da casa de sua mãe, quando o carro de Louise também entrou na garagem ao lado da sua.

Seu coração deu um salto. Não sabia de onde surgiu a intuição, mas algo lhe dizia que sua vida iria mudar.

Aguardou que a vizinha e amiga saísse do carro.

Sempre elegante e alegre ela dirigiu-se a ele com um belo sorriso de boas-vindas guardando as chaves do carro na bolsa. Susan era tão parecida com a mãe...

— Carlo, como está? — perguntou ela, abraçando-o carinhosamente.

Retribuindo o abraço, ele respondeu gentilmente.

— Muito bem. *Grazie*. — respondeu o italiano, ao se dar conta do fato, naquele momento. — E como vão todos? — ouviu-se perguntando com expectativa na voz.

— Todos bem. Mathew teve uma virose tempos atrás que o deixou de quarentena. Estava insuportável, mas enquanto não tínhamos os resultados dos exames não o deixamos ver ninguém além de nós, pois era contagioso. — explicou a médica rindo, ao lembrar-se da fase rabugenta do filho caçula. — Mas agora, já está bem melhor.

— E... ãh... como está Susan? Tem falado com ela?

— Sim. Está muito atribulada de serviço, pois passou um tempo na Grécia. — Carlo sentiu um aperto no coração.

— Ah... Grécia? — Ele sentiu-se orgulhoso da tonalidade firme que dera a sua voz, ao fazer a pergunta.

— Sim. Foi a convite de Nicholas, aquele amigo dela, lembra?

Como não lembrar?

Carlo fez que sim, com a cabeça.

— Ele casou e mandou um convite especial para ela, mandando buscá-la no jato particular da família, não a deixando pagar nada.

Carlo já não estava mais a ouvindo. O único som que ele ouvia era o seu coração disparado.

Então Susan não... E ele se casou? Com outra?

— ... E elas estão com um grande projeto...

Aos poucos ele foi voltando ao presente e ouvindo somente o final da conversa de Louise.

— Carlo? Você está bem? — perguntou a médica, percebendo a inquietude dele.

— Hã, sim, sim, *scusa,* Louise. O que você estava dizendo?

— Que Susan e Sarah estão com um grande projeto. Estão trabalhando 24 horas por dia.

— Entendo. — respondeu, sem prestar muito a atenção. Ele não cabia em si de contente. *Ela estava livre! Livre!*

Estava louco para trancar-se no escritório, absorver com calma o que Louise havia lhe contado e dar vazão à sua alegria, ao saber que sua *bambina* estava livre.

— Dê um grande abraço em Ed. Qualquer noite, vamos tomar um vinho. — disse ele, se contendo ao máximo para não sair correndo.

— Farei um jantar para nós qualquer noite dessas. — prometeu a médica.

— Certo. Vamos combinar qualquer noite. *Ciao, cara.*

— *Ciao, Carlo.* A gente se fala durante a semana.

Enquanto Louise abria a porta de sua casa, Carlo também abria a sua.

Jogando as chaves na mesa do hall, foi diretamente para o escritório, fechou a porta e deu *um grito de alegria. Ela está livre! Livre!*

Livre para amar...

Sentando-se na cadeira, fechou os olhos e seus pensamentos foram tomados pelo belo rosto de Susan lhe sorrindo.

Dio, será que ainda terei minha chance? Pensou, animado. *Preciso fazer alguma coisa.*

Sem perda de tempo fez duas ligações e foi tomar banho.

No dia seguinte, durante o almoço com a mãe, disse que ia fazer uma rápida viagem de uns dois dias e logo regressaria para começar a organizar seu escritório.

— Para onde vai? — perguntou-lhe a mãe distraída colocando salada em seu prato.

Carlo agradeceu a mãe por servi-lo e hesitou apenas um segundo antes de responder à pergunta dela.

— Vou a Chicago ter uma reunião com Kevin. Precisamos conversar sobre o escritório. — e era verdade. Ia primeiro conversar com Kevin e depois... Depois iria ficar de bem, com sua felicidade em outra cidade.

— Estou muito feliz que você vai abrir um escritório aqui.

Carlo sorriu para a mãe. Como era bom ver aqueles olhos azuis, já cansados, brilhantes de alegria.

— Assim poderei estar mais tempo com você e Luigi, *mamma.*

— *Bene.* Quando viaja? — perguntou-lhe.

— Pretendo ir depois de amanhã. E, dependendo do tempo, talvez eu vá até Miami. — acrescentou, fazendo gestos para o filho passar a garrafa de água. — Estou pensando em um final de semana alugar o veleiro para dar um passeio com Luigi. Que tal, *figlio?*

— Deve ser legal, andar num veleiro hein, *papà?* Vou gostar dessa experiência...

— Estou pronto para ver isso, *figlio mio.*

A segunda chance...

Enquanto isso em São Francisco...

— Já não aguento mais olhar para esse projeto. Vamos parar por hoje? — perguntou Sarah, passando as mãos nos olhos cansados.

Susan desligou o laptop e jogou-se no sofá.

— Também estou cansada, amiga. Amanhã ainda teremos tempo.

— Justin quer nos matar. — queixou-se a ruiva.

— É seu primo. — disse sorrindo. — Mas nós vamos ganhar um bônus polpudo, não esqueça... — acrescentou Susan deitando-se no sofá.

— É. É verdade. Que tal fazermos algo para comer? Não sei você, mas eu estou morta de fome.

Susan se levantou rapidamente.

— Idem. Vamos para a cozinha. Vai dormir aqui hoje?

— Arthur ficou de passar por aqui, na volta de Los Angeles e...

— E... muitas coisinhas gostosas irão acontecer. — concluiu Susan interrompendo a amiga, com uma risada maliciosa.

Sarah riu.

— Ah, estou morrendo de saudades daquela boca, daqueles braços, daquelas mãos, daquele...

— Para, para por ai! É muita informação para o meu pobre e solitário coração. Estou carente, lembra-se? — observou Susan, levantando as mãos.

— Sabe, tenho notado você mais animada. Desde que você voltou da Grécia.

— É. Estou me esforçando, amiga. Quer chá gelado ou café? — perguntou para a amiga lambendo os dedos sujos de mostarda.

— Acho que um café. Preciso ficar bem desperta. — respondeu Sarah piscando maliciosamente.

— Ainda tem na cafeteira. Eu também vou tomar uma xícara de café. Esse ventinho... Nem parece verão.

— Mas amanhã terá sol o dia todo. E eu vou velejar com Arthur.

— Garota de sorte! — respondeu Susan, fazendo uma careta.

— Nem acredito, amiga! - respondeu Sarah sem esconder a felicidade. — Só fico triste em vê-la triste por causa de...

— Errado, amiga! Não estou mais triste. Na Grécia pude pensar bastante e ficar mais otimista, ao ver Nicholas, que por anos foi apaixonado por mim, completamente enamorado da jovem Helena. Foi um casamento de amor, ao contrário do que os pais dele esperavam. Então depois disso, achei que o meu momento também iria chegar e eu encontraria alguém que me fizesse esquecer Carlo.

Voltei animada para recomeçar.

— Com Carlo? — perguntou Sarah maliciosa.

— Não, criatura! Para me abrir a um novo amor. Carlo ficou no passado.

Sarah ficou olhando para a amiga, com uma expressão de quem estava fazendo pouco caso das palavras da amiga. Não acreditando.

— Se você diz...

— Digo e farei. Cansei de esperar por Carlo. Quando parece que tudo está bem, ele recua. Cansei. Ele complica as coisas entre nós, além do que já era.

— Então você deixou de amá-lo?

— Não. Sei que não será fácil esquecê-lo, mas de que adianta? Ele se deixou levar por um fardo de culpas e esqueceu-se de ser feliz. Como te disse, cansei!

— Soube mais alguma coisa dele?

— Não sei e nem quero saber.

— Susan, por favor, não se deixe levar pela raiva. Ele pode ter dito todas aquelas asneiras para você, mas é certo que ele sente por você algo muito mais forte que atração.

Susan deu uma mordida em seu sanduíche e ficou pensativa por uns momentos e deu de ombros.

— Mas o cabeça dura preferiu ficar só, por motivos tão... tão... ah nem gosto de recordar aquele dia. — respondeu a jovem, zangada ao lembrar-se das palavras de Carlo.

Horas depois, as duas amigas se despediam.

Susan pediu perdão a Deus, por sentir inveja da amiga, quando Arthur veio buscá-la e tascou-lhe um beijo apaixonado, na sua frente. E logo eles se casariam.

Após tomar um banho, escolheu sua roupa preferida para dormir. Uma velha camiseta muito apropriada para seu estado de espírito, com um enorme coração vermelho rasgado ao meio, e sua folgada calça de moletom cinza.

Antes, porém, sentou-se na cama para passar o creme em suas pernas, pois não fazia isso há dias.

No pequeno som que tinha no quarto, a voz de Barbra Streisand interpretava Memory, uma de suas canções favoritas.

Demorou uns segundos para perceber que batiam na porta.

Tinha que ser algum vizinho, pois não escutara o interfone. Deixando o pote de creme sobre a cama e de calcinha apenas, foi até a porta, tentando ver quem era pelo olho mágico. A pessoa era alta e estava tão próxima da porta que só conseguiu ver as costas. A pessoa em questão virou-se então para a porta e seu coração foi parar na boca.

Ah, não por favor... De novo não... Pensou entre surpresa e zangada. Correu para o quarto, vestir a calça de moletom e a velha camiseta.

E depois, um tanto hesitante, ela foi abrir a porta e lá estava ele, displicentemente encostado no batente da porta, fitando-a de uma maneira tão... tão... tão possessiva... que a deixou intrigada. Não parecia um olhar de quem viera pedir perdão de novo.

— *Ciao, bella.* — num murmúrio, ele cumprimentou-a com cautela.

— O... o... que está fazendo aqui, Carlo? Já di... Ei, o que está... Carlo!

Pegando-a de surpresa, ele entrou e levantou-a até ficarem, olho no olho e tomou seus lábios de assalto, num beijo arrebatador.

Surpresa a princípio, quis empurrá-lo, mas sentira tanta falta daqueles lábios e braços, que aos poucos foi relaxando e entregando-se ao beijo. Depois diria o que precisava ser dito. *Só mais um pouquinho...* Pensou indolente.

Com dificuldade, conseguiu afastar-se um pouco para olhá-lo diretamente nos olhos.

Confusa, ela percebeu que ele jogara uma pequena mala no chão e fechara a porta.

— Carlo, o que está fazendo aqui, por favor, quer me explicar? — tornou a perguntar. — Não disse que era para eu esquecê-lo?

Ele arqueou as sobrancelhas e respondeu-lhe com um beijo na ponta do nariz, deixando-a irritada.

Quando ela fez menção de falar novamente, ele rapidamente colocou o dedo indicador em seus lábios, calando-a.

— Você fala demais, *bambina.* — respondeu ele, tomando-lhe os lábios novamente. E ela interrompeu o beijo com dificuldade, mas conseguiu afastar-se, de modo que pudesse olhá-lo bem nos olhos.

— Carlo! Oh! Esp... me solte... — ela tentou soltar-se em vão. Ele apenas ria do esforço que ela fazia. — O que está acontecendo? — gritou, começando a se irritar.

Ele ficou apenas fitando-a com aquele olhar fogoso em silêncio.

Depois a afastou lentamente e tornou a beijá-la sem se dignar a responder.

— Desculpe, bambina, mas estou morrendo de saudades de você...

Saudades dessa boca linda...

— Mas... Mas o que faz aqui? — perguntou confusa.

— Juro que vou lhe contar, mas, por favor, deixe-me beijá-la e beije-me também.

— Por que deveria beijá-lo se não temos mais nada um com o outro?

— Esqueça. Isso é passado. Estou aqui, não estou?

— Sim... mas...

Ao perceber que ele não iria responder-lhe, ela então se deu por vencida. Resolveu aproveitar o beijo e o calor protetor daqueles braços fortes, dos quais sentira muita falta, por dias e dias, noites e noites. *Era tão gostoso ficar presa neles...*

Com ela nos braços e sem deixar-lhe os lábios, ele foi lentamente arrastando-a até o sofá, onde caíram ruidosamente, derrubando as almofadas e algumas revistas que ali estavam.

Famintos, beijavam-se com loucura, absorvendo a intensa emoção do calor de seus corpos, carentes e incendiados por um desejo abrasador.

Somente quando começou a faltar o ar, ele deu-lhe trégua, deixando-a se afastar o suficiente para respirar, porém com o olhar preso ao dela.

— *Dio,* como é bom tê-la em meus braços novamente, *bambina.* Sentir a maciez de seus lábios, o calor do seu corpo, do seu cheiro. — sussurrou ele, com o nariz em seu pescoço. — E você não me esqueceu, não negue. Você acabou de provar, ao corresponder aos meus beijos.

— Certo. Mas não estou entendendo nada. O que aconteceu? — ela tornou a perguntar, cada vez mais confusa, sentindo-se cada vez mais afogueada com o calor do corpo dele e os braços fortes ao seu redor.

Ele afastou-se um pouco mais para poder estudar-lhe o lindo rosto. Ela estava tão linda, com os olhos brilhantes, os lábios voluptuosos inchados pelos seus beijos e deliciosamente corada pela excitação...

— Ah, *bambina,* estou livre! Livre de culpas! Livre de ressentimentos! Livre de tudo! Sou eu de novo. O Carlo que você conhece, *amore.* — exclamou ele, segurando-lhe o belo rosto, entre as mãos e beijando-a ternamente.

Ela fitou-o sem entender.

Ele se levantou, sentou-se e a fez sentar-se em seu colo, abraçando-a como a uma criança.

Resumidamente, ele contou-lhe sobre o diário, deixando-a boquiaberta, sem acreditar no que estava ouvindo.

— Kate dormiu com um ex-namorado? Ela o traiu? — perguntou incrédula.

Ele anuiu muito sério.

— Tal como eu, ela se arrependeu, mas quebrou os votos de casamento como eu, então... Pensei com muita calma e cheguei à conclusão de que eu preciso de uma segunda chance e ser feliz.

— Então... Você está aqui para... Então... — ela balbuciava como uma criança, com medo de acreditar no que aquilo significava para os dois.

— Então, não tem mais nada que me impeça de ficarmos juntos. Mas, antes, quase morri de desespero e achei que minha vida tinha acabado ao pensar que tinha casado com aquele seu amigo grego... — disse ele, acariciando-lhe agora os cabelos que aos poucos formavam cachos, à medida que secavam.

Ela arregalou os lindos olhos verdes.

— Com Nicolas? De onde você tirou essa ideia? — perguntou intrigada. — Eu lhe disse que somos somente amigos...

Entre pequenos beijos no rosto e colo, ele contou-lhe, como deduzira que ela havia se casado e o que sentira, depois da conversa com a mãe dela.

Ela riu balançando a cabeça. Seus olhos brilhando de felicidade.

— Oh, Carlo...

— Fiquei louco, *bambina.* Aos 42 anos tomei o primeiro porre da minha vida. — continuou ele, mordiscando seus lábios inferiores.

Ela riu mais ainda.

— Essa eu pagava para ver. — disse ela se divertindo com a ideia de vê-lo embriagado.

— Você não tem noção do que é ser cuidado por dois adolescentes. Foi um caos que nunca mais quero passar. — falou rindo, ao lembrar do episódio.

Aos poucos, o riso dele foi morrendo e ambos ficaram em silêncio se olhando por alguns instantes, conscientes um do outro.

Passando amorosamente o polegar em seu lábio inferior, fitou-a com uma intensidade que deixou-a extasiada e temerosa que fosse um sonho, o que estava lendo naquele olhar azul.

Não demorou um segundo para ela se sentir a mulher mais feliz do mundo.

— *Ti amo, bambina.* — declarou Carlo, com os olhos azuis fulgurantes de imensa emoção. — Você é o meu coração. — acrescentou, dando-lhe um beijo na ponta do nariz.

Foi demais para o coração apaixonado da jovem. Ela fechou os olhos e inalou aquele cheiro másculo que tanto a inebriava.

Ela acariciou o rosto amado, beijando-o profundamente e não conseguiu segurar as lágrimas de emoção.

— Oh, Carlo, meu amor... Eu também te amo. — sussurrou ela. — Diga que eu não estou sonhando. — pediu ela, traçando-lhe uma das sobrancelhas com o dedo.

Ele suspirou e apertou-a entre os braços.

— Não está sonhando, *cara mia.* É a mais pura verdade. — ele respondeu tomando o delicado pulso e levando a palma aberta da mão dela aos lábios, numa caricia sensual.

— Te amo, te amo. — sussurrou ele entre um beijo e outro. — Estou louco para fazer amor com você... Agora.

— Agora? — perguntou a jovem, também num sussurro.

— Sim, agora. — respondeu ele, se mexendo para deitá-la novamente sob seu corpo másculo. — Sem culpas, sem receios, sem explicações. Quero amá-la ternamente, provar do seu gosto e mostrar todo o meu amor. Beijá-la inteirinha... Da pontinha dos pés até a ponta desse lindo narizinho.

— E o que está esperando, italiano?

Não resistindo ao convite expresso naquelas palavras, ele beijou a boca macia quase com desespero e se deliciou com a impaciência dela, o que deixou-o excitado no limite do insuportável.

Em meio a beijos sôfregos e ousadas caricias, eles se despiram, ofegantes e dispostos a se entregarem sem reservas, dando vazão ao desejo reprimido de ambos.

Quando tirou a camiseta dela, ele se deliciou com a perfeição daqueles seios voluptuosos, beijando cada um deles lenta e sedutoramente. Eles eram maravilhosos.

Ele gemeu ao apreciá-la inteira.

— Dio, como você é linda... Como sonhei em fazer isso outra vez... Quero me perder em você, amore mio. — sussurrou ele apaixonadamente, perfazendo uma trilha quente de beijos ao longo do pescoço delicado, até lhe alcançar o lóbulo da orelha, mordendo-o levemente.

— Sou toda sua... — murmurou ela entre beijos arrebatadores, abrindo e tirando a camisa dele com desespero.

Ele riu daquele modo singular que a arrepiava toda e ajudou-a na erótica tarefa.

E então, os dois se perderam no tempo, deixando os corpos falarem por si. Só existiam os dois e nada mais importava. Num abandono sem limites, eles se entregaram à paixão, àquele amor incondicional que compartilhavam.

Susan gemeu ao sentir a gloriosa excitação dele. Foi mais do que podia suportar, fazendo arquear o corpo esbelto, deixando-os, totalmente reféns daquela explosão de paixão.

— *Bella... Bella...* — sussurrava ele beijando-a como um lobo faminto.

Estavam tão famintos e desejosos que nem se preocuparam com preliminares. Ele posicionou-a para que ela aceitasse sua masculinidade, pronta para dar-lhe prazer e investiu impetuosamente no corpo quente e macio, fazendo-a se retorcer sob ele, completamente perdida de amor. Ele lhe abafava cada gemido, com um beijo apaixonado.

Carlo estava tão enlouquecido pelo desejo reprimido que estava a ponto de explodir, mas conseguiu se conter ao máximo que pode. Ele queria dar a ela o maior prazer possível e, por isso, retardou o quanto pôde o seu alívio. Ele estava além do seu limite, mas o prazer dela era o mais importante.

E então, numa sintonia extraordinária, ambos se deixaram levar pela caminhada erótica, levando-os mutuamente ao êxtase final. O beijo apaixonado dele sufocou seu grito de prazer. Ele apertou-a com paixão, enquanto alcançava seu clímax e simplesmente desabou sobre ela.

Suados, ofegantes, totalmente trêmulos, sentiam as palpitações decorrentes do prazer recém-compartilhado. Completamente saciados, ficaram abraçados por alguns momentos, num silêncio gostoso. Enquanto esperavam a respiração se estabilizar trocavam pequenos beijos entre si.

O ato de amor entre eles fora tão passional, tão primitivo, tão... tão sublime, que Susan ainda sentia medo de acordar e ver que tudo não passara de um sonho.

— Como sonhei com isso... — sussurrou ele, virando-se no sofá e puxando-a, para que ficassem de lado olho no olho. Envolvendo-a com força, ele aspirou o perfume natural de sua pele. — Quase deixei que a culpa tomasse conta de mim e me convencesse que eu poderia viver sem você. — continuou ele, ainda sussurrando, entre pequenos beijos.

Ela sentiu os dedos esguios deslizando suavemente por sua coluna, numa caminhada erótica, causando-lhe arrepios.

A magia da sua ternura a emocionou tanto a ponto de fazê-la respirar fundo para conter as lágrimas.

— Você está bem? — perguntou ele baixinho, não escondendo a preocupação.

Susan anuiu.

— Isso foi... foi... — murmurou ela, dando -lhe um breve beijo na base do pescoço.

— Foi incrível maravilhoso, mágico... — completou ele, afastando os cabelos dela, grudados pelo suor da paixão compartilhada.

Ele então lhe levantou o queixo com delicadeza, a fim de se olharem dentro dos olhos.

— Tenho que te olhar e senti-la, para me convencer de que é verdade, que a tenho aqui em meus braços e que você finalmente é minha. *Tu sei mia!* — aclamou possessivo.

Ela adorava quando ele se declarava em italiano. Emocionada, ela fechou os olhos e aconchegou-se mais a ele.

Susan sentiu os lábios de Carlo roçarem sua boca suavemente.

Ela abriu os olhos e o olhar que trocaram era tão intenso quanto o contato dos corpos saciados.

— Eu amo você. — ela murmurou solenemente, beijando-o suavemente nos lábios, fazendo-o gemer.

— Eu também. — respondeu, beijando-a no pescoço.

Ficaram entrelaçados por um longo tempo, trocando pequenos e molhados beijos.

Ambos sentiam-se tão completos, inteiros, felizes e seguros de seus sentimentos...

Ele espichou-se um pouco e o movimento acendeu o desejo de ambos novamente.

— Você não está se sentindo desconfortável nesse sofá? — perguntou ela, colocando uma das pernas em sua cintura e lentamente descendo-a, numa caricia que fez Carlo enrijecer-se.

— Não. Por quê? — respondeu ofegante e adorando a sensação erótica que a perna dela fazia sobre sua coxa firme, numa deliciosa tortura.

— Você é grande demais, para o tamanho do meu sofá. — comentou ela. — Seus pés estão para fora, não percebeu?

Ele a olhou maliciosamente.

— *Cara*, com você coladinha a mim e se mexendo como uma *serpente erótica* sob mim, você acha que eu percebi alguma coisa que não seja você? — respondeu ele, insinuando-se sedutoramente, ao escorregar as mãos e lhe segurando os quadris.

Ela riu.

Quando ela gemeu, ele puxou-a contra a ereção.

— Você é tão macia... — disse ele, num murmúrio, roçando os lábios no cabelo sedoso.

A pulsação da jovem disparou, pois, mais do que outra coisa, desejava aquela proximidade fazendo-a ciente de toda potência de seu desejo, quando ele esfregou os quadris aos dela.

Perdidos em si mesmos, eles fizeram amor dessa vez, mais devagar, saboreando cada caricia, cada abraço, cada beijo, entre murmúrios e juras de amor. Ela fechou os olhos e permitiu-se apenas sentir as caricias da boca máscula, das mãos ternas em seu corpo, levando-a à loucura. Ansiosa, ela arqueou o corpo, facilitando-lhe o acesso.

— Abra os olhos, *bambina*... — pediu ele resfolegando. — Quero vê-los quando você atingir o clímax comigo.

Aquelas palavras eram tão excitantes quanto as carícias. Ele continuou a fitá-la nos olhos enquanto se introduzia com uma lentidão torturante, e Susan, quase que de imediato, ficou cega pela chegada do êxtase. Alucinada pelas sensações maravilhosas, ia gritar quando Carlo abafou seu grito com um beijo apaixonado.

E mais uma vez, explodiram num clímax concomitante e, mais uma vez, esperaram se acalmar grudados um no outro.

Com o coração voltando ao normal, Carlo afastou um pouco a cabeça, para poder fitá-la melhor.

Ele olhou para Susan e sentiu um amor tão intenso por ela que seus olhos se enevoaram. Ele passava as mãos pelo corpo dela tão quente, tão macio, tão precioso, se perguntando se realmente a merecia. Ela era tão jovem...

Uma ponta de insegurança o abateu, deixando-o tenso, mas logo se lembrou de que já tinham falado sobre isso e que ela o tranquilizara. Ela o amava, *cazzo!* Não importava sua idade.

Ela sentiu sua tensão e rapidamente levantou a cabeça para fitá-lo.

— O que foi? — perguntou preocupada.

Ele olhou-a amorosamente e deu-lhe um beijo rápido.

— Nada. Uma coisa boba, sem importância para nós dois... — confessou ele, sem deixar de fitá-la. — Eu te amo e você me ama e isso é o que importa.

Ela abraçou-o fortemente.

— Carlo Martinelli, você é o homem da minha vida. — ela proferiu pontuando cada palavra com um beijinho carinhoso.

A mão morena lhe traçou o contorno da face, detendo-se, por alguns momentos, em seguida nos lábios macios e carnudos levemente inchados, abrasados pelos beijos compartilhados desde que ele atravessara a porta.

— Jura que me ama? — perguntou ele, ainda com um toque de insegurança.

Ela olhou-o com adoração e acariciou-lhe os cabelos grisalhos desalinhados.

— Não, Carlo. Eu não te amo. Eu te adoro! — disse ela meigamente.

Não resistindo, ele abraçou-a e beijou-a sofregamente e totalmente consumido pelo desejo.

— Quero penetrá-la. — sussurrou ele. — Fundo, bem fundo, Susan sentiu o corpo forte estremecer.

Ela apenas abraçou-o pelo pescoço e o beijou apaixonadamente. E, então, lhe deu o acesso para o prazer de ambos.

Fizeram amor mais uma vez e, mais tarde, foram para o quarto de Susan, onde se jogaram e se abraçaram, sentindo apenas a pele e o bater do coração um do outro. Estavam tão exaustos e plenamente saciados que isso já era suficiente. Dormiram por uma hora mais ou menos.

De repente, a barriga de Carlo roncou e Susan não conseguiu segurar a risada marota.

— Está com fome, meu querido? — perguntou, simulando compaixão.

Ele riu junto e anuiu, dando-lhe um beijo rápido na bochecha.

— Pensei que era somente fome de você, mas meu estomago já disse que não. — respondeu ainda rindo.

— Então vamos ver o que encontramos na cozinha? Vou preparar um sanduíche de frango, que tal?

— *Grazie, bambina.* Estou sem almoço. Só tomei um café no aeroporto antes de embarcar para cá.

Susan levantou-se e correu para o banheiro à procura do seu velho roupão.

Voltando para o quarto, jogou-o para Carlo que a analisava com olhos gulosos.

— Vá vestindo esse, que eu pego outro. — disse ela entrando no closet e saindo minutos dali, vestindo um *négligé* de seda verde, que lhe moldava o corpo escultural.

Ele a olhou de cima a baixo com olhar faminto.

— Isso aí é para me deixar louco, bambina? — reclamou ele, puxando-a para seus braços e esfregando-se nela.

— Carlo! Sossegue. Não está com fome? — disse ela rindo e empurrando-o com suavidade.

— Fome de você? Sim. Demais.

Ela conseguiu soltar-se dele e correu para a cozinha.

Entre abraços e beijos, conseguiram preparar uns sanduíches e abriram uma garrafa de vinho e se fartaram, apaziguando os estômagos vazios.

Após darem uma limpeza rápida na cozinha, foram para o quarto abraçados e se beijando apaixonadamente.

Se despiram e foram tomar um banho juntos. Tornaram uma simples ducha numa dança erótica de pernas e braços, beijos e sussurros, antes do êxtase final. Enxugaram-se ternamente e deitaram-se ficando um de frente para o outro, apenas conversando sobre Kate, como a conheceu, a gravidez inesperada, o nascimento de Luigi, até chegar a morte de esposa. Ele então lhe contou sobre os momentos que passou na UTI com a esposa e tudo que conversaram, antes de ela falecer.

E ela falou sobre seu trabalho, sobre os tempos da universidade em Paris, sobre Pierre e como conheceu Nicholas. Contou, inclusive, que aceitou ir para a cama com ele, numa tentativa de esquecê-lo e ela teve a nítida percepção de que ele ficara tenso de novo.

Ficaram em silêncio por alguns minutos, apenas se olhando.

— *Ti amo.* — sussurrou ele, beijando-lhe as pálpebras. — Você me realiza, me completa, me enlouquece, me faz feliz, como nunca pensei em toda minha vida.

Ela sentiu a emoção transformar-se em lágrimas nos olhos e quando falou a voz estava embargada.

— E eu jamais pensei que um dia poderia ter você aqui, na minha cama, totalmente entregue, de corpo e alma. Também *ti amo.* — confessou com os olhos marejados de lágrimas. — Você me fez sofrer tanto, nesses últimos meses... — queixou-se ela.

Ele imediatamente cobriu os lábios dela com seu indicador impedindo-a de continuar falando.

— Esqueça, bambina. Não vamos mais nos lembrar dessa minha estupidez. Agora vamos nos deixar levar por esse amor que nos une, sem restrições, sem culpas, sem esconder-se do mundo...

Ela franziu a testa, demonstrando preocupação.

— Carlo, creio... creio que não devemos nos apressar em tornar público o nosso relacionamento. Apenas faz cinco meses que Kate se foi... *Mamma* Carmela, Luigi, seu sogro... Além de meus pais, é claro. Eu me sentiria constrangida. — explicou ela acariciando-lhe lentamente o queixo com um dedo, enquanto falava.

— Ok, então, se é assim que prefere, então assim será. Mas Kate...

De repente, Carlo parou e ficou a olhando com um olhar estranho.

— Nossa, o que foi? Que cara espantada é essa? — perguntou ela curiosa.

— Se eu te contar algo, você não vai rir e pensar que estou louco?

Ela balançou a cabeça e beijou os dedos cruzados.

— Juro. — disse séria.

Ele ainda permaneceu em silêncio, por uns minutos, deixando-a nervosa.

— Carlo, o que é? Diga. Está me deixando nervosa e curiosa... — reclamou a jovem sentando-se na cama, sem se preocupar com sua nudez.

Pausadamente, ele contou sobre as sensações estranhas que sentira no cemitério, quando fora levar as flores para ela. O vento estranho. E a estranha força que o levara ao quarto da esposa e encontrar o diário. Parecia que ela o estava levando para lá. Não contara nada para ninguém, pois diriam que ele estaria perturbado.

À medida que ele falava, Susan sentiu arrepiar-se e arregalou seus belos olhos verdes.

— Até me arrepia. Incrível o que está me contando, mas eu acredito em você. Já ouvi dizer que acontece muitas coisas assim.

— Acredita em mim, de verdade, *bambina?* — perguntou ele, um tanto inseguro.

Ela afastou-se um pouco e riu da cara atônita dele.

— Claro que sim. Ela só deu-lhe um *"empurrãozinho"*.

— Você acredita mesmo nisso. Confesso que isso me assustou muito. — confessou ele, depois de um rápido beijo.

— Pense que ela quis que você achasse aquele diário. Ali ela confessava o que não deu tempo dela te dizer, antes de morrer.

Num giro rápido, ele estava por cima dela, emoldurando-lhe o rosto com as mãos morenas, grandes e quentes.

— Sabe que não havia pensado nisso? — sussurrou ele, fitando-a intensamente e beijando-a com paixão renovada.

— Pois isso acon...

Com um beijo devastador, ele interrompeu-a, deixando-a sem fôlego. Depois, fitou-a nos olhos para falar.

— Nunca me passou pela cabeça que, aos 42 anos, eu estaria totalmente apaixonado por uma mulher 15 anos mais jovem, que eu literalmente carreguei no colo. — comentou ele. — Posso lhe contar sobre sonhos que almejo, para nosso futuro juntos? — perguntou ele, recomeçando uma jornada de beijos molhados entre seus seios e breves olhares maliciosos para ela. Num instante, seus mamilos reagiram as caricias dele.

— Hum... Assim, você não está me deixando prestar atenção no que está dizendo e *sim no que está fazendo,* italiano. — falou Susan arqueando-se e levantando seus seios, tornando fácil o acesso de seus lábios quentes. Ele achou adorável.

— Hum, você é tão deliciosa...

— Mas que sonhos são esses? — resolveu perguntar num gemido sussurrado, devido à excitação que ele estava provocando nela.

Ele riu baixinho da maneira mais sexy possível, para a rendição dela.

— Ah, sim, os sonhos... — ofegando, ele também já demonstrava o quanto estava excitado — Sabe? Seria sonhar demais em ser pai de seus bebês? — disse ele com malicia no olhar e na voz, dando-lhe um beliscão num dos mamilos rosados e túmidos.

Surpresa, ela ficou sem ação, pois era o tipo de pergunta que não esperava de modo algum, principalmente naquele momento. Mas deixou-a feliz, fazendo-a sorrir timidamente.

De repente, ele ficou tenso e praguejou em seguida, fechando os olhos e balançando a cabeça.

Ela ficou confusa olhando-o interrogativamente.

— *Io sono un pazzo !(Eu sou um louco)* — exclamou zangado consigo mesmo. — Não usei proteção, *bambina.* Você está tomando pílulas? — perguntou ele preocupado e incrédulo com seu lapso. — *Scusa.* — desculpou-se ele. — Eu estava tão faminto de você, que não pensei em mais nada a não ser amá-la.

Ela apenas sorriu lindamente e beijou-o.

— Relaxe, italiano. A doutora Louise me receitou pílulas para regularizar meu ciclo menstrual. — concluiu com um arremedo de sorriso, lembrando da preocupação da mãe, pelo seu ciclo descontrolado. — Então uma gravidez sem chances, ok?

Ele não escondeu seu alívio.

— Mas como nenhum método anticonceptivo é seguro, é melhor ficarmos atentos, pois agora realmente não é o momento certo para nossos bebês... — comentou ele, muito sério. — Eu quero que tenhamos muitos momentos só nossos, antes de tudo.

Susan se viu perdida de amor ao ver o calor nos olhos azuis. *Como o amava!*

Carlo também se perdeu no brilho ardente daqueles olhos verdes. O que havia entre eles era a alegria de um amor incondicional.

O olhar dele tornou-se voraz e, não resistindo, ele começou a dar-lhe pequenos beijos e mordidinhas em seus lábios, no maxilar, nas pálpebras, no nariz, na suave curva do pescoço e nos lóbulos da orelha.

O desejo começou a tomar conta de ambos.

— Eu te quero tanto... tanto, que basta sentir o seu perfume, pensar em você, em sua imagem, que o desejo me domina. — sussurrou-lhe ao ouvido. — Você me deixa maluco desde o primeiro momento que nossos olhares se encontraram naquele hotel. Acredite, *bambina...*

Ela o calou com um longo e profundo beijo. Estava exultante e seu corpo trêmulo de desejo, pois sentia a reverência daquelas mãos másculas em seu corpo, em carícias que estavam levando-a à loucura, entremeadas com beijos molhados e eróticos.

Foram se amando aos poucos e se controlando para o prazer mútuo, até chegar ao ponto de não poderem mais. Ela chamou-o para si, apenas erguendo os quadris. E com aquela sintonia, ele entendeu aquele mudo apelo e então foi tomando-a, lentamente, provocando gemidos de prazer em ambos. Carlo incitou-a a mover-se com ele, e aos poucos foram imprimindo um ritmo alucinado e glorioso, enquanto iam se beijando loucamente com seus corações batendo em uníssono, desordenadamente. Ela ofegou e lágrimas lhe inundaram os olhos, por conta da avassaladora satisfação carnal através do clímax que começou a tomar conta do corpo dela.

Nada mais lhe importava, que não fosse o imenso prazer, pleno de amor, que Carlo estava lhe proporcionando. A ternura era tão incrível, quanto o êxtase final.

Nada do que haviam compartilhado se comparava ao que estava acontecendo ali naquele momento.

Seus corpos, mentes e almas se fundindo numa perfeita conexão.

Horas mais tarde, depois de um banho rápido, ambos foram para a cozinha lanchar novamente.

— Nunca senti tanta fome na minha vida. — disse ela sorrindo para o homem másculo e belo que abria a geladeira naquele instante.

— Nem eu. — respondeu ele, tirando um pote com folhas de alface e tomates da geladeira, enquanto ela pegava o frango desfiado e pegava o pão do armário. — E nunca comi tanto sanduíche de frango na minha vida. — concluiu rindo.

Juntos prepararam os sanduíches, puseram numa bandeja, pegaram duas taças, encheram de vinho e voltaram para o quarto, rindo como duas crianças em dia de festa.

Enquanto comiam sentados na cama, conversaram sobre vários assuntos, inclusive lembrando de alguns momentos da infância dela.

Depois falaram sobre os planos que tinham para o futuro. Susan falou sobre seu trabalho e no quanto estava aprendendo com Justin. Sonhava um dia em ter seu próprio escritório de arquitetura. Carlo falou sobre a sociedade com os amigos no escritório jurídico que planejara para Nova Iorque. Contou que o primeiro a aceitar foi Kevin, que logo se mudaria para Nova Iorque.

— Verdade. Arthur comentou comigo e Sarah numa noite em que jantamos juntos. — disse Susan, tomando o restante do seu vinho.

Ele limpou a boca e esticou-se para beijar-lhe os lábios suavemente.

— Oh, *bella...* Temos que reavaliar esses nossos planos para o futuro, não concorda? — argumentou ele.

— Como assim? — perguntou ela, sem pensar.

— Você falou sobre seus planos e eu falei dos meus. Percebeu que não nos colocamos dentro desses planos? Cadê eu nos teus planos e você nos meus? — retrucou Carlo divertido.

Susan olhou-o em silêncio por uns instantes e mordeu os lábios.

— Verdade. Onde estamos nós nesses planos?

— Temos que repensar nos planos e nos inserir neles de qualquer maneira, pois, se você ainda não percebeu, eu pretendo me casar com você um dia. — decretou ele, dando-lhe um selinho.

Susan riu deliciada com a ideia.

— Você quer casar comigo? Sério isso? — perguntou ela emocionada.

Pegando a bandeja, Carlo colocou-a no chão e ambos começaram a bater nos lençóis, a fim de limpar as partículas de pão que haviam derrubado. Depois, puxou-a para si e lhe deu um beijo carinhoso.

— O que você acha? É só questão de tempo... Você não quer casar comigo?

— Claro que quero, italiano. — respondeu ela, acariciando-lhe o rosto.

Alegres pela decisão, resolveram levar as taças e a bandeja para a cozinha. Lavaram a louça entre beijos e caricias e voltaram para o quarto, beijando-se enquanto se despiam com urgência. Pareciam que não tinham se amado o suficiente por um dia, pois tombaram na cama, e entre gemidos e risadas amaram-se repetidas vezes pela noite toda, até que a exaustão os venceu e eles acabaram dormindo um nos braços do outro.

Susan acordou com um delicioso cheiro de café. Espreguiçou-se e olhou para o relógio de cabeceira. Eram apenas 6h45. Teria que levantar-se e tomar seu banho para ir trabalhar.

Virando a cabeça, viu o travesseiro ao lado marcado pela cabeça de Carlo e então se sentou rapidamente. Carlo! Carlo estava ali e dormira com ela a noite toda. Não era um sonho!

Languidamente ela tornou a se deitar com um sorriso nos lábios.

— Hum, que pensamentos são esses que fizeram você sorrir lindamente? — perguntou a voz profunda que a fazia arrepiar-se. Desviando o olhar para ele, viu-o encostado na porta do quarto, com duas canecas de café nas mãos.

Susan se sentou, segurando o lençol, pois estava nua e se encostou nos travesseiros.

— Adivinhe, se for capaz... — respondeu, piscando e pegando a caneca de café que ele lhe estendia, enquanto dava mais um gole da sua própria xicara.

— Dormiu bem? — perguntou com um sorriso malicioso, que Susan adorou.

— Maravilhosamente bem. — respondeu maliciosa também. Ela havia notado que ele já tinha tomado banho e estava totalmente vestido, com exceção da camisa que ainda estava fora da calça. — E você?

— Huum... nada a reclamar. — respondeu ele se sentando na cama ao seu lado e beijando seus lábios, levemente, saboreando o gosto de café.

— Já está indo? — perguntou ela acariciando seu rosto com a ponta do dedo indicador.

Ele olhou seu relógio de pulso.

— Sim. Meu voo é daqui há 2 horas e meia. E vamos, vamos levantar, *bambina*, que você precisa estar no escritório às 8h para uma reunião com Justin.

Ela olhou-o sem entender.

— Reunião com Justin? Às 8 horas? Hoje? Mas... mas... eu não...

Ele riu e deu-lhe um beijo rápido, levantando-se antes que caísse em tentação e beijasse aqueles seios lindos que estavam à vista.

— Sarah ligou há pouco. Disse que Justin precisa corrigir algumas coisas no projeto de vocês, a pedido do cliente.

— Sarah ligou? — perguntou curiosa. — Nem ouvi o telefone tocar... — disse olhando para o local onde sempre deixava seu celular.

— A ler o nome de Sarah no visor, eu atendi e fui falar fora do quarto, para não lhe acordar. — respondeu ele, arrumando a camisa.

— O que Sarah disse ao ouvir sua voz? — perguntou curiosa querendo saber a reação da amiga, ao ouvir a voz de Carlo. Pois ela dissera à Sarah que ia à procura de um novo amor horas antes de Carlo bater à sua porta.

Carlo riu.

— Primeiro ficou muda por alguns momentos e depois expressou sua surpresa perguntando o que eu estava fazendo aqui. — ele tornou a rir. — Quando eu disse que estava fazendo amor com você, ela...

— Carlo! Você disse isso mesmo? — questionou ela, rindo, porém corando fortemente.

Ele amou o seu rubor.

— Ora, eu disse a verdade. Ou não disse? — perguntou com humor.

Ele se sentia tão feliz, como há tempos não se sentia. Bastava olhar para aquela jovem mulher, linda e sensual, deliciosamente receptiva... que se entregara a ele de corpo e alma. *Oh, Dio, como a amo.*

Susan sacudiu a cabeça e riu.

— Certo. E o que ela disse?

— Deu uma gargalhada e disse que já era hora de eu acordar para a vida e para você. Agora levante. Já estou de saída. — disse ele, saindo do quarto.

Ela levantou-se e, pegando o *négligé* de seda, vestiu-o rápido, correndo atrás dele.

— Ei, não vai me dar um beijo? — gritou ela.

Ele estava pegando a maleta em cima do sofá, onde fizeram amor na noite anterior. Ele parou o que estava fazendo e aproximou-se dela com aquele olhar de pura sedução.

— Se fosse fazer minha vontade, eu te daria mais que um beijo, *bambina*. Você fica deliciosa nisso aí... — disse apontando para o *négligé*, puxando-a para si e abraçando-a. Cheirou seu pescoço e atrás da sua orelha. — Seu cheiro natural é estonteante, *amore*. Você cheira a flores do campo.

Ele então a levantou pela cintura, tirou seus pés do chão, beijando-a profundamente, até fazê-la dar um gemido.

Ela segurou-lhe os ombros largos e afastou-o um pouco, a fim de fitar seus olhos, tão repletos de amor e desejo.

Ficaram se olhando em silêncio por alguns minutos, numa troca silenciosa de amor correspondido, de paixão, de comprometimento, de doces promessas...

E então deram vazão aos sentimentos que os unia, em um beijo apaixonado.

Ofegantes, se separaram, pois não daria tempo para continuarem o que seus corpos exigiam.

— Tenho que ir, *cara*. — disse ele, quebrando o silêncio e beijando-a na ponta do nariz e colocando-a de volta no chão.

Susan sentiu o calor da paixão esquentar seu corpo, ao sentir a prova do desejo de Carlo.

— Sim. Também tenho que correr. — disse ela arrumando o *négligé* que se abrira, durante o beijo explosivo.

Ele virou-se e pegou a maleta novamente, puxando-a pela mão até a porta. Ela o seguiu, solícita.

Ela deu a volta na chave e segurou na maçaneta. Ia abrir a porta, quando ele estendeu o braço e acariciou seu rosto com a ponta dos dedos.

— Nunca me senti tão vivo, tão renovado... *Ti amo!* Você me levou ao sol, *bambina*... — sussurrou-lhe — Te ligo, okay?

Ele falara aquilo de uma maneira tão íntima e sensual que Susan sentiu seu corpo arrepiar-se, já em expectativa.

Os dedos dela deslizaram carinhosa e lentamente pelo rosto másculo.

— Se cuide. Tenha uma boa viagem. — murmurou. — Te amo!

Beijando-a mais uma vez, ele saiu porta afora a passos largos.

Fechando a porta, Susan se encostou nela com olhar sonhador e sorriu.

Girando pela sala, com as mãos no coração, começou a dançar, girando de felicidade.

Eles estavam juntos! Juntos! Era de verdade! Ele a amava!

Ao lembrar-se da hora, correu para o banheiro. Precisava apressar-se para não chegar tarde no escritório. E ainda teria que juntar as folhas de projetos que deixara sobre a mesa da sala.

Nunca um banho fora tão rápido e feliz como o daquela manhã.

Susan sentia-se a mulher mais feliz do mundo que era amada pelo homem mais lindo do mundo!

— Você vai me contar tudo, entendeu? Tudo! — disse-lhe Sarah, tão logo Susan chegou na sala que ambas ocupavam, no escritório de Justin. — Quase morri de susto ao ouvir a voz de Carlo, quando ele atendeu o telefone.

Susan riu.

— Então imagine o meu susto ao abrir a porta e vê-lo ali em carne e osso.

— Vamos, me conte tudo! — tornou a repetir a ruiva.

— Ora, Sarah, contar o quê? Nós fizemos a mesma coisa que você e Arthur fazem quando estão sozinhos. — respondeu maliciosa.

A ruiva ficou rubra.

— Sim, mas não é isso que eu quero saber e você sabe disso muito bem. Quero saber o que aconteceu!

Então, abreviando, Susan contou-lhe sobre o diário de Kate, sobre como Carlo se sentira ao deduzir o seu noivado com Nicholas e a alegria que sentira depois de conversar com sua mãe e se dar conta de que não existia noivado algum.

Sarah riu, apesar de ficar estupefata quanto à traição de Kate com outro homem.

— Uau, amiga! Quem diria, hein?? Kate dormindo com outro cara... E agora sei por que Arthur achou Carlo um tanto estranho ao saber que você estava na Grécia. — disse a ruivinha com sua habitual expressão travessa.

— Mas sabe? Até que foi bom esse engano, pois assim ele sofreu um pouquinho, tal como eu sofri quando ele me rejeitou tentando me jogar para os braços de outro homem.

Sarah abraçou a amiga ainda rindo gostosamente.

— É verdade. Ah, estou tão feliz por você, Susan... Aliás, pelos dois. Agora vão assumir para valer?

Uma nuvem de preocupação passou pelos olhos verdes de Susan.

— Por enquanto vamos manter o relacionamento somente entre nós. Decidimos aguardar um pouco mais para tornar público.

A amiga avaliou por uns segundos e assentiu.

— Ótima decisão. Eu também me sentiria constrangida... — concordou. — Para quem esperou até agora, essa espera não é nada, não é mesmo?

Susan apenas anuiu.

— Meninas, estou esperando-as! — ouviu-se a voz de Justin, através da porta entreaberta.

Pegando o material necessário, as duas se dirigiram à sala de reunião do arquiteto chefe.

Capítulo 20

A reconciliação

Encostado displicentemente em sua cadeira, Kevin ouvia o amigo relatar o encontro que ele tivera com Susan omitindo, é claro, os momentos de paixão.

— Então agora, assumiram? — perguntou Kevin, tomando mais um gole do seu uísque.

— Entre nós, sim. O importante foi a nossa reconciliação.

Carlo resolveu então, em poucas palavras, falar sobre o diário de Kate.

— *Uau,* italiano! — exclamou o amigo, quando Carlo terminou seu relato. — Essa confissão de Kate foi impressionante. Se fosse outra pessoa a me falar isso, eu não acreditaria.

— Até eu fiquei arrepiado no momento, irlandês. — respondeu Carlo, depositando o copo de uísque, que Kevin lhe oferecera logo que chegou, sobre a mesa do amigo, à sua frente.

Kevin ficou olhando para o amigo enquanto este pegava seu copo novamente e sorvia lentamente mais um gole do puro malte escocês, com um meio sorriso nos lábios, o qual não passou desapercebido pelo amigo que sorriu abertamente.

— Fazia tempo que eu não o via tão relaxado, tão bem consigo mesmo, italiano. — observou a seguir. — Você está com uma cara de... de um adolescente amando pela primeira vez. — concluiu.

Carlo levantou os olhos para o amigo e correspondeu o sorriso.

— *Caro,* é como eu me sinto. Eu realmente estou muito feliz. Estou realizado, pleno, vivo, entende? Essa mulher é como um sol, que surge depois de uma tormenta, iluminando minha vida, meu tudo.

Kevin riu e balançou a cabeça.

— Ora, ora... Meu amigo italiano perdidamente apaixonado... Quem diria hein, caro amigo? — constatou o amigo irlandês.

Carlo riu.

— Incrível, não? Aos 42 anos estou tão apaixonado como um adolescente, por uma mulher 15 anos mais nova que eu. — declarou solenemente. — Não é ridículo?

Kevin gargalhou e sentenciou.

— Amigo, todos os homens apaixonados se tornam ridículos. Fazemos e dizemos coisas inacreditáveis. — disse com expressão de troça.

Carlo franziu o cenho, avaliando a definição do amigo. Depois, acabou concordando.

— È vero. — concordou acompanhando o amigo, gargalhando gostosamente. — Pois, então, estou ridiculamente apaixonado pela *mia bambina.*

— Eu gostaria de ser uma mosquinha, para ver a cara de *mamma* Carmela, quando souber.

Carlo arregalou os olhos e fitou o amigo.

— Sabe que não pensei nisso, ainda? Eu queria tornar público, mas não pensei em como minha mãe iria receber esse fato. Com certeza ela vai levar um susto tremendo... Mas algo me diz que ela vai ficar feliz.

— Pode crer, italiano. — brincou Kevin.

— E acho que Louise e Ed também. — lembrou Carlo assustado.

— Seus irmãos sabem?

— Somente Gioia sabe que é Susan. Aldo e Enzo sabem que eu traí Kate em Houston, mas não sabem com quem. Mas tenho certeza de que Aldo vai dizer que estou louco e vai ser contra.

— Por quê? — perguntou Kevin, curioso.

— Aldo é muito conservador. — comentou o italiano, um tanto preocupado. — No mínimo, vai dizer que ela é muito jovem e que deveria pensar melhor, antes de tomar uma atitude. Bem, para Aldo, ainda tenho 16 anos, quando ele vivia me dando sermão...

— E você vai dizer o quê? — perguntou o amigo curioso.

Carlo deu de ombros.

— Que Susan é a mulher da minha vida, mesmo sendo tão jovem. — disse com segurança. — E que... Nada me fará desistir dela.

— Bravo! Afinal, a vida é de vocês. — afirmou. — Estou feliz por vocês, e Maureen vai gostar de saber que você está refazendo sua vida.

Você tem todo o direito de ser feliz. Sabe o quanto nós torcemos por você. — complementou.

— *Grazie, caro.* Eu dessa vez não deixarei a felicidade escapar. Minha segunda chance, *certo?*

Kevin levantou-se e veio para a frente da mesa, para abraçar o amigo.

— Precisamos contar à nossa turma. — disse depois, piscando.

— Bem, Arthur já sabe, através de Sarah. — afirmou Carlo.

— Esse é outro que surpreendeu a todos, não? O homem que não queria saber de casamento e que zombava das nossas vidas de casados, das conversas sobre filhos. — comentou Kevin, sarcástico. — Quem diria que ele iria cair de amores pela ruivinha.

— Ridiculamente tão apaixonado quanto eu. — Carlo assentiu rindo.

— Exatamente. Eu não disse?

Logo depois já estavam tratando dos detalhes para a futura sociedade no escritório em Nova Iorque.

Resolveram se instalar em princípio de maio e Kevin planejava se mudar no final de abril para Nova Iorque e ocuparia a cobertura que acabara de comprar, em Manhattan. Na próxima reunião com os amigos, iriam estender o convite da sociedade a eles, pois era o plano, dos cinco amigos trabalharem juntos, desde os tempos da universidade, com exceção de Arthur que optara pela publicidade apesar de ter feito Direito também.

— Poderíamos abranger todas as áreas de direito. — sugeriu Kevin, animado com a ideia.

— Exatamente o que eu pensei! — respondeu Carlo, se preparando para sair.

Ao sair do escritório de Kevin, Carlo decidiu que, na próxima vez que fosse a São Francisco, chegaria primeiro em Miami, para contar as novidades a Giorgia.

No aeroporto, enquanto aguardava a hora do embarque, ligou para Susan.

Queria ouvir a voz dela.

Ela atendeu na primeira chamada.

— Oi. — disse a voz melodiosa que ele amava.

— *Ciao, bella.* Como está?

Susan riu do tom malicioso dele.

— Um pouco cansada, pois não dormi muito bem a noite passada. — gracejou ela, provocante. — Mas estou feliz. E você?

Imagens eróticas tomaram conta da mente de Carlo, ao perceber o tom provocante na voz dela.

— Estou me sentindo revitalizado, como nunca estive, *amore mio,* e também muito feliz.

— Já chegou?

— Não. Ainda estou em Chicago, aguardando o voo para Nova Iorque.

Conversaram mais um pouco até que Susan conseguiu ouvir o chamado do voo dele.

— Hora de partir. — explicou ele, com voz triste.

— Tenha uma boa viagem. E se cuide. — murmurou ela em resposta.

— Você também, *amore mio.* Me ligue hoje à noite... — pediu ele com voz rouca.

— Ligarei. — disse ela, suavemente.

— Agora vou desligar. *Baci.*

De volta a Nova Iorque, Carlo passou os dias seguintes muito ocupado, procurando um local adequado para o escritório e nem percebia o tempo passar.

Porém, à noite, ele e Susan sempre se falavam antes de dormir. Como sempre, ouvir aquela voz suave lhe proporcionava uma noite de sono tranquilo.

Klaus e seu parceiro Perkins da equipe de segurança cuidavam da proteção dele e da família. Enquanto Klaus lhe servia como motorista de manhã à noite, Perkins bancava o seu secretário. Apesar de ser um secretario de fachada, ele realmente sabia desempenhar sua função temporária. Os dois haviam feito uma varredura total na casa e não encontraram escutas, para alívio de todos.

Certa noite, Carlo estava saindo do banho, quando ouviu seu celular. Enxugando os cabelos, foi até a mesa de cabeceira e olhou o visor. Franziu a testa ao não reconhecer o número. Intrigado atendeu.

— Martinelli.

— *Não esqueci de você, seu italiano bastardo.* — disse uma voz com sotaque.

Carlo sentiu o sangue ferver. *Bastardo? Ninguém o chamava de bastardo!*

— Quem...

Mendonza, é claro!!, pensou irritado.

— *Você vai se arrepender do dia em que nasceu.* — disse a voz, o interrompendo com raiva.

— E você vai apodrecer na cadeia seu, crápula! — esbravejou Carlo ao identificar a voz do outro lado.

Com uma gargalhada cavernosa, o facínora desligou.

Se sentindo afrontado, Carlo jogou o celular na cama.

— Miserabile! (miserável) Como esse facínora conseguiu o meu número particular? — murmurou intrigado. — E como conseguiu burlar a vigilância no presídio?

Vestiu o roupão rapidamente e se dirigiu ao quarto que Klaus e Perkins ocupavam desde que se instalaram na casa.

Estava tão furioso que até esqueceu-se de bater na porta.

Klaus tinha acabado de sair do banho e se assustou com a entrada furiosa do patrão. Rapidamente ficou em alerta e pegando a arma, que estava sobre a cama. Perkins estava na frente da casa, fazendo a ronda. Os dois se revezavam nisso.

Carlo levantou as mãos para impedi-lo de sair correndo porta afora.

— Não há necessidade disso agora. — disse Carlo fazendo-o relaxar.

— O que aconteceu, senhor? — perguntou Klaus intrigado com sua expressão zangada.

Ainda com o rosto vermelho de raiva, Carlo colocou-o a par do telefonema. Klaus assobiou.

— O maldito está ousado demais. Isso não é bom... — comentou.

— Ele deve ter subornado policiais do presídio para lhe arranjar um celular. — disse Klaus, como se estivesse falando consigo mesmo.

— E como conseguiu o meu número particular? — perguntou Carlo.

— Com certeza o outro cúmplice do tribunal, que facilitou os capangas dele, para lhe agredirem. — respondeu o alemão olhando o patrão, pensativo.

— Mas quem pode ser?

— O capitão Carmone disse que ele é escorregadio como sabão. O suspeito tem muitos álibis. Mas nós achamos que é questão de tempo, para ele abaixar a guarda.

— Então já possuem um nome? — perguntou Carlo, curioso.

Klaus anuiu.

— E ao que parece, não vão me revelar o nome, *certo*?

Klaus deu um sorriso um tanto constrangido.

— Desculpe, senhor. Mas é para a sua segurança. Melhor não saber até que o prendamos.

— Mas que *cazzo*, por que não querem me dizer quem é? — Carlo tornou a perguntar, frustrado.

— Para não atrapalhar as investigações. Bem, temos que colar no senhor. E, por favor, não saia sozinho nem que for para ficar no seu jardim. E não fique longe do celular que eu lhe dei, pois será o nosso contato, onde o senhor estiver. Entendeu, senhor?

Com um longo suspiro Carlo anuiu.

— *Certo. Madonna*, quando acabará esse inferno? — perguntou mais frustrado ainda, passando as mãos nos cabelos revoltos.

— Relaxe, senhor. Estamos aqui para cuidar da sua segurança. — foi a resposta de Klaus.

Após mais algumas trocas de palavras, Carlo voltou ao seu quarto. O guarda-costas não escondeu a preocupação.

— Preocupante. — afirmou Klaus falando sozinho.

Completamente frustrado, preocupado e pensativo, Carlo retornou ao seu quarto.

Naquela noite, não conseguiu dormir muito bem. Acordou várias vezes durante a noite e por duas vezes foi até o quarto de Luigi. Precisava se certificar de que estava tudo bem com ele.

Dio, que não façam nada contra meu filho!

Ao voltar ao seu quarto, nem se deu conta de que Klaus o observava atentamente no corredor que levava ao quarto que dividia com Perkins.

No dia seguinte, ao levantar-se, Marian já havia colocado a mesa do café para todos. Klaus e Perkins tinham acabado de tomar café e se levantavam. Cumprimentaram-no com um aceno de cabeça, quando ele entrou na cozinha.

Após cumprimentá-los, sentou-se e serviu-se. Seu semblante fechado era de total apreensão.

— Não dormiu essa noite, não é, patrão? — perguntou Perkins cauteloso.

Carlo olhou-o e após tomar um gole de café, passou uma das mãos no rosto que indicava noite mal dormida.

— *Vero.* Não preguei o olho. A voz do crápula não me sai da cabeça. — respondeu irritado. — Ainda não consigo acreditar que ele conseguiu o número do meu celular... — queixou-se.

Ao perceber a trocar de olhares dos dois guarda-costas, franziu o cenho intrigado.

— Não os deixei dormir? — perguntou preocupado. — Andei pelo corredor, pois fui ao quarto de Luigi por duas vezes. — explicou.

Klaus meneou a cabeça.

— De maneira alguma, senhor. — respondeu Klaus. — Eu também estava acordado e estava no corredor quando o senhor saiu do quarto de Luigi.

— Por que estava no corredor?

Klaus sorriu.

— Digamos que estava preocupado com o senhor... — respondeu. — Caso precisasse conversar...

— Obrigado, Klaus.

— Ora, senhor, é o nosso trabalho.

— Realmente me sinto seguro com vocês aqui em casa, principalmente por causa de Luigi.

— Onde quer que eu o leve, agora pela manhã? — perguntou o alemão, percebendo-lhe o elegante terno escuro.

— Ao Tribunal. Vou encontrar-me com o juizz Chapman.

Mais uma vez os dois guarda-costas trocaram olhares, mas dessa vez Carlo não viu.

— A hora que quiser, senhor. Mas, se permitir, eu irei junto com o senhor até a porta do gabinete dele, ok?

— Certo. — concordou Carlo sem titubear.

Meia hora depois, já estavam a caminho do Tribunal. Tão logo Klaus e Carlo saíram, Perkins ligava para o capitão Carmone, para contar-lhe sobre a nova ameaça de Mendonza, através do celular particular do patrão.

Carlo ficou com o juiz Chapman por mais de uma hora e Klaus ficou à porta, vigiando.

Logo depois ao sair, Carlo e Klaus estavam se dirigindo ao saguão, quando encontraram Steve e Rocco, da equipe de segurança do tribunal, que vinham do outro lado.

Steve ficou um tanto surpreso, mas depois sorriu amigavelmente, como sempre.

Enquanto trocavam algumas palavras, Klaus não tirava os olhos de Rocco, que o encarava também.

Minutos depois, já no carro, Carlo perguntou um tanto intrigado.

— Era impressão minha ou você e Rocco se encaravam de maneira estranha?

— Esse sujeito realmente é muito estranho, não acha, senhor? — respondeu o guarda-costas.

— Verdade. Dá a impressão de quem esconde alguma coisa.

— Exatamente. Mas aí que está, senhor. Ele não fugiu ao meu olhar. E com uma segurança intrigante tal como uma pessoa que não tem nada a esconder.

No caminho de volta, Carlo contou a Klaus que perguntara ao juiz Chapman se ele também havia recebido ameaças, mas ele negara e ficou surpreso quando lhe contou sobre a ameaça que o próprio Mendonza lhe fizera.

— Klaus, eu gostaria que ninguém da minha família, nem mesmo Lorenzo, soubesse dessa última ameaça, ok? As primeiras eu contei para ele, mas não quero que fique preocupado.

— Como quiser, senhor.

— Amanhã tenho uma reunião marcada com o corretor que está procurando um imóvel para nós e gostaria que você me acompanhasse.

— Nem que não me pedisse eu iria acompanhá-lo, senhor. Agora todo cuidado é pouco, sabe disso. — respondeu Klaus com um sorriso torto.

— Pelas informações, eu acho que encontrei o local certo para estabelecer nosso escritório. — comentou Carlo. — E depois de amanhã, eu e os rapazes vamos nos reunir no Martinelli's para fecharmos a sociedade, durante o almoço. Percy e Arold aceitaram transferir-se para cá.

— Fico contente. Onde?

— Próximo a Wall Street...

Após o almoço marcado no Martinelli's, tudo ficou acertado entre os quatro amigos advogados que resolveram fazer uma proposta de compra ao invés do aluguel, ao proprietário do imóvel, a qual foi aceita imediatamente. Enquanto os amigos e agora novos sócios voltavam para suas cidades, Carlo ficou encarregado de toda a papelada necessária para a compra do imóvel.

Alegre, por tudo ter dado certo, tal como queria, Carlo resolveu passar um fim de semana com Susan, estava com saudades dela. Porém, antes, iria visitar a irmã gêmea.

Ao comunicar a Klaus sua decisão, o guarda-costas fez uma cara de desagrado.

— Senhor, não creio que seja seguro...

— Ora, Klaus, terei cuidado. E prometo usar só o celular que me deu. Já me desfiz do celular, no qual recebi a ameaça de Mendonza. Só estou com o seu. Em Miami, pedirei para minha irmã ir buscar-me e depois levar-me ao aeroporto, certo? — retrucou Carlo, um tanto culpado por estar omitindo que iria até São Francisco, mas era para proteger Susan...

O alemão ficou olhando Carlo por uns momentos, com dúvidas no olhar.

— Tem certeza, senhor? — perguntou preocupado.

Ele anuiu e procurou acalmar o guarda-costas.

— Você vai me levar e buscar no aeroporto, certo?

— Certamente, mas mesmo assim...

— Relaxe, meu amigo. Eu terei quatro olhos. — concluiu rindo.

— Ok. Mas deixe-me programar seu celular para a chamada instantânea, caso precise.

Rindo, Carlo tirou o celular do bolso interno do paletó e entregou ao guarda-costas.

Após alguns segundos, Klaus lhe devolveu alertando-o mais uma vez para o perigo que corria.

À noite, avisou Luigi e a mãe da sua viagem. E, antes de dormir, ligou para Giorgia, a fim de pedir-lhe que fosse buscá-lo no aeroporto e depois avisando Susan de sua ida. A jovem não escondeu a alegria em saber que eles iriam se encontrar.

No dia seguinte, às oito da manhã, já estava a caminho de Miami.

Ao chegar, sua irmã estava à sua espera no aeroporto e abraçou-o com carinho.

Foram abraçados até o estacionamento, onde Giorgia havia deixado o carro.

A caminho de casa, Giorgia foi fazendo perguntas sobre a mãe, Luigi e Lorenzo.

Carlo contou sobre o escritório de advocacia que iria abrir em sociedade com os amigos e sobre o local dele.

— Que ótima notícia, meu querido! Então conseguiu reunir a turma de novo. — comentou alegremente.

— Foi um sonho adiado, enfim, realizado. — acrescentou ele. — Na universidade, sempre falávamos sobre trabalharmos juntos, cada um em uma área do Direito.

— E agora, tudo se concretizou. — afirmou a gêmea olhando para ele e sorrindo.

— Pois é. Agora com os filhos prestes a ingressar na universidade, decidiram se estabelecer em Nova Iorque, para então colocarmos o sonho em prática.

— Maravilha! *Mamma* deve estar exultante, não?

— Ah, ela ficou felicíssima... Acha que ficarei longe do perigo de traficantes. — disse num revirar de olhos.

Giorgia riu.

— Ah, Carlo... Ela ficou muito preocupada com você depois daquele ataque. — argumentou a irmã.

— Eu sei disso. Pobre, *mamma.* — retrucou Carlo rindo.

Ficaram em silêncio por alguns segundos e Giorgia desviou o olhar da direção, para olhá-lo duas vezes.

— O que foi? — perguntou ele, ao perceber o olhar da irmã.

— Estou sentindo você mais solto... Mais alegre... Estou certa?

Carlo riu e meneou a cabeça.

— Nada passa despercebido a você, hein, minha irmã? — Carlo perguntou, com expressão resignada.

— Esqueceu que somos gêmeos? — retrucou ela com os olhos azuis expressando diversão. — E então, acertei, maninho?

— Você não tem jeito, mesmo. *Certo, certo.* Você está certa, *abelhuda.*

— respondeu rindo.

— Vai me contar o porquê dessa alegria?

Com um meneio de cabeça, Carlo contou então sobre a conversa com Louise e a visita que fez a Susan em São Francisco e a reconciliação entre eles.

Giorgia o escutava, olhando-o de vez em quando, com um largo sorriso no rosto.

— Então fico feliz por vocês, meu irmão.

Após dirigir por mais alguns minutos em silêncio, a irmã tornou a fitá-lo e, dessa vez, com um sorriso malicioso nos lábios.

— Quem diria, hein, você e Susan?! O tempo passou e aí estão vocês se amando. Quem diria, hein?

Carlo apenas anuiu.

— E agora? O que pretendem fazer, meu irmão? Contar para as famílias? — perguntou Giorgia não escondendo a curiosidade.

Arregalando os olhos, Carlo meneou a cabeça.

— Oh, não! — exclamou horrorizado.

A gêmea olhou-o sem entender.

— Creio que ainda não está na hora de tornar isso público... Vamos devagar.

Giorgia concordou.

— Quer almoçar aqui em casa ou no restaurante? — perguntou a gêmea. — Eu posso ligar para Robert nos mandar o almoço aqui, se quiser.

— Oh, não. Prefiro ir ao restaurante para rever Robert.

— Ok. Vou trocar de roupa e já volto. Quer entrar?

— Vou aproveitar para trocar este terno por uma roupa mais confortável.

Rindo e conversando, os dois irmãos entraram na casa.

Tão logo entraram, Bianca e Antonella correram para abraçar o tio.

Carinhoso como sempre com as sobrinhas, Carlo retribuiu ruidosamente os abraços e beijos das sobrinhas. Conversaram um pouco e logo subiram para continuar a estudar, mandando abraços para a *nonna* e para Luigi.

Vinte minutos depois, os dois irmãos estavam a caminho do restaurante.

Conversaram animadamente, enquanto almoçavam sobre a ida de Luigi à universidade dentro de dois anos, a saúde da mãe e sobre a villa na Toscana.

— Vou conhecê-la no final do mês quando já estivermos instalados no novo escritório. — respondeu Carlo, quando a irmã perguntou-lhe quando iria conhecê-la.

— Será um ótimo refúgio para descanso, não? — perguntou Giorgia.

— Sim. Foi para isso que a comprei. Pretendo fazer a festa do próximo Natal lá, com toda a família. Que tal?

— Maravilha, meu irmão! As meninas vão adorar.

— Com licença, posso retirar os pratos, senhora Parker? — perguntou gentilmente o garçom que os servira.

— Por favor, Hugh. Obrigada.

Enquanto o garçom retirava os pratos, Marco, o maitre italiano do restaurante, aproximou-se e perguntou a Giorgia se queriam o café.

— *Si*, por favor, Marco. — respondeu Giorgia, sorrindo amavelmente para o funcionário.

— Um café expresso para mim, Marco, *per favore*. — pediu Carlo.

— *Prego. Signora,* sem açúcar como sempre? — perguntou o maitre, dirigindo-se respeitosamente a Giorgia.

— Sim. *Grazie,* Marco.

Enquanto aguardavam o café, Giorgia fitava o irmão, com um sorriso matreiro.

Carlo percebeu e riu da expressão da irmã.

— O que foi? — perguntou desconfiado.

— Seus olhos... — disse ela, apontando para os olhos dele.

— O que tem meus olhos? — perguntou mais intrigado.

— Seus olhos te entregam, meu irmão. Brilham cantando felicidade. — comentou com divertimento.

— Está tão transparente assim?

Giorgia riu gostosamente, ao ver a cara de espanto do seu gêmeo.

— Sim. — respondeu ela, entre risos. — Você está com uma cara de...

— Ridiculamente apaixonado? — interrompeu ele rindo também.

— Ridiculamente apaixonado? — a gêmea levantou a sobrancelha, ainda rindo.

— É. Segundo a teoria de Kevin, somos ridículos quando estamos apaixonados.

Ela estendeu a mão sobre a mesa e acariciou a mão do irmão que descansava sobre a mesa.

— Excelente definição. — concordou Giorgia. — Mas é muito bom ver essa cara de ridículo em você. — concluiu.

— Estou me sentindo tão bem, como não me sentia há anos. — comentou. — Sabe... É... como se eu saísse de uma tempestade e entrasse num lugar iluminado pela luz do sol, entende?

Mais tarde, quando o restaurante já estava vazio, Robert, marido de Giorgia, e que era o chef de Cozinha, veio se sentar com eles, onde ficaram conversando até às 16 horas. Olhando no relógio, Carlo fez uma careta, lembrando a eles, que seu voo estava marcado para às 19 horas.

Robert olhou para ele surpreso.

— Já está indo embora? — perguntou. — Pensei que ficaria conosco...

— Na verdade, estou indo para São Francisco.

— São Francisco? Vai a trabalho?

Giorgia riu e bateu no braço do marido que estava apoiado sobre a mesa.

— Não seja abelhudo. — disse ela para o marido com censura no olhar.

Sem entender, Robert olhou para a mulher e depois para o cunhado.

Carlo olhou para o cunhado meneando a cabeça, um tanto sem jeito.

— Vou me encontrar com Susan. — respondeu simplesmente.

— Ah, Susan Hamilton? A menina que era a sombra de vocês? Mas... o que...

— Robert! — gritou Giorgia para o marido.

— Você não contou para ele? — perguntou Carlo maliciosamente.

— Contou o quê? — perguntou Robert, olhando de um para outro, sem entender nada.

Giorgia negou com a cabeça, dando um leve beliscão, no marido.

— Sua mulher depois lhe explica Rob. — respondeu Carlo, olhando para a irmã. — Agora vou chamar um táxi...

— Nada disso. — interrompeu a irmã, se levantando. — Eu o levarei ao aeroporto.

Nesse instante, o celular de Carlo tocou. Seu coração disparou, pensando ser Susan, mas, ao olhar o visor, viu que era Klaus.

— Algo novo, Klaus? — perguntou ao atender prontamente.

— Tá tudo bem com o senhor? — ouviu o vozeirão do seu guarda-costas.

Carlo não gostou do tom de preocupação que percebeu na voz dele.

— Tudo tranquilo. Alguma novidade?

Klaus suspirou longamente.

— Voltamos à estaca zero. Quem suspeitávamos como informante no tribunal, está totalmente limpo. O capitão Carmone acabou de ligar-me.

— Então...

— Então todo cuidado é pouco senhor. O pior é que estamos sem saber a quem vigiar. E além disso...

— Outro aviso?

— Exatamente. Ontem à noite. — respondeu o alemão, não escondendo a preocupação na voz.

Carlo soltou a respiração lentamente.

— E...

— E que é era para tomarmos mais cuidado ainda, pois já estavam com o plano definido. Mas que ele infelizmente não conseguiu saber que plano era esse. Mas que era para nós não sairmos de sua cola. Mas a boa notícia é que conseguiram tirar o celular de Mendonza e prender o policial que ele subornou.

Carlo sentiu alívio e automaticamente olhou para a irmã e cunhado que acompanhavam a conversa, com interesse.

— Mas não vamos relaxar a segurança senhor. Sabe como Mendonza é esperto. E vamos seguir a sugestão do nosso "anônimo". Algo me diz que ele está preocupado com o senhor.

— Por favor, cuidem de Luigi. — pediu Carlo, preocupado com a segurança do filho.

— Deixa conosco, senhor. E cuide-se também. Avise-me do horário da sua chegada. Estarei esperando pelo senhor no aeroporto, a hora que for. Ok?

— *Grazie, caro.*

Ao desligar o celular e guardá-lo, viu a preocupação da irmã, em seu olhar.

— Carlo, o que está acontecendo? Por que pediu para cuidar de Luigi? — indagou ela, aproximando-se dele e abraçando-o pela cintura.

— Ei, calma mana. Apenas por precaução. Andei recebendo uns telefonemas anônimos, mas Klaus acabou de me dizer que está tudo sob controle. — amenizou o gêmeo.

Não iria contar a irmã, sobre o tipo de ameaças que recebia.

— Tem certeza?

Carlo beijou o topo da cabeça da irmã e afastou-a para olhá-la direto nos olhos.

— Nada para se preocupar, *certo?* — ele se emocionou com a aflição da irmã.

E que Dio me perdoe pela omissão dos fatos.

Horas depois, já estava embarcando para São Francisco. Antes de entrar no avião, telefonara para Susan, avisando-a do horário de sua chegada. Não conseguiu convencê-la de esperá-lo em casa.

— Vou esperá-lo no aeroporto, quer queira, quer não, okay, italiano? — insistiu ela.

— Está bem, sua teimosa. — concordou desligando o aparelho ao sentar-se na poltrona indicada.

Quando chegou, às 2h30 da madrugada, lá estava ela com todo seu resplendor esperando-o. Quando ela o viu e sorriu, foi como se o sol aquecesse seu corpo e ele não viu mais ninguém naquele terminal, a não ser aquela criatura maravilhosa que estava vindo ao seu encontro, mais linda do que nunca. Ela correu até ele e se jogou em seus braços. Carlo jogou a maleta no chão e fechou os braços em torno daquele corpo delicado e delicioso, transbordante de amor no coração, aspirando o perfume delicado do seu cabelo.

— *Oh, bambina*, como senti sua falta. — sussurrou ele, junto à sua orelha.

— Eu também, meu amor. Eu também. — ela também sussurrou.

Indiferentes ao mundo que os cercava se beijaram apaixonadamente.

De repente, ela se deu conta de que estavam em público e afastou-se, fitando-lhe os olhos.

— Carlo! As pessoas estão olhando... — chamou-lhe a atenção, envergonhada. Abraçar tudo bem, mas beijar em público...

— Dane-se! — exclamou ele e beijou-a de novo para seu inteiro deleite.

Abraçados foram até o estacionamento, onde ela havia deixado seu carro.

Minutos depois, tão logo fecharam a porta do apartamento dela, se entregaram a paixão e foram direto para o quarto, onde se amaram por horas.

Levantaram-se apenas para comer, pois Carlo estava com fome.

Após comerem um omelete com salada de folhas verdes, permaneceram à mesa, tomando o restante do vinho e conversando.

Ficaram ali conversando umas duas horas.

— Gostaria de velejar comigo? — perguntou ele em determinado momento.

— Velejar? — perguntou ela, intrigada. — Como? Onde?

Carlo contou sobre a vontade de alugar novamente o veleiro para a próxima vez, prometendo que iriam velejar. Susan adorou a ideia.

— Sentiu realmente a minha falta? — perguntou ele de repente, numa voz sensual que deixou a jovem arrepiada.

— Precisa perguntar? Dormi abraçada com o travesseiro que você usou naquela noite.

Ele riu, adorando a declaração dela e passou a mão carinhosamente entre seus cabelos.

Terminaram de arrumar a cozinha e resolveram voltar para a cama, mas o cansaço os venceu.

Quando acordaram mais tarde, ele puxou-a para ele.

— *Ti amo.* — murmurou entre breves beijos, nas bochechas vermelhas.

— Também amo você. — respondeu ela abraçando-o pelo pescoço e colando-se mais ao corpo másculo.

Com um sorriso de felicidade nos lábios, Carlo deitou-se de costas e puxou-a sobre seu corpo rígido, seus longos dedos, acariciando lentamente a pele macia das costas femininas, num vai e vem erótico demais.

— Hum... Seu perfume é único e seu corpo uma delícia, *bambina mia*. Contei os dias, horas e minutos para estar aqui com você, em sua cama. — murmurou, após dar um longo suspiro. — Sentindo você, amando você, entrando em você, *amore mio*. — sussurrou ele, enterrando a cabeça na curva do pescoço macio e perfumado.

Girando o corpo, ficou por cima dela e plantou as palmas da mão nos travesseiros ao lado da cabeça dela, fitando-a com intensidade.

— *Come sei bella...* (como você é bonita) *Tanto bella (tão bonita), bambina.* — sussurrou-lhe em italiano, entre pequenos beijos molhados. — *E sei mia!Mia, mia, mia... (e é minha!Minha, minha...).* — completou, mordendo-lhe o lóbulo da orelha.

Ele então, beijou-a apaixonadamente e depois afastou-se um pouco para fitar os belos olhos verdes.

Ela puxou-o contra si, num beijo ardente, o qual ele correspondeu na mesma intensidade.

E, então, a força irrefreável do desejo novamente tomou conta de ambos.

Os toques, os carinhos e aquela intensidade com que eles se entregavam um ao outro conduziu-os ao paraíso.

Amaram-se durante quase toda a madrugada, até que o cansaço venceu-os novamente.

No dia seguinte, acordaram cedo e tomaram o café juntos.

Logo depois, Carlo pegava um táxi até o aeroporto, onde pegaria o voo para Nova Iorque, apesar de Susan ter insistido em levá-lo.

Na despedida, um só beijo não fora o suficiente. Beijaram-se e se abraçaram com tanto ardor que por pouco não foram para a cama, de novo.

De comum acordo, se separaram, mesmo que relutantes, e ele pode então sair rumo ao aeroporto. Logo ela também saiu, para ir ao trabalho, ansiosa para contar à Sarah sobre a visita de Carlo.

Uma semana se passou, e Carlo viu-se totalmente envolvido na reforma que ele e os amigos resolveram fazer em comum acordo, no imóvel comprado, enquanto seus sócios e amigos preparavam suas mudanças para Nova Iorque, fechando seus escritórios em suas cidades, a fim de transferi-los para Nova Iorque.

Sentia-se exausto, mas revigorado, pela perspectiva da nova etapa da sua carreira em sociedade com seus amigos e de um futuro feliz com Susan.

Falavam-se todas as noites e a saudade que sentiam um do outro era imensa. Mas, como ambos estavam ocupados, não tinham dias livres para se encontrarem. A cada telefonema, Carlo sentia-se mortificado por não poder tê-la em seus braços. Dormia e acordava excitado. A fome que sentia de amar Susan era torturante.

Quando ele e Luigi almoçavam com a *mamma*, certo dia, Carmela ficou por uns minutos observando o filho atentamente.

Sentindo-se observado, Carlo descansou os talheres e fitou a mãe, intrigado.

— Por que está me olhando assim, *mamma*? — perguntou sorrindo.

Carmela meneou a cabeça sorrindo.

— Não ligue, figlio mio... Mas tenho notado que você está mais relaxado, mais alegre... *Felice*... É tão bom vê-lo assim.

— Ai... *nonna*, ele até canta no chuveiro... — acrescentou Luigi, com um sorriso travesso.

Carlo olhou para o filho, que o fitava rindo.

— Você notou? — perguntou com divertimento.

Luigi fez uma careta e rolou os olhos.

— Eu, Klaus, Perkins e o jardineiro... Como não poderia deixar de notar? *Dio mio*, sua voz é um desastre, *papà*.

— *Vero?* — perguntou Carlo gargalhando, juntamente à mãe.

— *Bene.* — disse a mãe. — Não sabe como me sinto bem, vendo que você está voltando a ser aquele *bambino* alegre de sempre.

— *Bambino, mamma?* — indagou divertido. — Com 42 anos?

— Ah... — respondeu ela com as mãos. — Para mim, vocês sempre serão *bambini (crianças)*.

— Está certo, *mamma*. — disse Carlo, beliscando carinhosamente a bochecha da mãe. — Mas na verdade estou mesmo me sentindo mais motivado, mais feliz... — concluiu, lembrando do rosto lindo de Susan.

— Sua expressão está resplandecente, meu *figlio*. — observou a mãe.

— E como está indo a reforma do escritório? — perguntou Luigi ao pai.

— Ainda falta muito, meu filho. Mas tenho esperanças de que os homens que contratamos terminem antes do início do ano. A equipe é muito boa e rápida.

— Você e seus amigos farão uma ótima sociedade, meu filho.

Carlo olhou para a mãe.

— Tenho a certeza, *mamma*. Eles estão muito animados para se transferirem para cá. Era o nosso sonho. Kevin e Maureen já compraram uma cobertura em Manhattan e Percy e Arold compraram apartamentos no mesmo prédio, bem próximo do prédio de Kevin.

— Isso quer dizer que eu e Matt vamos ter mais amigos... — disse Luigi, lembrando-se dos filhos dos amigos do pai.

O pai anuiu.

— Exatamente. — respondeu o pai. — Talvez a história se repita... Vocês todos serem amigos. Os filhos de Kevin já disseram que querem ser matriculados no colégio de vocês.

— Ótimo! — exclamou o jovem contente com a ideia, pois já conhecia os filhos de Kevin.

— *Mamma*, aproveitando que ainda estou sem o compromisso do escritório, na próxima semana irei até a Itália. Quer ir junto? Vou ver pela primeira vez minha vila na Toscana. Estou ansioso para conhecê-la.

Os olhos azuis da mãe reluziram.

— Se não te incomodar... — disse ela sem esconder a alegria.

— Ora, *mamma*, eu apreciarei muito sua companhia... Quer ir?

— Irei sim, meu *figlio. Grazie.* — respondeu ela. — É sempre bom rever a *mia* Itália. — concluiu ela, melancólica.

— Ok. Amanhã vou reservar as passagens.

— Quando iremos?

— Na segunda-feira está bom para a senhora?

— Ótimo.

— Se eu não tivesse em provas... — lamentou Luigi.

Carlo apertou gentilmente o ombro do filho.

— Tão logo você entre em férias, poderá ir para lá. Que tal?

— Fantástico, *papà.* A piscina e a quadra de tênis já estão prontas para usar?

— Está tudo pronto. Tem até um campo de futebol. — disse animado.

— Que ótima ideia! Um campo de futebol... — exclamou o garoto esfregando as mãos.

Carmela riu, diante do entusiasmo do neto.

À noite, Carlo disse à Susan que iria até Florença ver a sua vila na Toscana, onde se encontrariam com Aldo e Loretta.

— Quando retornar, quero vê-la, *bambina...* — anunciou ele, com voz rouca. — Estou louco de saudades... Vou alugar aquele veleiro por um fim de semana. Que tal?

— Ainda pergunta? — ela ria, enquanto falava.

Ele arrepiou-se ao ouvir o riso suave dela. Era como música aos seus ouvidos.

Ele riu também.

— Sentiu minha falta? — perguntou baixinho.

— Muita. — respondeu a jovem.

— Logo estarei de volta, *amore mio,* e então serei todo seu. — prometeu ele.

— Uau, uau. — ela falou bem-humorada. — Verdade?

Ele riu e ela arrepiou-se de felicidade.

— Queria estar aí com você, *amore*, porém estou tão envolvido com a reforma que resolvemos fazer, que mal tenho tempo para relaxar. E como queremos já estar instalados antes do verão, tenho que estar por perto, para que tudo saia como planejamos.

— Eu entendo, meu amor. Não se preocupe com isso, ok?

— Vou ver como ficou minha vila na Toscana, que só conheço pelas fotos que Aldo me mandou. Pense quando pudermos usufruí-la, sem precisar nos esconder. — disse num sussurro.

— Estarei aguardando sua volta. Você vai me ligar da Itália?

— Todas as noites. — murmurou ele rouco. — *Buonanotte, amore mio.*

— Boa noite, meu amor. Se cuide. — disse ela com voz cansada. — Hoje o dia foi estafante. Estou morta de sono.

— Também estou cansado. — revelou ele baixinho. — *Ciao, bella.*

— *Ciao, amore.* — *respondeu* ela em italiano.

Rindo, ambos desligaram ao mesmo tempo, felizes, porém frustrados por não estarem juntos.

Na Toscana...

Dias depois, Carlo, Carmela, Aldo e Loretta passeavam pelo jardim da villa na Toscana.

Ele e a mãe ficaram encantados com a villa e sua localização, numa pequena colina, de onde se descortinava uma bela visão de plantação de girassóis, oliveiras e um vasto vinhedo pertencente ao seu vizinho mais próximo, além da visão privilegiada das construções medievais da cidade de San Geminiano, no alto de uma colina.

A casa estava pintada de branco e tinha dois andares com varandas cujos parapeitos eram de ferro batido, onde havia vasos de gerânios vermelhos, dando um toque alegre.

Carlo agradeceu muito à Loretta pela decoração simples e harmoniosa e a Aldo, por ter acompanhado a obra, durante a reforma.

Era um lugar tranquilo, ótimo para relaxar, como ele queria.

Aldo já havia contratado Cesare e Simona, um casal de meia-idade, pais de um dos garçons do seu restaurante, para cuidar da villa como caseiros durante a ausência de Carlo. Aos fundos da villa, fora construída uma garagem de características iguais à villa, com um apartamento na parte superior, para servir de moradia para o casal de caseiros, que se mostraram solícitos e simpáticos.

Carlo ficou encantado e Carmela também.

— Luigi vai adorar aqui, não? — disse Loretta ao ver a cara de Carlo quando viu o campo de futebol.

— Ah, com certeza, minha cunhada. Obrigado.

Ao cair da tarde, estavam no terraço integrado ao deque de madeira, que descendo em degraus largos envolvia a piscina olímpica. Simona havia preparado um pequeno lanche para eles. Como iam pernoitar lá, ela e o marido já haviam preparado os quartos.

No dia seguinte, foram para Milão, onde Carlo e a mãe ficaram hospedados por quatro dias na villa de Aldo.

À noite, conversava sempre com Susan, ambos ansiosos pelo próximo encontro. Carlo amava Susan de uma maneira única. Queria casar-se com ela desesperadamente, para poder dormir e acordar com ela todos os dias do resto de suas vidas.

Em São Francisco, Susan contava as novidades para Sarah. Ao contar sobre o final de semana secreto, num veleiro em Miami, Sarah ergueu as sobrancelhas.

— Mas como farão para garantir segredo se podem ser vistos por lá? A irmã de Carlo não mora lá? — perguntou a amiga preocupada.

Susan sorriu.

— Sarah, Miami é uma cidade grande. — respondeu. — E além do mais, nós ficaremos no veleiro. E ele já contou a Giorgia. Eles são muito unidos.

A expressão de preocupação de Sarah se dissipou e ela sorriu feliz ao ver a felicidade da amiga.

— Então vai ser ótimo! Divirtam-se. — proclamou a ruivinha.

Alegres se sentaram em suas mesas e voltaram a trabalhar no projeto que estavam fazendo.

De volta a Nova Iorque, Carlo não conseguia esconder sua excitação, ao pensar nele e Susan na *villa*, só os dois.

À noite, após o banho, deitou-se e ligou para a amada.

Falaram sobre o quanto seria maravilhoso quando pudessem desfrutar juntos da *villa* da Toscana. Fizeram planos, para conhecer partes da Itália de carro, e Carlo mostrar um pouco da história da sua família para Susan. Ela empolgada sugeriu pontos em que a arquitetura lhe encantava e que gostaria muito de conhecer. Inclusive Carlo lhe prometeu andar de gôndola em Veneza à noite.

No veleiro...

Dias depois, num final de semana, Carlo aguardava Susan no aeroporto de Miami.

Ao vê-la vindo em sua direção com uma pequena bagagem de mão, ele sorriu, orgulhoso e muito feliz. Ela estava linda.

Ele desencostou-se da coluna em que estava e caminhou lentamente ao seu encontro, devorando-a com os olhos, atrás das lentes de seu Ray-Ban.

Quando estavam próximos, ele sentiu seu perfume perturbador e não resistiu.

Tomou-a nos braços e deu-lhe um beijo ávido e faminto que deixou os dois ofegantes.

Ela olhou-o com os belos olhos verdes, preocupada, olhando para os lados, a fim de ver se alguém estava observando-os.

Ele acariciou-lhe o rosto e respondeu-lhe com os olhos escurecidos pelo desejo.

— Nesse momento nada me preocupa, *bella mia*. A não ser que você está aqui comigo.

— Carlo... e se alguém que...

— Relaxe, *bambina*. — interrompeu-a com um beijo na ponta do seu nariz. — Se alguém nos reconhecer... Paciência. — continuou ele, dando de ombros.

— Eu sei, mas é que... — começou ela.

— Susan, não estamos fazendo nada de errado. — acrescentou ele, afastando uma mecha de cabelo do rosto dela e a prendeu atrás de uma das orelhas delicadas. — Somos ambos adultos, desimpedidos e apaixonados ou não? — perguntou com uma expressão maliciosa.

— Você sabe que sim. — respondeu ela sorrindo meigamente. — Eu estou loucamente apaixonada por você.

Carlo sentiu o corpo vibrar de alegria e uma excitação que o levou a sentir a dor do desejo em todos os pontos do seu corpo, levando-o ao limite do insuportável. Caso não saíssem logo dali, ele passaria por um vexame sem igual, tamanho o estado de sua excitação.

— Você não devia dizer essas coisas agora, *bambina*... — ele avisou enquanto a puxava para mais perto.

— Por que não? — sussurrou Susan contra os lábios dele. Ela tremia tão violentamente que precisou se apoiar nos braços dele.

— Porque é perigoso demais... o momento é inoportuno, se o olhar daquela senhora ali fala o que parece. — indicou com um leve movimento de cabeça, a senhora sentada num banco próximo, que os olhava, com desaprovação.

Susan olhou-a disfarçadamente e deu um risinho envergonhada.

— E o mais importante... — continuou ele, chamando sua atenção, correndo os olhos pelo corpo da jovem, de cima a baixo, com um olhar estreito e malicioso. — Você é perigosamente linda, sensual, tentadora e fazendo com que eu corra o risco de esquecer que estamos em público e escandalizar ainda mais a meiga vovó ali adiante.

— Não só a vovó, mas os policiais que estão vindo ali também. Você está impossível hoje, *signore* Martinelli. — ela disse, empurrando-o lentamente. — Então o que estamos esperando para ficarmos longe de todo mundo?

Carlo olhou-a ardorosamente e piscou-lhe.

— Essa é a minha garota. Vamos. — falou, pegando a bagagem das mãos dela. — Acabei de alugar um carro, aqui no aeroporto.

Então, caminharam de mãos dadas para a porta de saída do aeroporto, sem perceberem que estavam chamando a atenção, pois formavam um lindo casal.

Seguiram para a marina, onde estava o veleiro.

No caminho, quase não falaram, ansiosos para chegarem e assim extravasar o desejo que queimava seus corpos.

Numa parada de semáforo, Carlo pousou a mão no joelho dela, como uma carícia. Susan ofegou só de sentir o calor daquela mão maravilhosa.

— Estou muito feliz por você estar aqui comigo, *bambina.* — murmurou ele, dando-lhe uma rápida olhada, para não perder o sinal verde.

— Eu também. — respondeu ela, sem esconder a excitação na voz, colocando sua mão delicada sobre a dele.

Ao chegarem na marina, ele estacionou o carro o mais perto que conseguiu do veleiro.

Quando chegaram nele, ajudou-a subir a bordo com cuidado.

Antes de entrar na parte de baixo, onde estavam as cabines, Susan admirou o convés do barco.

— É muito bonito, Carlo. — disse ela ainda no convés.

— Fico feliz que tenha gostado. Embaixo é melhor ainda. — respondeu ele com segundas intenções na voz e no olhar.

A jovem sorriu e estendeu a mão para a dele, que chamava pela sua, estendida impacientemente.

— Então me mostre. — ela disse, acompanhando-o, descendo a escada para o interior do barco.

Aprovou a pequena cozinha e o confortável banco encostado na parede, atrás da mesa de refeições. Mais adiante, um pequeno espaço de lazer, com uma mesa para baralho e um sofá de dois lugares para assistir à televisão ou ler.

— Muito aconchegante... — ela disse, apreciando o espaço.

— Agora o quarto. — falou Carlo abrindo a porta e afastando-se um pouco para ela passar.

Susan entrou e correu os olhos pelo ambiente. Era uma suíte razoavelmente espaçosa, onde simplicidade e elegância se harmonizavam perfeitamente. O sol entrava pelas janelas redondas, iluminando a linda cama king, com uma colcha de seda azul-escuro e inúmeros travesseiros, mais almofadas de diversas cores dando um toque muito alegre, além de elegante.

Susan gostou do que viu. Ela e Carlo se entreolharam e nenhum dos dois conseguia esconder o desejo reprimido desde o aeroporto. Carlo tirou a jaqueta e a jogou sobre a poltrona de um tom azul mais claro, que estava no lado esquerdo da cama. Puxou-a pela mão e mostrou o banheiro, moderno, prático e confortável.

— Adorei, Carlo. O proprietário é de muito bom gosto. — ela disse antecipando os momentos deliciosos que passariam ali.

— A geladeira e a adega estão abastecidas para nós.

— Muito prático você. — ela disse fitando-o com intensidade.

Ele retribuiu o olhar e aproximou-se devagar. Ela ofegou, antecipando o que estava prestes a acontecer. Era como se fosse a primeira vez deles.

— Senti sua falta. — confessou ele baixinho, tirando lentamente a jaqueta da jovem, para jogá-la sobre a sua poltrona.

A eletricidade estava no ar, e ambos sentiam o calor nas entranhas.

Era um fogo que aumentava gradativamente, desde o momento que se encontraram no aeroporto.

Trêmula, Susan ajudou-o a retirar sua regata e o sutiã que também foi juntar-se às jaquetas. Susan puxou a camiseta dele de dentro da calça e levantou-a para retirá-la pela cabeça com a ajuda dele.

Ele a olhou profundamente e acariciou-lhe a face com as pontas dos dedos.

— *Bella, bella, bella*... — sussurrava, varrendo-a dos pés à cabeça. — Sua pele... macia, como uma pétala de rosa... Seus olhos parecem duas esmeraldas recebendo a luz do sol... Ah, *bambina*, como eu te quero... — sussurrou ele, puxando-a para seus braços.

Ao sentir o calor da pele dele junto à sua, Susan fechou os olhos e deixou-se levar pela magia daquele momento.

Carlo afastou-a e emoldurou o rosto, com as mãos e inclinando a cabeça, roçou seus lábios nos dela.

Obedecendo o apelo do seu corpo, Susan enlaçou o pescoço dele para aprofundar mais o beijo que tanto queria. Apaixonadamente ela reclinou a cabeça e abriu os lábios para permitir que as línguas se tocassem, famintas, numa dança erótica.

Ele apertou-a contra o corpo rígido e deslizou as mãos pela extensão de sua coluna, de suas nádegas, provocando sensações de incrível prazer a ambos.

E então, a paixão explodiu como fogo em palha.

Carlo levantou-a e aproximando-se da cama, deitou-a vagarosamente, como se ela fosse de cristal. Deitando-se ao lado dela, puxou-a mais para perto para poder sentir a maciez daquele corpo que o enlouquecia.

Quando deram por si, estavam completamente nus, extasiando-se com o calor de suas peles e o fogo da paixão.

Com um gemido ele abaixou a cabeça e sugou cada mamilo rígido, fazendo-a jogar a cabeça para trás, proporcionando uma melhor visão dos mamilos eretos, que ele acariciava com a língua, um de cada vez.

Retribuindo, ela também acariciava o corpo másculo, tomando-o nas mãos e levando-o a loucura.

Ele tirou a boca dos seios dela para beijá-la com sofreguidão, enlouquecendo-a de desejo. Susan continuou a afagá-lo.

Carlo soltou um gemido e segurou gentilmente a delicada mão que o tomava.

— Se continuar com isso eu não vou aguentar, *bella mia*. — sussurrou ele, beijando seu pescoço esguio.

Vagarosamente foi descendo os lábios até provar-lhe o gosto.

A jovem se contorcia, gemendo e ele sussurrando palavras de amor. A boca ávida continuava a liberar altas faíscas de excitação. Então, ela o sentiu sobre si, adorando o calor daquele corpo amado. Ele fazia uma trilha de beijos molhados do seu pescoço até a clavícula.

Ela beijou o largo tórax, provando com a língua o sabor daquela pele máscula.

Lentamente ela deslizou as mãos pelas costas dele, indo até a altura das nádegas rígidas.

— Suas mãos são deliciosas... Você... é toda deliciosa! — exclamou ele com a voz rouca de desejo, beijando-a nos lábios mais uma vez.

— E você também... — gemeu ela, retribuindo o beijo.

Rapidamente ele se afastou para colocar a proteção e separando suavemente as coxas macias, com um dos joelhos, cobriu novamente o corpo macio, a fim de penetrá-la. Ela envolveu-lhe os quadris com as pernas delgadas, proporcionando-lhe uma melhor penetração.

Ambos gemeram de prazer ao sentirem seus corpos ligados, não existindo nada mais, além deles e o amor que os unia. As sensações de prazer que ambos experimentavam eram além do suportável, superando tudo que ambos já haviam compartilhado.

Ele invadia seu interior com urgência, aumentando cada vez mais a sensação de plenitude. Ambos sussurravam seus nomes com paixão, acompanhando o ritmo acelerado das investidas masculina e seus corpos chegando ao auge da paixão.

Algumas investidas mais, e eles sentiram os músculos de seus corpos enrijecerem com os espasmos naturais do mais sublime orgasmo.

Gritaram seus nomes ao mesmo tempo, enquanto sentiam-se girando numa louca espiral comandada pelo incrível êxtase, levando-os a uma satisfação sexual plena, para depois tombarem exaustos e suados. Ficaram imóveis, sentindo seus corações acelerados pelo esforço da paixão desmedida.

Carlo então a beijou apaixonadamente e, gentilmente, retirou-se dela, puxando-a consigo. Ficaram abraçados, ofegantes e felizes pelo que acabavam de experimentar.

— Foi fantástico! — exclamou ele, abraçando-a fortemente. — Você é incrível, *bambina*.

Susan apenas anuiu e sorriu lindamente, sem forças para falar.

Ele olhou-a e riu, enquanto erguia o queixo delicado, para beijar seus lábios carinhosamente.

— Ei, quem tem 42 anos aqui sou eu e não você... — gracejou. — Não aguentou o ritmo do *velho* aqui? — questionou-a com humor.

Ela apenas sorriu, sem abrir os olhos.

— Imagino como você era aos 20 anos, então. — disse brincando, lançando-lhe um olhar lânguido. — Estou acabada, *signore!*

Carlo deu uma gargalhada e beijou as pálpebras dela. Abraçou-a fortemente e colocou-a sobre ele, ficando os rostos muito próximos. Ele deu beijos suaves na testa, na ponta do nariz e nas bochechas.

— Minha *bambina* gostosinha. — sussurrou ele com carinho.

— Ao seu dispor, signore Martinelli. — respondeu ela languidamente.

— *Ti amo*. — confessou muito sério.

Ela pegou seu rosto entre as mãos e deu-lhe um longo beijo.

— Também te amo. — respondeu a jovem, fitando-o amorosamente.

Ele sorriu passando uma das mãos nos lindos cabelos dela.

— Está com fome? — perguntou preocupado.

— Ainda não. Comi um pouco no avião. Que horas são? — perguntou tentando se levantar.

Ele não deixou segurando-a com força.

— Vai a algum lugar, *bambina mia*? — arguiu ele com malícia.

— Não. Só queria saber as horas. — respondeu dando um beijinho no queixo dele. — Perco a noção do tempo quando estou com você.

Carlo entrelaçou os dedos pelos fios de cabelos encaracolados e segurou-lhe o rosto.

— Eu também, *cara*. Adoro ter você aqui em meus braços... — murmurou, mordiscando sua orelha delicada.

Uma onda de pura excitação a invadiu e seus dedos longos lhe acariciaram o peito coberto de pelos grisalhos. Ele pegou a mão dela e beijou um a um os finos e elegantes dedos.

— Hum... por que você ficou grisalho tão cedo, Carlo? — perguntou curiosa, deliciando-se com a carícia dos beijos em seus dedos. — Você é o mais novo dos seus irmãos e é o mais grisalho. — afirmou.

— Eu herdei isso do meu pai. *Mamma* conta que, aos 35 anos, ele já era mais grisalho que eu aos 42. — explicou ele aconchegando-a em seus braços fortes.

Satisfazendo-se com a resposta, ela enterrou o rosto no peito quente e musculoso. Carlo tinha músculos definidos, porém sem exagero. Ela sentiu o perfume da loção de Carlo e encheu a pele nua de pequenos beijos. Carlo sentia seu corpo vibrar de excitação, doendo de desejo renovado.

Ela levantou a cabeça para fitá-lo e demonstrou pelo olhar que também sentia o mesmo. Ficaram se encarando por alguns segundos o desejo selvagem tomando conta deles novamente.

As mãos dele passeavam pelo corpo dela, ajeitando-o em seu abraço, para que assim pudesse lhe acariciar os seios enquanto a beijava apaixonadamente. Um calor familiar se espalhou por todo o corpo da jovem, que se acomodou melhor para sentir sua excitação gloriosa. Ambos já estavam ofegantes e totalmente entregues ao desejo que já estava ficando incontrolável, para os dois apaixonados.

Mesmo com a mente embotada pelo desejo, Carlo teve a certeza de que aquela jovem mulher capturara seu coração para sempre. Queria-a tanto que chegava a ser uma necessidade, de tão intensa.

Seus corpos entraram em conexão, perdidos em si mesmos, levando-os a se amarem ardorosamente.

O tempo todo ele murmurava palavras suaves no seu ouvido. Palavras carinhosas, num italiano melodioso, fazendo o coração dela se desmanchar, à medida que entendia seu significado.

Numa harmonia própria de almas gêmeas, chegaram ao clímax juntos.

E então, exauridos pelo amor impetuoso, adormeceram.

Ele acordou primeiro, ficando de lado, sustentando o corpo com o cotovelo e com a cabeça apoiada numa das mãos, para poder olhar para a jovem que dormia serenamente. Carlo sentiu um amor tão grande por ela que uma incrível emoção tomou conta de seu coração.

Não resistindo, ele lhe afagou a face ternamente e depositou um leve beijo nos lábios deliciosos e polpudos. Nesse momento, ela virou-se de bruços, continuando no sono gostoso. Durante o brusco movimento, o lençol escorregou, e seu corpo ficou quase todo descoberto.

Carlo inspirou maravilhado com aquela visão. Ela tinha um corpo lindo e sentia-se feliz por ela ser somente sua. Não resistindo, ele correu os dedos suavemente pelas costas macias.

Foi quando ela acordou e deu um gemido de apreciação. Preguiçosamente, ela virou a cabeça de lado, para poder fitá-lo, embora ainda com os olhos sonolentos.

Ao perceber que estava sendo examinada enquanto dormia, ela corou. Ele ficou feliz quando aqueles olhos verdes o fitaram com amor.

— Dormiu bem, *amore*? — perguntou ternamente, afagando seus gloriosos cabelos cacheados.

Ela anuiu e sorriu lindamente.

— *Ti amo.* — disse com ternura, ao seu ouvido.

— Mesmo? — disse ela com voz sonolenta.

— *Cara*, é muito fácil amar alguém tão doce quanto você.

Susan suspirou. Era tão bom ouvir aquilo... Ter certeza absoluta de que era amada tanto quanto ela o amava.

Ela agradeceu em silêncio a Deus, por aquele momento maravilhoso.

Ele olhou-a bem no fundo dos olhos.

— Preste atenção no que eu vou dizer agora. — disse ele solenemente, ganhando sua atenção. — Amo você, profundamente. — enfatizou, com a voz embargada. — Adoro a pessoa que você é, adoro a maneira como sorri para mim. Adoro sua voz suave, adoro a maneira como você trata as pessoas ao seu redor, adoro sua dedicação ao seu trabalho, adoro o jeito como você aperta os lábios quando está tentando entender algo novo, adoro a maneira como você passa a mão em seus cabelos quando está lendo, adoro o seu relacionamento com seu irmão. Amo como defende suas posições quando defende aquilo em que acredita. Amo seu cheiro, amo a maneira como me olha quando fazemos amor e a maneira como se entrega a mim. Você é a mulher que faz meu mundo mais alegre e colorido... — concluiu ele, dando-lhe um beijo apaixonado.

Ela sustentava seu olhar, sem piscar e muito emocionada pelo que estava ouvindo fazendo seu coração se inundar de felicidade, a ponto de sentir lágrimas nos olhos.

— Eu sei, meu amor. — retrucou entre lágrimas de alegria. — Eu também te amo, demais. — confessou a jovem, sem hesitação, abraçando-o e enterrando o rosto no pescoço dele. — Você é o único homem para mim. — acrescentou ela.

Ela sorriu lindamente.

Sem resistir, beijou-a com paixão, até ficarem sem ar. Ele inspirou e encostou a testa, na dela e ficaram se olhando, abaixou-se.

Eles sorriram um para o outro e beijaram-se novamente.

Ao sentir que estava se excitando novamente, Carlo soltou-a e se levantou num pulo. Ela ficou sentada, segurando o lençol na altura dos seios e deliciou-se com aquele corpo viril e bem tonificado.

Ele percebeu o escrutínio descarado e arqueou as sobrancelhas, colocando as mãos nos quadris.

— Se continuar me olhando assim, eu vou prendê-la nessa cama até amanhã. — sentenciou.

Ela riu e sacudiu a cabeça.

— Ora, só estou apreciando o que é belo... — retrucou ela.

Ele riu, abaixou-se e começou a torturá-la com pequenos beijos e, entre um e outro, ele ria divertidamente.

Ela se espreguiçou e olhou para ele seriamente.

— E se eu disser que agora estou com fome?

— Hum... fome? — A pergunta tinha sentido dúbio.

— Sim. Estou sentindo fome, mas de comida... — explicou ela com languidez. — Fome de sanduiche, salada, omelete... Alguma coisa que forre meu estômago. — concluiu ela, dando-lhe um beliscão.

— Ah. Então vamos ver o que os meninos nos deixaram na geladeira. — disse, levantando-se e puxando-a junto.

Fitando-a com um sorriso carinhoso ele empurrou-a para o banheiro.

— Então, que tal tomarmos um banho primeiro, antes de atacarmos a geladeira? Ou... prefere ir em algum lugar?

— Prefiro comer aqui, se não se importa. — respondeu ela sem hesitar.

Carlo só então percebeu o quanto ela estava cansada. Repreendeu-se por não ter pensado em seu cansaço natural do voo.

Mesmo que achasse impossível ficar com as mãos longe dela, ele prometeu a si mesmo deixá-la descansar após o jantar.

Deixou-a usar o banheiro primeiro, recusando o sensual convite para tomarem banho juntos, explicando que, se aceitasse o seu convite, eles nunca jantariam.

Uma hora depois, vestidos com apenas o roupão de banho, estavam sentados, comendo uma salada verde, com filé grelhado, preparado por Carlo, numa pequena grelha e uma garrafa de vinho tinto, e conversando sobre vários assuntos.

Deram risadas, quando ele se lembrou da bebedeira dele, ao pensar que ela havia se casado com Nicholas.

— Devia estar uma lástima, não? — observou a jovem, com uma pergunta.

Ele fez uma careta e tomou um gole de vinho.

— Lastimável, minha linda? Ridículo! — respondeu divertido. — Mas fiquei arrasado, pensando que eu a havia perdido. — concluiu, apertando a mão dela sobre a mesa.

— Mas não me perdeu. — retrucou ela, olhando-o com amor. — Estamos aqui, desfrutando deste jantar, juntos, nesta noite maravilhosa, neste simpático veleiro...

— Alugar este veleiro foi a melhor coisa que fiz. Vai ser o nosso refúgio, por enquanto.

— Você contou a *mamma* e Luigi que viria para cá? — perguntou a jovem, curiosamente.

Ele depositou a taça na mesa com cuidado.

— Não. — respondeu conciso.

Ela arqueou as sobrancelhas interrogativamente.

— Eles acham que estou em Chicago com Kevin. — respondeu com preocupação no olhar.

Susan percebeu que ele realmente se sentia mal, por estar escondendo o namoro deles para a família. Ela também se sentia assim. Porém era uma escolha dos dois em respeito à memória de Kate.

— Só mais um pouco, meu querido... — animou-o, sabendo que ele fazia isso por ela. — Deixe passar mais um tempo...

Ele anuiu.

— Eu sei que tem razão, *bella mia*.

— Sarah já sabe. — contou ela, esperando uma expressão de desagrado por parte dele, mas para seu alívio, ele apenas sorriu. E creio que...

Arthur e Kevin. — completou ele. — E Giorgia também sabe tudo sobre nós. Inclusive achou horrível minha atitude em São Francisco, quando fui procurá-la para dizer que aceitasse a corte de outro homem.

Ela riu.

— Eu queria matá-lo, Carlo! — exclamou, lembrando-se da cena do restaurante. — Nem me toquei que estava fazendo uma cena daquelas que você odeia. Desculpe-me, sim? — pediu, olhando-o envergonhada.

— Mas eu mereci. — respondeu Carlo.

— Vamos esquecer isso, agora? — pediu ela com um olhar caloroso.

Ele se levantou e ajudou-a se levantar com gentileza. Depois a abraçou forte, como se ela fosse partir para bem longe.

— Sim, vamos esquecer o que passou e curtir o presente. — e abaixando a cabeça, beijou-a apaixonadamente.

Enlaçando o pescoço dele ela aproximou-se mais e retribuiu o beijo com a mesma paixão.

Em segundos, estavam ofegantes e pegando fogo.

— Vamos limpar isso aqui e voltar para o quarto?

Ela riu e concordou prontamente.

— Mas vamos dormir de fato, okay? — sugeriu ele. — Você está cansada.

Ela ficou olhando para ele, enlevada pela gentileza dele.

— Okay. Agradeço, pois estou mesmo cansada. Te amo!

— Também *ti amo, amore.*

Limparam toda a pequena cozinha, apagaram as luzes e foram se deitar, onde dormiram abraçados. Ambos estavam cansados, no final das contas.

Na manhã seguinte, aproveitando a brisa, saíram cedo para um passeio pela costa.

Carlo conduziu o veleiro até uma enseada tranquila que descobriu quando alugou o veleiro pela primeira vez. Içou âncora ao mar. Era uma extensão de praia deserta cercada por uma encosta de farta vegetação nativa e que oferecia privacidade.

Ficaram alguns minutos no sol e depois lancharam. Dormiram na sombra de uma árvore e depois nadaram, brincando como duas crianças.

Eram 18h, quando voltaram para a marina. Tomaram banho e foram jantar num pequeno e aconchegante restaurante italiano, nas proximidades da marina.

— Que gostoso esse ambiente. — disse ela examinando o lugar. — Gostei. — comentou a jovem.

— Também gostei. — ele falou, também correndo os olhos pelo restaurante. — Foi indicação dos meninos. — disse ele se referindo aos dois jovens que cuidavam do veleiro.

— Muito bonito o que você está fazendo por esses meninos, Carlo. Tenho a certeza de que você não vai se arrepender. — comentou a jovem.

Carlo havia conseguido uma bolsa de estudos aos dois jovens.

— Eu também, *bambina*. São ótimos garotos, trabalhadores e com vontade de crescer na vida. Por isso vou ajudá-los. Trouxe um celular e um laptop para cada um deles. — revelou, muito feliz.

— Sério? — perguntou ela, enquanto o garçom servia o vinho.

Ele riu enquanto tomava um gole de vinho.

— As expressões de incredulidade e alegria do rosto deles foram gratificantes e fiquei até emocionado, quando ambos me abraçaram. Disse a eles que o laptop era uma ferramenta para os estudos e que o celular era para facilitar a comunicação deles com a mãe e comigo, quando necessário.

Emocionada, Susan pegou a mão dele sobre a mesa e entrelaçou seus dedos nos dele.

— Você é um homem incrível. Sua generosidade é imensa. Não nega ser filho de *mamma Carmela*. Isso é uma das coisas que eu mais amo em você. — ela declarou isso, olhando-o nos olhos, com admiração e amor.

Ele levantou a taça para um brinde, seguido por ela.

— A nós! Ao nosso futuro!

— Ao nosso futuro!! — respondeu ela emocionada.

— Amanhã voltaremos para as nossas cidades... — ele interrompeu-se enquanto o garçom servia a massa que haviam pedido. — Nosso próximo encontro quando será e onde? — indagou o italiano, quando o garçom se afastou.

A jovem ficou pensativa por uns instantes.

— É mais fácil você decidir, meu querido, pois depende da sua disponibilidade quanto à reforma do escritório. — sugeriu Susan.

Após discutirem muito qual seria o melhor lugar, optaram por Chicago, onde Kevin, que também tinha um veleiro, oferecera a eles, sempre que quisessem. Depois de um rápido telefonema de Carlo, ficou tudo acertado.

— Então nos encontraremos em Chicago. *Certo, bambina?* Só que leve roupas quentes. Chicago é Chicago nessa época. — advertiu ele.

— Sim, Chicago não é à toa que é considerada a cidade dos ventos. — retrucou ela. — Será difícil ficar esse tempo todo sem te ver. — queixou-se, ela no final.

— Okay. Então nos encontraremos em Chicago. — concordou ele, num erguer de ombros.

— Contarei os dias ansiosamente. — respondeu ela.

Retornaram para o veleiro e aproveitaram ao máximo o tempo que tinham um para o outro, voltando realizados e felizes para suas cidades.

Em Chicago viveram um fim de semana romântico no veleiro charmoso de Kevin. Carlo ensinou à Susan alguns truques de navegação que divertidamente treinou nos dias que ficaram juntos.

À noite saíam para jantar, aproveitando o melhor de Chicago.

O amor dentre os dois florescia como a primavera. Conseguiam se encontrar quase todos os fins de semana até o final do verão, quando não estavam juntos, se falavam por telefone.

Cada vez mais ambos estavam convictos de que era um amor para sempre.

Novembro chegou com ventos fortes e cortantes, prometendo um inverno muito rigoroso em Nova Iorque.

Com o final de ano próximo, ambos ficaram assoberbados de trabalho. Ela com seus projetos e ele com os detalhes finais para a inauguração do novo escritório e a sociedade com os amigos.

A próxima vez que se encontrariam presencialmente seria apenas no casamento de Sarah e Arthur e depois no Natal na casa de *mamma* Carmela. Então, até lá, o jeito foi se falarem todas as noites por FaceTime.

Capítulo 21

A vingança de Mendonza...

Dezembro chegou e com ele o casamento de Sarah e Arthur.

Eles decidiram se casar em São Francisco, onde a neve acontece raramente.

No dia da cerimônia, a tarde estava clara e muito fria. A igreja estava linda, toda iluminada e decorada, tal como Sarah queria. Susan, linda e elegante, num vestido cor de violeta, era a madrinha da noiva, e Carlo elegantíssimo foi padrinho de Arthur.

Sarah estava linda em seu vestido de noiva, todo em renda francesa. Ao lado de Arthur, em seu smoking Armani, alto e louro como um viking, a ruivinha mignon parecia uma bonequinha.

Todos se emocionaram com o olhar de admiração e amor que os noivos trocavam entre si, durante toda cerimonia.

A recepção foi no grande salão de eventos do estabelecimento de Bill, noivo de Justin, onde todos os amigos se reencontraram.

Carlo e Susan ficaram juntos na mesma mesa com os amigos e suas esposas. Conversaram, dançaram, mas foram muito discretos, pois somente Kevin, Arthur e Sarah sabiam do relacionamento deles.

Na hora de jogar o buquê, Sarah iniciou a clássica contagem regressiva, criando expectativas no grupo ansioso atrás dela. Ao chegar no dez, surpreendeu a todos virando-se e seguindo em direção à Susan, que arregalou os olhos.

Ao chegar nela, Sarah sorriu, entregou-lhe o buquê nas mãos e disse maliciosa:

— Pegue e vê se casa de uma vez!

Carlo riu e piscou para Sarah.

Susan olhou para Sarah rindo e balançando a cabeça.

— Não acredito que você fez isso!

Ainda rindo as duas se abraçaram, alegres.

Mais tarde ao final da festa, Carlo e Susan resolveram sair separados, para depois passarem a noite no apartamento dela, uma vez que ela estava sozinha. Ed e Louise não puderam comparecer ao casamento.

Ao se encontrarem sozinhos no apartamento, riram juntos relembrando a cena do buquê.

— Sarah é louca! — exclamou Susan.

— Não, *bambina*, ela fez o que planejou. Você precisava ver sua cara. — disse ele em tom caçoísta.

Puxando-a para seus braços, ele a beijou apaixonadamente e sussurrou-lhe.

— Não vai demorar muito para realizarmos o desejo dela. — sentenciou ele. Ela o olhou encantada.

— É o que mais desejo. — respondeu, dando-lhe um selinho.

Sem se conter, ele a abraçou fortemente e beijou-a com frenesi, levando-os a um estado de excitação, que acabou no quarto, onde puderam extravasar o amor que sentiam um pelo outro.

O Natal chegou, com todas as suas luzes e cânticos, nas portas das igrejas e casas.

A família Martinelli como sempre se reuniu na casa de Carmela, e os Hamilton também estavam presentes, seguindo a tradição amistosa entre as duas famílias. Mas, dessa vez, não houve tensão por parte dos dois amantes. Susan e Carlo estavam mais à vontade, mesmo que mantendo a discrição. Evitavam se olhar, para não chamar a atenção, mas. mesmo assim, havia momentos em que ele a seguia com os olhos e vice-versa.

Na hora da entrega dos presentes, ele a presenteou com um par de brincos de esmeralda, para fazer par com o pingente que ele lhe dera no Natal passado.

Ele ajudou-a a colocar os brincos, com um olhar terno que a fez corar. Nervosa, percebeu que todos estavam olhando para eles, principalmente Lorenzo, que os observava de maneira estranha.

Percebendo o desconforto dela, Carlo sussurrou-lhe:

— Não se preocupe, *bambina*. Enzo não sabe de nada. — garantiu ele.

Na hora do abraço de agradecimento, ela sussurrou em seu ouvido "*Muito lindo, meu amor. Obrigada*!"

Ao retribuir o abraço ele também usou do sussurro para dizer-lhe "*Ti amo, amore*".

Na hora da ceia, Carlo aproveitou para convidar Susan a visitar o novo escritório, na frente de todos. Assim, saberiam que eles se encontrariam nos próximos dias, sem levantar suspeitas. Ficaria louco se não pudesse abraçá-la, beijá-la ou apertá-la.

Durante a semana que antecedeu o Ano Novo, Klaus levou-os até o local do escritório, que já estava pronto para começar suas atividades profissionais.

O dia estava frio, com esporádicos flocos de neve.

Kevin, Arold e Percy, que, no início de dezembro, já haviam se mudado para Nova Iorque, já estavam se organizando para começar a atender os clientes em meados de janeiro, quando todos estivessem instalados na cidade, com suas famílias.

Juntamente com Carlo, fizeram uma reunião com Dorothy, que estava feliz por voltar a trabalhar, para inteirá-la do serviço e dos novos clientes, que já estavam procurando Martinelli & Associados. Ficou acertado que cada um deveria ter sua própria secretária para cuidar de suas agendas, além de uma recepcionista. Como já estavam acostumados um com o outro, Carlo pediu que Dorothy, além de assistente-geral do escritório, acumulasse o cargo de sua secretária particular, o que foi aceito por todos.

Combinaram que, a partir da próxima semana, Dorothy cuidasse das entrevistas e contratação das novas secretárias.

Enquanto Klaus dirigia a Mercedes de Carlo, no banco de trás, os dois amantes procuraram ficar o mais longe possível. Mas, em dado momento, Carlo não aguentou e disfarçadamente pegou a mão enluvada da jovem, assustando-a.

Instantaneamente, ela olhou para Klaus e ficou vermelha, quando encontrou o olhar risonho do guarda-costas, através do retrovisor.

Ela podia jurar que ele sabia o que estava acontecendo, só pela maneira com que os olhos claros do alemão brilhavam. Ele sorriu desviando o olhar, parando no semáforo, que acabara de fechar.

Minutos depois já no edifício do escritório, Klaus deixou-os na frente do elevador e foi conversar com o porteiro, que se chamava Ramon. Carlo sabia que ele ia sondar como era a vigilância, saber os nomes das empresas e de seus diretores, que também tinham escritórios naquele prédio, assim como o tipo de funcionários que trabalhavam ali. Enfim, fazendo seu trabalho de segurança e guarda-costas.

Enquanto isso, no elevador, seus ocupantes, mesmo longe um do outro, se devoravam com o olhar, atentos às câmeras ativas no elevador.

Ao se aproximarem da porta, Carlo abriu-a com o cartão, sem deixar de fitá-la. Ela deu um sorriso encantador, que o fez se apressar em abrir a porta.

Tão logo entraram, o italiano fechou-a com um dos pés e puxou a amada para seus braços, num abraço muito forte, como ambos queriam desde o Natal. Ficaram em silêncio, por uns minutos, sentindo apenas o calor de seus corpos e seus corações disparados.

Afastando-a um pouco, emoldurou-lhe o rosto com as mãos e beijou-a apaixonadamente, sendo retribuído na mesma intensidade. Ele emocionou-se, ao ver a ternura e o amor brilharem no olhar dela. Não resistindo, cobriu-lhe o rosto de pequenos beijos, fazendo-a rir baixinho.

— *Dio,* que tortura ficar ao seu lado e não poder tocá-la. Eu estava a ponto de enlouquecer. — murmurou ele, entre um beijo e outro. — Ah, *bambina,* que saudades do calor de seu corpo, do seu abraço, da doçura de seus lábios... — completou e voltou a beijá-la com paixão.

— Eu também estava... com saudades disso... — sussurrou a jovem, depois que ele soltou-lhe os lábios.

Em questão de minutos, ambos estavam trêmulos e ofegantes.

— Se Klaus... — começou ele, dando um suspiro. — não estivesse nos esperando no saguão, eu a deitaria no sofá da minha sala e a amaria até a noite, mas...

— Você disse alguma coisa sobre nós a ele? — perguntou a jovem, interrompendo-o. Ele olhou-a, intrigado com a pergunta da namorada.

— Não. Por quê? Ele disse alguma coisa? — indagou, estreitando o olhar.

— Não, claro que não. É que... é que... pelo jeito que ele nos olhou pelo retrovisor, parece que ele sabe ou desconfia que nós... que nós...

Carlo riu e meneou a cabeça.

— Não precisa ficar envergonhada e nem preocupada. Se ele desconfia de alguma coisa sobre nós, guardará segredo. Faz parte do seu trabalho. — concluiu, colocando o indicador, de maneira carinhosa, na ponta do nariz arrebitado.

Como uma menina tímida, ela procurou esconder o rosto nos ombros masculinos e o abraçou pela cintura. Ele beijou carinhosamente o topo da sua cabeça, inspirando o perfume delicioso de seu shampoo

— *Bella*... — murmurou, abraçando-a também. — Não tenha vergonha... Somos desimpedidos e isso é muito natural.

Tornaram a se beijar, inflamando-os, e de repente resolveram se afastar, antes que cedessem ao desejo que os consumia.

Ela afastou-se vagarosamente, olhando para ele maliciosamente.

— Deixe-me conhecer seu novo escritório agora. — pediu ela, mudando de assunto, para distraí-los e deixar abaixar o fogo de seus corpos.

Observou que a porta do elevador abria direto no hall de entrada, onde um aparador em madeira escura, encostado na parede sob um espelho, ostentava um enorme vaso de cristal com rosas naturais. Ela tocou as pétalas para ver se eram mesmo naturais.

— Dothy veio trocá-las ontem. Ela se incumbiu dessa tarefa, em dias alternados. Lindas, não? — perguntou ele.

— Maravilhosas! — exclamou ela, sentindo o perfume delas.

Mais adiante na parede, ao lado de uma grande e sofisticada porta de vidro e madeira maciça, em um tom escuro, havia uma placa de aço, onde se lia o nome dos quatros amigos, em relevo, num toque de sofisticação, que ela apreciou muito.

Com as mãos em suas costas, ele inclinou-se abriu a porta e entraram na recepção, onde havia uma mesa moderna e um computador de última geração.

— Aqui ficará a nossa recepcionista. Terão que passar por ela, por Dothy e nossas secretarias particulares, antes de chegarem a nós. Seguindo pelo corredor que dava acesso às salas de cada um, foram caminhando por todo o escritório e Carlo explicava orgulhoso cada detalhe do novo espaço à amada. Terminando a visita na sala de Carlo, Susan parou diante da imensa janela de vidro que ia do chão ao teto, atrás da cadeira de Carlo com vista para o Central Park.

— Gostou? — perguntou ele, ansioso pela opinião da namorada.

— Ficou tudo lindo, Carlo! — exclamou ela, encantada. — Quando começam a trabalhar? — perguntou, curiosa.

— Na segunda semana de janeiro, pois Dothy ainda tem que entrevistar e contratar as novas funcionárias. — respondeu ele alegre.

Ela virou-se para ele e sorriu encantadoramente.

— Mas que sorte a sua conseguir Dorothy de novo, hein? — comentou, abraçando-o pela cintura.

Ele aproveitou para beijar-lhe os lábios ligeiramente.

— Realmente, fiquei muito feliz, pois, além de ter trabalhado comigo desde que assumi a promotoria, ela é competentíssima. — respondeu, guiando-a para a porta.

Em poucos minutos, os dois já estavam no saguão.

— Prontos? — perguntou o alemão ao vê-los sorridentes. Se afastou do balcão, onde ele conversava animadamente com o porteiro.

— Até mais, caro Ramon. Foi bom conversar com você. — disse Klaus educadamente.

— Até mais, senhor. Muito prazer em conhecê-lo.

Gentilmente, o porteiro fez um aceno de cabeça para Carlo.

— Senhor...

— Ramon...

Na volta, Carlo foi mais ousado e não fez questão de esconder que estavam de mãos entrelaçadas.

A jovem sentiu o rosto quente, sabendo que estava corando.

Carlo viu e não perdeu a oportunidade.

— O que foi, meu tomatinho? — sussurrou em seu ouvido o apelido que ele lhe dera em Houston.

Mais envergonhada ainda, ela deu-lhe um beliscão, o que o fez rir alto.

Klaus olhava pelo retrovisor sorrindo.

Ao chegarem no condomínio, ficaram conversando em frente à casa dos pais dela, combinando um encontro furtivo no ano novo, pois as famílias estariam juntas novamente.

O Ano Novo chegou e o Réveillon dos Martinelli e amigos foi no *Martinelli's,* tal como no ano anterior. E dessa vez Susan estava presente. Ela e Carlo dividiram a noite com os amigos e os familiares.

Estavam lado a lado, quando Lorenzo começou a contagem regressiva, seguido por todos. Ao chegar meia-noite se abraçaram e se beijaram no rosto.

— Feliz Ano Novo, *bambina!* Que esse seja o nosso ano! *Ti amo.* — sussurrou-lhe.

— Também *ti amo!* — respondeu a jovem, também num sussurro.

Estavam tão compenetrados em seus sussurros, que nem repararam que Lorenzo olhava-os com um meio sorriso, por cima da sua taça de champanhe.

No final da noite, os irmãos começaram a cantar o "Sole mio" depois de várias taças de champanhe. Era sempre assim, quando todos bebiam um pouco mais da conta. Foram até a mesa onde a mãe estava sentada com a filha e as noras, querendo puxá-la para a pista de dança. Zangada, impediu-os, batendo-lhes nas mãos.

— *Dio*! Esses *bambini* não perdem o costume. — queixou-se a idosa para os demais, que assistiam a tudo com gostosas gargalhadas.

Conforme as horas passavam e os irmãos continuavam a brindar, eles cantavam ainda mais alto, para desespero de Carmela e das esposas. Robert, o genro, também estava na *"cantoria".*

— Se continuarem cantando desse jeito lá fora, serão presos. — disse Giorgia para a mãe.

— Já vou dar um jeito nisso. — disse a idosa. — Me chame o maitre, *per favore,* Helen. — pediu à esposa de Lorenzo.

Quando se preparavam para sair, Carmela os impediu e os obrigou a tomarem o café bem forte sem açúcar, que ela pediu ao maitre, que divertia-se com a cena.

Depois que todos tomaram o seu café, sob o olhar severo da idosa mãe, esta chamou as esposas para levarem seus maridos para seus carros e exigiu silêncio, quando saíssem na calçada.

Carlo abraçou e deu um beijo nas bochechas vermelhas da mãe (sinal de sua zanga).

— E eu? — perguntou, acariciando-lhe os cabelos brancos.

— Você vai comigo e quieto ouviu? — disse com determinação.

Carlo a fitou rindo.

— Luigi, leve seu pai para o carro da tia Giorgia. Diga-lhe que já irei. Eu quero me despedir dos amigos de Carlo e suas famílias.

— Certo, *nonna*. Vamos, papà! — puxou-o pelo braço, se divertindo com a cara do pai.

Susan e os pais se divertiam com a cena. Era hilário ver homens de um metro e noventa, quarentões e cinquentões, obedecendo a mãe como se fossem meninos.

Os jovens fotografavam a cena rindo para valer de seus pais e tios.

Ao chegarem em casa, divididos entre a casa da mãe e de Lorenzo, todos estavam quietos e sonolentos. Alguns precisando da ajuda dos filhos ou das esposas.

Carlo tentou, mas não conseguiu escapar da ajuda do filho em algumas coisas, como tirar a gravata o sobretudo e o paletó.

— Quer que eu o ajude a trocar de roupa, *papà?* — perguntou Luigi, dentro do quarto do pai.

— Lógico que não! Agora eu faço sozinho, okay? Vá para o seu quarto e durma. Estou bem. — respondeu-lhe o pai, meio indignado. Luigi riu e afastou-se. Pouco além, parou e virou-se para o pai.

— A *nonna sempre* foi mandona assim, *papa?* — perguntou.

Carlo puxou a camisa para fora da calça e riu.

— Um pouco pior, pois nós éramos endiabrados. — respondeu.

Luigi fez menção de ir ajudá-lo, mas o olhar que o pai lhe deu o fez parar e continuar seu caminho para o seu quarto.

— Okay. Então, *buona notte, papà.*

O jovem ia meneando a cabeça, sem conseguir parar de rir.

Depois de um demorado banho, Carlo começou a sentir-se melhor. Pegando o celular, digitou uma mensagem de texto para Susan.

"Desculpe, bambina, pelo vexame. Deixei-a de lado.

Mas estava muito feliz!"

"Não fiquei só. Fiquei com Sarah. Hoje, tive uma ideia de como você ficou, quando embebedou-se no veleiro, pensando que eu havia casado. Você estava hilário. Aliás, todos vocês."

"Divertiu-se, então, às minhas custas, é?"

"Adorei ver você de pilequinho."

"Ti amo. Queria ter você aqui ao meu lado, para acordarmos juntos."

"Eu também, meu querido. Mas é por pouco tempo".

"Tem razão. Mas estou com saudades de ter você sob meu corpo. Amanhã nos veremos?"

"Creio que sim. Mas só nos veremos de longe. Ficarei a maior parte do dia fora com mamãe."

"Oh, não!! Quero ter você em meus braços, antes que você volte a São Francisco."

"Eu também. Mas como?"

"Vamos achar um jeito. E agora é melhor dormirmos."

"Certo. Buonanotte!"

"Buonanotte, amore mio."

No dia seguinte, tal como Susan esperava, foi impossível se encontrarem, assim como também nos dias seguintes, para frustração dos dois.

Carlo ainda correndo atrás de algumas coisas de papelaria, que faltavam no escritório, e Susan saindo com a mãe, para comprar roupas de inverno para levar para São Francisco.

Estavam loucos para se entregarem e matarem a fome um do outro.

Durante esses dias, só se comunicavam por mensagem de texto.

Quando faltava um dia para Susan voltar a São Francisco, Carlo não aguentou mais.

Após o café, mandou-lhe uma mensagem de texto desesperada.

"Preciso vê-la, senão fico maluco."

Ela riu ao ler e ficou emocionada pela urgência dele que era igual à sua.

Antes de sair, Carlo ligou para a casa dos pais de Susan e pediu à Louise que perguntasse à sua filha se ela queria ajudá-lo a levar alguns livros para o escritório e convidando-a para almoçar depois, uma vez que ela viajaria, no dia seguinte.

Prontamente, a médica falou com Susan, que surpreendeu-se com o telefonema dele e deu a resposta que ele queria

Ao desligar o telefone, Carlo sentiu-se culpado, por estar mentindo à médica.

Perdão, Louise, mas eu preciso de sua filha. Desesperadamente.

Pegando o celular, enviou uma mensagem à jovem.

"Bambina, você sabe que vai ser mais do que me ajudar com livros, sì? Eu quero mais do que beijos, certo?"

A jovem sentiu-se corar, ao ler a mensagem.

"Sim." Respondeu apenas.

Tomando um banho rápido, Susan arrumou-se e foi até a porta da casa de Carlo. Sensações deliciosas percorriam seu corpo excitado, em expectativa pelo que iam fazer.

Klaus estava encostado na Mercedes, todo encapotado, pois fazia muito frio, aguardando o advogado e cumprimentou-a com um sorriso, que ela respondeu sem jeito.

Ela sentiu que corava, ao responder o cumprimento. Na porta, ainda dentro de casa, o advogado chamou-os.

— Preciso de vocês, para ajudar-me com esses livros. — disse mostrando duas caixas médias, cheias de livros jurídicos.

Prontamente, o alemão pegou uma das caixas e colocou no porta-malas, aguardando que Carlo fizesse o mesmo com a outra.

— Estão pesadas, *bambina.* — respondeu à pergunta muda dela, ao olhar para as caixas. — Você me ajudará a colocá-los na estante do escritório, ok?

Em minutos já estavam a caminho do escritório, Carlos aparentava calma, ao conversar com o guarda-costas, enquanto Susan, apesar da completa convulsão de seus sentidos, tentou parecer calma.

Ao chegarem lá, Klaus ajudou-o a levar uma das caixas para a sala de Carlo.

Colocando a caixa que carregara sobre a mesa do advogado, Klaus olhou a hora.

— Enquanto vocês trabalham, ficarei na recepção.

Carlo anuiu e deu um tapinha no ombro do guarda-costas.

— Perfeito. *Grazie,* Klaus.

Susan apenas sorriu.

— Por nada, senhor. — respondeu o alemão ao sair e fechar a porta atrás dele.

Carlo chaveou a porta, tão logo o guarda-costas saiu.

Virando-se lentamente, encarou Susan que o olhava de uma maneira que o deixou mais excitado do que podia estar.

Sem mais palavras, Carlo agarrou-a pela mão, trazendo-a consigo em direção ao largo sofá.

A fome sexual reprimida por dias e dias transparecia no olhar dos dois.

Ficaram se encarando por uns segundos e o leve tremor no corpo da jovem deixou-o sem fôlego e impossível de resistir por mais tempo. Com palavras carinhosas em italiano, a puxava contra seu tórax, imobilizando-a num abraço apertado. Embevecida, ela colou-se ao corpo viril, com o coração disparado. E lentamente, sem deixar de fitá-la, ele inclinava a cabeça, para alcançar-lhe os lábios sedutores. Ele a segurou suavemente pela nuca, puxando-lhe a cabeça para trás, de forma a posicioná-la melhor, enquanto sua boca continuava explorando sensualmente a dela, deixando-a trêmula de desejo. Ela deu um pequeno suspiro, antes de entregar-se à doce sedução.

Continuando a beijá-la, ele se sentou no confortável sofá e colocou-a no colo, começando a tirar-lhe as botas e as meias de seda, que envolvia as pernas torneadas. E não teve dificuldade, pois elas eram daquelas que não necessitavam de ligas. Depois que as tirou, não perdeu tempo em correr os dedos por toda a extensão da longas e sedosas pernas.

Ambos perderam toda a noção de tempo e lugar, atentos ao calor que emanava de seus corpos.

Loucos de desejo, ficaram em pé e começaram a arrancar a roupa um do outro.

— *Dio, bella mia.* Você me deixa louco. — sussurrou-lhe, admirando sua nudez. Possessivamente, ele espalmou um dos lindos seios, levando-a a gemer. Ele a fitou com os olhos carregados de desejo e a respiração ofegante.

— Carlo... — sussurrou ela, beijando-lhe a mandíbula.

Ele encarou-a, antes de baixar a cabeça, para unir suas bocas mais uma vez, com uma paixão avassaladoramente quente e muito primitiva.

Susan sentia o coração disparar só em pensar nas mãos másculas em sua pele. Isso a deixava completamente louca.

Carlo moldou-lhe os seios com as palmas mornas e esfregou-lhe os mamilos com os dedos polegar, até senti-los enrijecerem, pedindo para serem sugados.

A jovem gemeu quando os lábios quentes e úmidos de Carlo deslizaram sobre a pele cremosa dos seus seios, usando a língua para acariciar sensualmente os mamilos túrgidos. E ela facilitou a caricia, arqueando o torso para trás.

Excitadíssimo, o italiano ia de um seio ao outro, a língua movendo-se em círculos sobre os mamilos. Ele a ergueu de modo que suas pélvis se unissem e ela percebesse o estado de sua ereção provocando-a impacientemente entre as pernas delgadas. Lentamente, ele deitou-a de barriga para cima sobre a colcha. Ficando de lado, ele começou com as carícias mais ousadas.

Susan sentiu sua excitação além do limite, ao sentir os dedos ágeis em seu ponto íntimo e palpitante acariciando-a insistentemente para cima e para baixo, afundando suavemente para encontrar o calor úmido que revelava o quanto ela estava pronta para recebê-lo. Lentamente, voltou a acariciar as lindas pernas, numa escalada sensual, usando a língua, numa deliciosa tortura.

— Tudo em você me fascina, *bella mia...* — murmurou ele, erguendo-se sobre seu corpo.

Ficando sobre ela, capturou-lhe os lábios, num beijo apaixonado e excitante, enquanto ia penetrando-a pouco a pouco, para deleite dela. Segurando os quadris arredondados, a fim de facilitar a penetração, ele começa a mover-se vagarosamente, sem deixar de fitá-la um segundo sequer.

Ela acompanhou seus movimentos, e juntos começaram a dar velocidade em sua cavalgada. Só se ouvia a respiração e os gemidos na sala. Beijavam-se com sofreguidão, enquanto esperavam o clímax.

Envoltos numa espiral de sensações maravilhosas, chegaram ao clímax simultaneamente.

Exaustos, suados e saciados, ficaram abraçados até que suas respirações voltassem ao normal. Foram se afastando aos poucos e ele, então, começou a dar-lhe pequenos beijos no canto da boca perfeita, na ponta do nariz e nas pálpebras, para depois fitá-la dentro dos olhos com um sorriso, que a fez sonhar com um futuro juntos.

— Você é mesmo uma delícia... — murmurou ele, alcançando-lhe as mãos, a fim de entrelaçar seus dedos aos dela.

Ela apenas sorriu e deu-lhe um beijo no queixo.

— Que saudades, *bambina*, que eu tinha de tê-la assim em meus braços.

— Também senti saudades, meu amor.

Saindo de cima dela, ficaram quietos por alguns momentos, com as cabeças encostadas uma na outra.

— Quando vamos nos ver de novo? — perguntou ela, não escondendo a ansiedade.

— Se tudo correr bem, creio que daqui a duas semanas. — respondeu ele, dando-lhe um pequeno beijo na ponta do nariz.

— Você vai a São Francisco?

— Pretendo. Darei um jeito, não se preocupe.

Olhando as horas no relógio de pulso dele, ela sentou-se assustada.

— Carlo, temos que nos recompor.

Ele espreguiçou-se, como se tivesse todo o tempo do mundo.

— Relaxe, *amore*. Klaus está na recepção. Use o banheiro primeiro, que depois eu vou. — instruiu-a.

Pouco depois, ela saiu, vestindo apenas calcinha e soutien de renda preta.

Carlo de cueca estava sentado no sofá aguardando-a, quando fitou-a com olhos gulosos.

— *Dio*, assim você me mata do coração... — disse baixinho, olhando-a de cima a baixo.

Levantando-se, ele se aproximou dela, pegando-a pelos braços, mas ela resistiu.

— Carlo, não! Vamos almoçar. — advertiu-o.

— Dane-se. Eu quero você de novo. — disse ele, pegando-a de surpresa e abraçando-a. Deu-lhe um beijo tempestuoso, o qual ela retribuiu na mesma intensidade, deixando-a em brasa.

O coração de Susan disparou ao sentir-lhe a ereção poderosa entre suas coxas, fazendo seu desejo aumentar de maneira insuportável.

— Meu Deus, Carlo, fizemos amor agora há pouco... — lembrou ela, trêmula.

— Que culpa tenho eu, bambina, se você me deixa louco de tesão com essa lingerie sexy? — murmurou ele ofegante, antes de voltar a beijá-la com avidez

Deitando-a de costas, ele cobriu-lhe o corpo com o seu. Excitada em seu limite, ela o tocou, a fim de sentir-lhe os músculos retesados, a pele quente e acetinada. A força do corpo másculo sobre o seu a fez tremer de desejo de tê-lo em seu interior.

— *Ti amo, amore mio.* — sussurrou-lhe ele, mordendo o lóbulo da orelha perfeita.

A jovem gemeu, quando os pelos do tórax largo estimularam seus seios de maneira torturante.

Ele começou a traçar uma trilha de pequenos beijos molhados, dos seios até a barriga, seguindo mais para baixo, quando ela sentiu os dedos fortes e delgados tirando sua calcinha apressadamente.

De repente a puxou para cima de si, levando-os a se tocarem eroticamente. Com as mãos, ele acariciava-lhe a coluna e, ao chegarem até as lindas nádegas, espalmou-as com vigor.

Rolando, colocou-a sob ele.

Estavam trêmulos e cada vez mais ofegantes. *Ah, como o queria. Como o amava*!

Ela arcou-se quando sentiu a mão quente acariciando-a entre as pernas e os dedos em sua intimidade massageando seu clitóris, fazendo-a emitir gemidos incontroláveis. *Deus, como ele era bom nisso!*

— Amo quando você geme assim... — sussurrou-lhe, sem deter os deddedos que os, que lhe davam prazer.

No anseio de senti-lo dentro de si, Susan rodeou-lhe a cintura com as pernas, fazendo o contato com a pulsante ereção. Quando finalmente a penetrou, cada vez mais profunda e rapidamente, levou-os ao orgasmo, em poucos segundos, uma vez que estavam excitadíssimos.

— Foi rápido... — comentou ele sorrindo e beijando-a levemente no queixo.

— Mas incrível! — completou ela, passando a mão em seus cabelos.

As longas e delgadas pernas ainda envolviam sua cintura firmemente, com a quente rigidez dentro dela.

Ficaram abraçados, ofegantes e saciados. Levantando a cabeça, beijou-a profundamente, um beijo que chegou à sua alma.

Por fim, resolveram se preparar para encontrar Klaus na recepção para irem almoçar.

Fizeram uma rápida higiene, no banheiro privativo, se vestiram e logo depois desceram com Klaus até o carro.

— Klaus... você poderia nos deixar no restaurante de Lorenzo? Ele está nos esperando.

Klaus anuiu e deu partida.

Lorenzo já estava sentado numa mesa próxima ao seu escritório, tomando uma taça de vinho, enquanto os aguardava. Klaus entrou junto e se dirigiu ao bar, bem mais ao fundo.

— Já almoçou, Klaus? — perguntou Lorenzo, levantando-se gentilmente, enquanto Carlo ajudava Susan a sentar-se.

— Sim. Obrigado, senhor.

— Peça o que quiser no bar, por conta da casa. — sugeriu o proprietário.

— Obrigado. Vou tomar apenas um refrigerante.

— Fique à vontade. — retrucou Lorenzo solícito batendo-lhe levemente no ombro largo.

Voltando-se, sentou-se à mesa junto com o irmão e Susan, chamando o garçom que aguardava seu chamado.

— Pode nos servir, Gary.

— Tive a liberdade de pedir o prato da casa. Está bom para vocês? — perguntou, se dirigindo ao irmão e à jovem vizinha.

— Perfeito. — respondeu Carlo. — E para você Susan?

Encabulada, a jovem disse que para ela estava bom.

Lorenzo os fitava de soslaio, intrigado.

Após servir o casal de vinho, ele olhou-os diretamente.

— Então, o que os traz por aqui? — perguntou, sem esconder a curiosidade. — Fiquei surpreso ao receber seu telefonema, mano. Pensei que estava envolvido demais com o escritório...

Susan olhou para Carlo e sorriu timidamente para Lorenzo.

— Fui dar uma ajuda na arrumação dos livros jurídicos no escritório. — explicou ela.

— E, como ela vai embora amanhã, convidei-a para almoçar. — concluiu Carlo, olhando firme para o irmão.

— Entendo. Bem, aí vem nosso almoço.

— Huuum, parece delicioso. O cheiro é muito bom. — comentou Susan.

Lorenzo sorriu.

— Esse prato é a especialidade do nosso chef de cozinha...

Fazendo um brinde, começaram a comer, a princípio em silêncio e depois conversando sobre assuntos variados. Klaus varria o local com os olhos, enquanto sorvia seu refrigerante.

Quando terminaram a sobremesa, se levantaram das cadeiras.

Lorenzo levou-os até a porta. Deu uma tapa nas costas do irmão e abraçou e beijou Susan na face.

— *Ciao, bella!* — disse alegremente. — E boa viagem amanhã.

Quando entraram no carro, Carlo reparou que Lorenzo ainda olhava para eles, com um interesse incomum e um leve sorriso nos lábios. *Esse espertalhão está desconfiado..., pensou* Carlo. Que assim fosse...

Mas preferiu não falar nada à Susan sobre sua desconfiança, para não a alardear.

Klaus deixou-os em casa e foi buscar Luigi e Mathew, que estavam na casa de um amigo estudando.

Carlo puxou-a para dentro da casa e então para o escritório. Perkins também estava na porta da frente.

— Carlo, não acho uma boa ficarmos a sós, aqui... — queixou-se ela, ao vê-lo fechar a porta.

— Verdade, *bambina?* — perguntou num tom malicioso, enquanto a puxava para si. — Por quê?

— Ora, alguém pode vir te procurar e...

— Quieta. — disse ele, encostando-a mais em seu corpo, fitando insistentemente sua boca, demonstrando a vontade de beijá-la. Ela deixou escapar um suave gemido de prazer, quando a língua experiente lhe traçou o contorno dos lábios e tudo que lhe restou foi entreabrir a boca e ceder ao desejo dele.

Ele abraçou-a fortemente, fazendo-a sentir os contornos do corpo másculo, e o beijo se aprofundou, excitando-os. Ele a afastou e ficou olhando-a com paixão.

— Logo ficaremos juntos. Semana que vem fará um ano da morte de Kate, daí poderemos...

Ela impediu-o de continuar, com o delgado indicador sobre os lábios.

— Shh... Vamos deixar para falar nisso depois, certo? — sussurrou ela lhe dando um selinho.

— Vou sentir saudades. — murmurou ele, pegando-lhe o indicador e beijando-o.

— Eu também. Mas agora preciso ir, antes que os meninos cheguem.

Ele abraçou-a de novo, apoiando o queixo sobre a cabeça dela.

— Está certo. Vá. Se ficar, você sabe que não ficaremos só nos beijos.

— Por isso mesmo, preciso ir.

Beijando-o, ela afastou-se rapidamente, para não cair na tentação de querer ficar ali com ele.

— Me liga antes de viajar, *sí?* — pediu ele.

— Ligarei. *Ciao,* meu amor. Se cuide.

— *Ciao, amore.* Obrigado pela tarde maravilhosa.

Ela sorriu e lhe jogou um beijo.

Horas depois, já em seu quarto, Susan se preparava para o banho. Estava cansada, mas muito feliz.

Enquanto tomava seu banho, ouvia a voz de Adele cantando "*Set Fire to the Rain*".

Após o banho, ligou para Sarah contando sobre seu dia e querendo saber como estava a sua lua de mel. Conversaram por horas e depois, imediatamente, caiu no sono.

Três semanas depois...

Ao chegar na sala de Grace, a nova recepcionista, Carlo tirou as luvas e colocou-as no bolso do sobretudo de lã.

— Bom dia, Grace. — cumprimentou a funcionária gentilmente.

— Bom dia, Sr. Martinelli. — respondeu a jovem levantando-se para pegar o sobretudo que ele lhe entregava. — Que dia frio, não? — perguntou a jovem, enquanto pendurava o agasalho no armário juntos com os demais.

— Terrível. Já chegaram todos? — perguntou pelos sócios.

— Sim, estão lhe esperando na sala de reuniões.

— Obrigado. Estou indo para lá.

Pegou a pasta que Dothy lhe entregava no caminho e se dirigiu à sala de reuniões onde os sócios o esperavam.

Quando entrou, todos olharam para o relógio, numa censura muda pelo atraso.

— Eu sei. Eu sei que estou atrasado, rapazes. Desculpem-me.

— Dormiu demais? — perguntou Kevin, sorrindo.

Carlo anuiu.

— Esqueci de colocar meu celular para despertar as seis horas. — na verdade ele ficara conversando com Susan até quase duas da manhã e estava tão feliz que até esqueceu de preparar o alarme do relógio...

Mas seus amigos não precisavam saber.

— Então, vamos lá. — começou Arold, dando início à reunião. — Esse caso é um tanto complexo, meus amigos, e está me dando dor de cabeça. — falou Arold, abrindo uma pasta. — Gostaria de ouvir a opinião de vocês.

Ficaram mais de uma hora em reunião, estudando o caso e dando sugestões para Arold.

A manhã no escritório foi movimentada e cansativa. Enquanto Carlo esperava os amigos para almoçar, virou sua cadeira, ficando de frente para a grande janela. Percebeu que a garoa havia parado e um arremedo de sol tinha saído das nuvens e até havia mais pessoas nas calçadas. Sorriu ao lembrar que no próximo final semana iria se encontrar com Susan.

Apoiando a cabeça no encosto da sua cadeira, fechou os olhos e se pôs a imaginar ele e Susan na cama. Ele estava irremediavelmente apaixonado como um colegial pela primeira namorada. Não via a hora de gritar para o mundo o seu amor por ela, para que pudessem tornar público o relacionamento deles, principalmente como contariam para a família. Estavam ansiosos para isso. Iriam combinar quando e como iam contar à família. Fizera um ano que Kate partira. Ele, Luigi e Walker foram até o cemitério levar flores para as duas falecidas.

Às 13 horas, ele e seus três sócios e amigos decidiram parar para almoçar. Para não perderem tempo, escolheram o pequeno e aconchegante restaurante italiano, a duas quadras do escritório. Ao chegar na recepção, Klaus se adiantou para abrir a porta e seguir com eles. Carlo fez um gesto com a mão, para ele esperar.

— Vamos aqui perto, Klaus. Não se preocupe.

— Mas...

— Ele não estará sozinho, Klaus. — interrompeu Kevin, sorrindo para o guarda-costas. — E o juiz Chapman também estará junto com seu guarda-costas. — completou.

— E Jon sempre fica na minha retaguarda. Fique tranquilo.

Klaus, ao lembrar que Jon fora escolhido por ele para integrar a equipe de segurança pessoal de Carlo, resolveu acatar o perdido do chefe, mas, mesmo assim, estava apreensivo.

Ainda hesitando, Klaus ficou olhando para os advogados que saiam à rua, meneando a cabeça de um lado para outro.

Carlo, sentado ao lado do juiz Chapman, falava sobre as ameaças que recebeu de Mendonza de dentro da prisão, antes de lhe tirarem o celular.

— Carlo, você tem que se cuidar, meu amigo. Esses traficantes são perigosos. Se ele está te ameaçando, tome cuidado, pois ele deve ter gente aqui fora para fazer o serviço sujo. — alertava o juiz.

— Eu sei. Por isso, estou com a melhor equipe de guarda-costas de NY. — explicou o ex-promotor...

— Mesmo assim, é melhor tomar cuidado, italiano. — complementou Kevin.

— E ainda não descobriram o espião do tribunal, não é?

O juiz abaixou seu copo e olhou para Carlo com seriedade e disse:

— O capitão Carmone disse que o cara é liso como um sabão. Mas também disse que é uma questão de honra descobrir quem é esse cara. O capitão disse que agora vão investigar as contas de todos os suspeitos.

Terminadoo café ainda ficaram conversando por mais uns 15 minutos, após pagarem a conta.

Carlo olhou as horas. Pensou em comprar um pacotinho de jujubas, antes de ir para o escritório. Queria levar para Susan, no final de semana.

O juiz se despediu de todos e seguiu pelo caminho contrário ao dos quatro amigos, voltando para o tribunal com seu segurança.

Enquanto voltavam, Carlo lembrou das jujubas para Susan. Pensou na *delicatéssen*, que ficava no outro lado da rua, na esquina do escritório deles.

Klaus estava inquieto no saguão e não sabia por quê. Nervoso foi até a porta e ficou aliviado, quando viu os quatro voltando, conversando animadamente, como sempre. Klaus admirava a amizade e respeito que os amigos tinham um pelo outro, desde o tempo que estudavam juntos.

Eles atravessaram a rua e já estavam próximos da esquina do escritório. Então Carlo parou repentinamente e dizia algo aos amigos, apontando para o outro lado da rua, onde havia uma *delicatéssen*. Viu quando ele bateu no ombro de Kevin, se preparando para atravessar a rua.

Onde esse italiano pensa que vai? Pensou entre irritado e preocupado.

Rapidamente pegou o celular e discou para Jon, o agente que o ajudava na segurança do italiano, em lugares públicos. Pediu que, discretamente, acompanhasse o ex-promotor, sem que ele o visse...

Às vezes, seu patrão o tirava do sério, quando tentava fazer as coisas do seu jeito.

Será que esse italiano teimoso sabe que não deve abusar da sorte?

Carlo entrou na pequena *delicatéssen*, na esquina do outro lado da rua, enquanto os demais amigos chegavam à porta do prédio.

— O que o patrão foi fazer do outro lado da rua? — perguntou Klaus a Kevin, sem esconder o desagrado.

— Comprar jujuba.

— Jujuba?

Kevin explicou que era presente para uma amiga.

— Ah, okay!

Ramon entregou aos sócios algumas correspondências, que eles foram separando por nome, enquanto se dirigiam aos elevadores.

Klaus, da calçada, não tirava o olho da esquina. A rua estava com pouco movimento de transeuntes àquela hora, em virtude do horário de trabalho. Poucos táxis transitavam, assim como alguns carros.

Deu um suspiro de alívio, quando Carlo saiu da *delicatéssen* com um pequeno pacote e falando ao celular. Viu quando ele sorriu e guardou o aparelho no bolso do sobretudo.

Olhando para os dois lados, ele esperou o sinal de pedestres abrir e começou a atravessar a rua.

Klaus varreu a rua com o olhar e não viu nada de estranho, a não ser um táxi parando para pegar um passageiro e um sedan preto, estacionado logo atrás. O táxi saiu pegando o fluxo, o olhar do guarda-costas foi de Carlo que atravessava a rua tranquilamente até o sedan preto. E então seus sentidos se aguçaram tal qual quando estava em missões pelas Forças Especiais. Em todas as oportunidades, podia ouvir cada detalhe, fazer uma análise e prever o resultado.

Ouviu que o motor do sedan estava ligado, pronto para entrar no fluxo e em questão de segundos Klaus percebeu a intenção daquele carro sinistro. Seus ouvidos só conseguiam ouvir o possante motor. O mundo parou e só ele, Jon e Carlo estavam naquela avenida.

Olhou para Carlo que ainda atravessava a rua e olhou para o carro mais uma vez. Começou a correr e a falar com Jon pelo pequeno dispositivo na lapela do paletó. Pediu a Jon que tirasse o italiano da rua, apontando para o sedan que chegava cada vez mais perto. Alheio ao perigo que corria, Carlo viu quando Klaus vinha correndo em sua direção, fazendo gestos e gritando. Sem entender, ele ouviu o motor de um carro chegando perto dele. Olhou para a direção de onde vinha o som e sentiu que lhe puxavam pelo braço.

Numa fração de segundos, ouviu gritos, uma freada brusca, barulho de metal, estilhaços de vidro e sentiu o choque, que o jogou para cima, juntamente com outra pessoa, caindo ao solo, em um baque surdo. E, então, tudo ficou escuro.

Klaus ouviu o baque e viu o carro sair em disparada e pegou a arma tentando acertar nos pneus. Acertou nos dois traseiros. O carro deu uma guinada, mas continuou seguindo na fuga, apesar dos pneus danificados. Logo uma viatura os interceptaria. Só então correu para atender Carlo e Jon, que jaziam imóveis na rua. Jon estava caído, com a cabeça sobre a calçada, e Carlo estava estirado no meio da rua.

Pálido e assustado se dirigiu a Carlo, que jazia a uns dois metros de Jon, com medo de que o pior tivesse acontecido com ele.

Carlo estava de barriga para cima, com braços estirados e a perna esquerda retorcida e com fratura exposta... A camisa branca estava encharcada de sangue na altura do abdome e sangue nas pernas, cuja carne aparecia pelos rasgos do tecido da calça. O seu rosto totalmente ensanguentado. Nem dava para distinguir de onde saia aquele sangue. Seu sobretudo estava aberto e rasgado. Percebeu o celular, totalmente destruído, saindo de um dos bolsos e o pequeno pacote aberto, com jujubas espalhadas em sua volta.

Os três amigos que ainda aguardavam o elevador ouviram o barulho e foi tão grande que lhes chamou a atenção e assustou-os a ponto de correr para a porta, onde Ramon o porteiro já se encontrava, com as mãos na cabeça.

— O que aconteceu, Ramon? — perguntou Arold ao porteiro, que estava olhando para a direita, onde começava a se aglomerar uma horda de gente.

— Deus meu! Parece que alguém foi atropelado, senhor Davidson. — respondeu olhando para o carro preto que depois da batida saiu a toda, sem prestar socorro as duas pessoas que jaziam no solo gelado.

— E foram duas pessoas. Olhem lá! — chamou a atenção para os corpos estirados.

Kevin olhou e sentiu o sangue gelar, quando viu Klaus se ajoelhando ao lado de uma das vítimas.

— Meu, bom Deus... Oh, não, meu bom Deus... — repetiu o irlandês, saindo em disparada, para se juntar a Klaus.

— O que aconteceu, Kevin? — gritou Percy, ainda não entendendo a gravidade.

— É Carlo! — gritou. — Ele foi atropelado!

Assustados, Percy e Arold seguiram Kevin e sentiram o coração parar, quando viram o guarda-costas balançar a cabeça, quando pegou o pulso de uma das vítimas.

— Meu Deus, Carlo, não... por favor... — Kevin sussurrou apavorado, continuando a correr.

Depois viu o alemão levantando-se e indo na direção da outra pessoa.

Mais próximos, perceberam que era Jon, o segurança, que o acompanhava.

Klaus pegou no pulso de seu agente, que sangrava muito pela cabeça, boca e ouvidos.

— Oh, meu Deus! — murmurou, ao constatar que tinha perdido seu agente. O pobre homem estava morto. Observando cautelosamente seus ferimentos, deduziu que tinha fraturado o crânio.

Quando chegou até Klaus, viu que o alemão se ajoelhava novamente ao lado de Carlo e encostou os dedos nos pulsos do amigo, para sentir os batimentos cardíacos. Apavorado, Kevin ajoelhou-se ao seu lado

— Ele está vivo? — perguntou pálido e abalado ao ver o sangue no abdômen e o rosto muito machucado do amigo.

Klaus assentiu, pesarosamente.

— A pulsação está fraca, mas ainda vive.

— Graças a Deus. — exclamaram aliviados, os três amigos juntos, pois Percy e Arold já estavam ali ao lado deles.

O irlandês olhou para os dois amigos que se ajoelharam ao seu lado e pediu com voz embargada que um deles chamasse a ambulância. Abalados os dois assentiram e se levantaram ao mesmo tempo. Arold pegou o celular e discou.

Minutos depois Arold se ajoelhou ao lado de Kevin

— Já estão a caminho. — avisou. — Mas como aconteceu? — perguntou ainda atônito. — Carlo atravessou com o sinal aberto?

Klaus muito pálido olhava para seu patrão com preocupação, por isso nem ouviu a pergunta de Arold.

— Eles previram em quanto tempo chegam aqui? — perguntou a eles.

— Disseram que já estavam a caminho e que não tocássemos nos feridos, até eles chegarem.

Ao perceber os punhos fechados e o ódio nos olhos do guarda-costas que olhava ao redor, Kevin teve um lampejo do que tinha acontecido. Sentiu os pelos da nuca se arrepiarem.

— Klaus, você acha... você acha que...

O alemão olhou para Kevin e assentiu.

— Mendonza desgraçado! — exclamou com ódio.

— Senhor O'Brien, o senhor poderia, por favor, avisar o senhor Lorenzo? — pediu, dando mais uma olhada para Carlo. Sua palidez era preocupante, pelo fato de estar perdendo muito sangue. — Não quero me afastar daqui até a ambulância chegar.

— Deixa comigo. Não se preocupe. Cuide do nosso amigo aí. E entrarei em contato com o capitão Carmone, pois isso envolve o traficante.

— Façam isso, por favor. Obrigado. Se puderem afastar essa gente. — comentou, com o semblante fechado, indicando com a cabeça o número de pessoas que aumentava ao redor deles.

Firmes e gentis, os três advogados começaram a pedir que as pessoas seguissem seu caminho, pois a ambulância já estava a caminho.

Em seu mundo de escuridão, Carlo não sentia nada, apenas muito frio e sentia-se flutuando. Mas ouvia vagamente as vozes... Tentou abrir os olhos, mas não conseguia. Longe, muito longe, ouvia uma sirene, ainda sentindo o corpo flutuando no ar.

— Aguenta firme, senhor. A ambulância já está aqui.

Ouvindo a voz do seu guarda-costas, Carlo com muito esforço conseguiu abrir um dos olhos e através da visão nebulosa viu os contornos do rosto de Klaus, bem embaçado.

— Ele... me... me pegou... — sua respiração estava entrecortada, preocupando o guarda-costas — Me... meu fi...

— Fique tranquilo, senhor. Cuidarei de Luigi. Procure não falar.

— *Mam...* Su...

— Cuidarei de sua *mamma* e também da Srta. Susan. Fique tranquilo, senhor. — tranquilizou-o, com um aperto na mão gelada que ainda segurava.

Klaus sentiu um leve perto em suas mãos. — Su...

— Di... di... ga... que... que... eu... eu... a... amo... — pediu com a respiração entrecortada, preocupando ainda mais o guarda-costas.

— Direi. Fique tranquilo. Não fale. — respondeu Klaus olhando para a ambulância que estacionava.

Ao sentir a mão de Carlo afrouxar, assustou-se, mas ele voltara para a inconsciência.

Os paramédicos se aproximaram, olharam para o corpo de Jon e depois para Klaus, que fez um sinal indicando que sabia que seu parceiro estava morto. O rapaz então examinou Carlo com cuidado e ia detalhando para a jovem paramédica a situação dos ferimentos do italiano, e ela ia anotando.

Klaus perguntou sobre o sangramento no abdômen e o rapaz disse que havia um corte profundo acima do umbigo.

Colocaram o oxigênio e aplicaram-lhe uma injeção, imobilizaram sua coluna cervical e as fraturas com os cuidados necessários. Experientes com acidentes assim, os paramédicos começaram a prepará-lo para colocá-lo na maca, depois de fazerem algumas perguntas de praxe a Klaus.

— Vou com ele na ambulância. — avisou, determinado

— O senhor é parente? — perguntou a jovem paramédica.

— Não. Mas sou o guarda-costas dele. E enquanto a família dele não chegar, eu ficarei do lado dele.

— Mas, senhor, não...

— Senhorita, tentaram matá-lo. — retrucou duramente o guarda-costas. — Então, eu irei com ele, enquanto a família não chegar, ok?

— Mary, deixe. Ele irá atrás, junto com a maca. — interferiu o outro paramédico mais experiente com casos assim. — Ele é o guarda-costas dele.

— Mas não...

— Moça, eu irei com ele. Ponto final. — afirmou Klaus, friamente.

Ao perceber o olhar sombrio do tal guarda-costas, a jovem deu de ombros e conferiu o oxigênio no nariz do ferido.

Enquanto a ambulância se dirigia ao Hospital, o celular de Klaus tocou. Sem deixar de olhar para Carlo que estava cada vez mais pálido, ele atendeu.

— Klaus.

— É Kevin. Como estão as coisas? — perguntou o advogado, preocupado com o estado do amigo.

Klaus deu um longo suspiro.

— Ele está muito ferido e estou muito preocupado com o sangue na região do abdômen. Estamos a caminho do hospital mais próximo, que é? — olhou interrogativamente para a jovem paramédica que ia acompanhando os sinais vitais de Carlo.

— O mais próximo é o Mount Sinai Manhattan. — respondeu ela.

Klaus repetiu para Kevin.

— Lorenzo pediu, por favor, para você não sair de perto dele enquanto ele não chegar, ok? Vou avisá-lo em que hospital o estão levando. O cara quase desmontou, quando lhe contei o que tinha acontecido.

— Pode tranquilizar o senhor Lorenzo. Não sairei de perto dele.

— Vou avisar o pessoal do escritório e mais tarde dou uma passada no hospital. Obrigado, Klaus.

— Por nada, senhor. O senhor Martinelli é um homem forte, mas estou preocupado. Eu não deveria ter deixado ele ir sozinho almoçar... — disse o guarda-costas, se sentindo culpado.

— Não se culpe. Nós sabemos o quanto Carlo é teimoso e vimos quando ele disse que você não precisaria ir.

— Maldito Mendonza! Estou muito preocupado Sr. O'Brien. — comentou, pesaroso.

— Eu também, Klaus. Eu também. Por favor, me mantenha informado. — pediu com a voz embargada. — Carlo é como um irmão para mim.

— Eu sei. Ele me disse. Fica tranquilo que eu o manterei informado.

Lorenzo chegou com sua esposa e os filhos todo esbaforido, pálido e com os olhos vermelhos. O casal estava muito tenso. Como todos.

— Como ele está? — chegou perguntando à Klaus.

— Levaram-no para o centro cirúrgico, a questão de uma hora. — respondeu ele. — Foi difícil me aceitarem aqui, porque não sou parente. A enfermeira me avisou que logo um médico virá falar conosco.

Helen abraçou o marido pela cintura, numa demonstração de apoio.

Nesse instante, apareceu um médico aparentando pouco mais de 40 anos, alto e encorpado, de cabelos claros mesclados com grisalhos, olhos verdes, com roupa própria do centro cirúrgico.

Lorenzo se adiantou a ele, com a mão estendida.

— Doutor, sou Lorenzo, irmão de Carlo Martinelli. Como ele está?

O médico sorriu e aceitou a mão estendida de Lorenzo.

— Senhor Lorenzo... Sou o doutor Gunter. Roger Gunter, chefe da equipe de médicos, que vai operar seu irmão. Ele já está sendo preparado para uma cirurgia de emergência, devido a traumas múltiplos em crânio, abdômen, tórax, bacia e membros inferiores. O seu estado de saúde atual é gravíssimo, pois o atropelamento afetou alguns órgãos importantes. Está recebendo transfusões de sangue e a cirurgia é de muito alto risco.

Helen colocou as mãos na boca, assustada. Lorenzo sentiu os olhos arderem por lágrimas querendo fluir.

— Mantenham a calma. — pediu o médico gentilmente. — Ele está recebendo o melhor cuidado possível, mas devido a seu estado atual é muito difícil fazer qualquer prognóstico. As próximas 48 horas serão críticas para entendermos se ele vai se recuperar, mas, mesmo que tenhamos muita sorte, devemos estar preparados para possíveis sequelas. É hora de a família dar o apoio que puder rezando para que tudo dê certo.

Pálido e apreensivo, Lorenzo olhava o médico.

— Outra coisa... — continuou o cirurgião. — A cirurgia vai ser muito longa. Ele está muito ferido e o ferimento no abdômen preocupa muito, pois é onde ele está perdendo muito sangue. Não descartamos uma hemorragia interna. Além do baque, ele tem muitos cortes, talvez pela lataria e vidros do para-brisa do carro.

— *Madonna...* — murmurou Lorenzo, passando as mãos nos cabelos revoltos. — *Madonna mia...* Pobre irmão...

— Oh, Deus! — exclamou Helen, pondo as mãos na boca e começando a chorar.

— *Grazie,* doutor. — falou o italiano, com voz embargada. — Só lhe peço que o salvem, por favor. — implorou.

— Faremos tudo que estiver ao nosso alcance ,senhor Lorenzo. Isso eu lhe prometo, mas o resto é com Deus. Rezem. Rezem muito. — respondeu o médico, batendo-lhe de leve nos ombros e voltando para o centro cirúrgico.

Klaus colocou as mãos no bolso e abaixou a cabeça condoído pela situação. Também estava bastante abatido, pois falhara na segurança de Carlo. Se não o tivesse escutado e ido junto, quem sabe...

— O que aconteceu, afinal? — perguntou Helen, chorando baixinho, ao guarda-costas.

O alemão meneou a cabeça de um lado para outro e deu um suspiro, antes de começar a contar detalhadamente o que aconteceu.

À medida que ia contando, a expressão sempre bonachona de Lorenzo se transformava em uma expressão de ódio.

Ele então se pôs a verbalizar todo o dicionário italiano de palavrões. Se a ocasião não fosse tensa, Klaus teria rido. Carlo contara a ele certa vez que Lorenzo era o pavio mais curto da família e o mais desbocado. A esposa fez sinal para ele abaixasse o tom de voz e parasse de dizer palavrões.

— Crápula! *Maledetto!* — disse com voz tão exasperada que sua esposa de novo procurou acalmá-lo.

— Fique calmo, querido... — pediu ela, carinhosamente.

— Ficar calmo como, se meu irmão está lá naquele centro cirúrgico, entre a vida e a morte, por causa desse assassino? — explodiu ele.

Nesse momento, ouviram a porta vai e vem que levava ao centro cirúrgico se abrir e dali sair uma enfermeira com touca e avental verde.

Klaus e Lorenzo ficaram olhando para ela assustados.

— Aconteceu alguma coisa? — perguntou Klaus com o coração na mão.

— Os familiares já chegaram? — perguntou gentilmente, olhando Klaus.

Lorenzo se adiantou, muito pálido e assustado.

— Eu sou irmão de Carlo Martinelli. Os outros chegarão mais tarde, pois moram em outras cidades.

— Entendo. Bem... — disse calmamente, olhando para Lorenzo e sua esposa. — Ele nos deu um grande susto. Teve uma parada cardíaca no início da cirurgia, mas, graças a Deus, conseguiram reanimá-lo. Ele está suportando bem a cirurgia.

— *Dio*... pobre Carlo. — falou Helen.

— Meu irmão é forte, não se entrega tão fácil.

A enfermeira apenas sorriu e mostrou o envelope pardo que tinha nas mãos.

— Este é o pacote com os pertences do seu irmão. Com a correria para levá-lo ao centro cirúrgico, isso foi esquecido. Por favor, assine o termo de entrega com a enfermeira na recepção. Só poderá pegá-lo depois de assinar os papéis que ela lhe dará, okay?

— Certo. Obrigado. — respondeu Lorenzo.

Se despedindo, ela foi entregar o pacote na recepção sob os olhares dos três.

Abalados com a notícia da parada cardíaca, os três se sentaram nas cadeiras que havia ali.

— Agora, o mais difícil. — Lorenzo falou, olhando para Klaus e Helen. — Preparar a família. *Mamma*... como vou contar a ela, Helen? Ela pode ter um ataque cardíaco.

— Não se desespere antes do tempo, meu querido. Vamos devagar. Quem sabe aguardar Aldo? Ele pode se encarregar disso.

Nesse momento, o celular de Lorenzo tocou.

Ele olhou no visor e gemeu. A esposa olhou assustada para ele.

Ele apenas lhe mostrou quem o chamava.

— Gioia. — murmurou Helen.

Lorenzo assentiu e atendeu, procurando parecer calmo.

— *Ciao, cara*... O que...

— Enzo, aconteceu alguma coisa com Carlo? — perguntou a caçula, não deixando-o falar.

— Por que essa pergunta?

— Porque essa noite não dormi direito, sonhando com ele, e agora pouco tive um mau pressentimento que me deixou toda arrepiada e meu coração disparou.

Lorenzo olhou para a esposa, que estava ouvindo, bem perto da orelha do marido.

— A velha conexão dos gêmeos, não é? — tentou brincar.

A irmã ficou em silêncio.

— Aconteceu, não é mesmo? Eu sabia, eu sabia — falava, com desespero na voz.

— *Cara*... calma. — pediu Lorenzo.

— O que aconteceu?

— Gioia, tenha calma. Carlo sofreu um acidente.

— De carro?

— Não, ele foi atropelado.

— Atropelado? Como?

— Infelizmente, tudo leva a crer que foi a mando de Mendonza.

— Mas esse infeliz não está preso?

— Tem muita gente devendo favores a ele aqui fora, *cara*.

— *Maledetto*! E como está meu irmão agora?

— Está no centro cirúrgico e é grave. Muito grave. Já teve uma parada cardíaca, mas conseguiram reanimá-lo. — explicou. — Temos que rezar muito.

— Estou indo para aí. Pegarei o próximo voo para NY. E *mamma*? E nossos irmãos?

— Ia começar a ligar agora. E *mamma*, não sabemos como contar a ela.

— Vamos deixar Aldo encarregado disso. — sugeriu a irmã caçula. — Ele sabe como fazê-lo.

— Helen também acha que devemos esperá-lo.

— Certo. Vou ligar para Robert, para avisá-lo. As meninas estão em Amsterdã, com algumas amigas. Viagem de férias. Eu só vou avisá-las. Agora são 15h30. Se eu conseguir pegar o próximo voo das 16h e não tiver atraso, deverei chegar lá pelas 19 horas, ok?

— Quer que Helen vá buscá-la no aeroporto?

— Se não for incômodo para ela, agradeço.

Lorenzo afastou o celular e perguntou à esposa.

— Imagina, claro que irei. — disse Helen.

— Obrigada, Enzo. Até a noite.

Lorenzo tinha acabado desligar, quando o celular de Klaus tocou.

— Com licença... — disse ele ao casal. Levantando-se, afastou-se um pouco, para atender.

Minutos depois, ele voltou a sentar-se.

— Era o capitão Carmone, perguntando se poderia vir até aqui, para que eu possa contar os detalhes.

— Vou deixar você encarregado dos policiais e da imprensa, que logo vai lotar à frente do hospital. *Sì?*

— Eu cuidarei disso, não se preocupe. Depois que Perkins cuidar dos procedimentos para a autópsia do corpo de Jon e avisar a família dele, ele virá para cá, para darmos proteção a vocês.

— *Grazie, caro.* Quanto à família do seu agente, diga que tudo ficará por nossa conta, ok? Afinal, ele morreu tentando salvar Carlo. Foi um herói. Meu irmão, com certeza, iria querer isso.

— Obrigado, senhor. Assim faremos.

— Agora vou avisar os meus irmãos.

E assim fez, afastando-se dali durante uma hora. Ficaram alarmados e todos iriam pegar o primeiro voo de suas cidades. Ele quis resumir, mas precisou explicar o que aconteceu e como aconteceu com mais detalhes.

Quando voltou a se sentar ao lado da esposa, ela o olhou interrogativamente.

— Ficaram assustados e preocupados. Aldo foi o que ficou mais desesperado, além de Gioia. Vão pegar o primeiro voo para NY.

A seguir, Lorenzo se encaminhou ao balcão da recepção, para pegar o pacote com os pertences do irmão. Assinou e voltou para o lado da esposa.

Cuidadosamente, ele virou o conteúdo no assento da cadeira vazia ao seu lado para conferir. Os óculos de leitura com uma lente quebrada, sua caneta Cartier intacta, presente de sua finada esposa, um molho de chaves, um pen-drive, a carteira com alguns dólares, os cartões de créditos e cartões de visita com endereço do novo escritório e uma passagem de avião. Era uma passagem para São Francisco. Lorenzo mostrou à esposa e deu meio sorriso. Helen apenas anuiu, tristemente.

— O que eu desconfiava. — disse Lorenzo baixinho.

Colocou tudo de volta no pacote e deu para Helen guardar na bolsa.

As horas iam se arrastando, e todos iam ficando cansados, apreensivos, pois há horas não tinham notícias de Carlo.

A pedido do senador Hayes, que estivera mais cedo com eles, toda família havia sido acomodada em uma sala especial muito confortável, com várias poltronas e dois sofás de quatro lugares, uma máquina de café e água.

Enquanto Klaus e Perkins ficavam do lado de fora, com olhos atentos a qualquer anormalidade na movimentação do pessoal do hospital, aguardando o final da cirurgia, no interior da sala, a família muito tensa estava na expectativa do estado clínico de Carlo.

Cristiano, Robert, Piero e Marco, em pé, conversavam num canto da sala, em murmúrios, enquanto Julia, Loretta, Lauren, Helen e Giorgia, sentadas juntas no sofá, falavam baixinho. Helen segurava carinhosamente a mão da gêmea de Carlo, que não escondia seu desespero. Os mais jovens espalhados pelas poltronas tentavam confortar com brincadeiras o primo Luigi, que estava muito acabrunhado, quieto e apreensivo.

De repente, Aldo, que estava sentado ao lado de Lorenzo, levantou-se e olhou para os irmãos.

— Eu não aguento mais essa espera. — falou alto. Loreta, sua esposa, o puxou pelo braço, para fazê-lo sentar-se novamente. — Eu preciso saber como está meu irmão, *cazzo!* — respondeu ele, assustando a todos com seu vozeirão zangado.

Lorenzo riu diante do palavrão que o irmão mais velho soltou.

— Quem fala palavrão aqui sou eu, mano. — chamou-lhe a atenção.

— Ao inferno com isso! Vou chamar uma enfermeira. — Aldo fulminou-o com o olhar, indo apertar a campainha.

Não demorou nem cinco minutos e a porta se abriu e uma jovem enfermeira entrou.

— Precisam de alguma coisa? — perguntou com gentileza.

— Sim. — respondeu firmemente Aldo. — Queremos notícias do nosso irmão. Faz horas que não temos notícia nenhuma.

— Desculpe, senhor, mas eu sou só a enfermeira que acabou de entrar de plantão. Não sei nada que venha do centro cirúrgico. Mas posso me informar com minha chefe, para os senhores. — disse e depois se retirou silenciosamente.

Nervoso, o primogênito de Carmela sentou-se novamente ao lado da esposa, que segurou-lhe a mão com carinho.

Quinze longos minutos depois, uma enfermeira de meia-idade, com cabelos grisalhos, recobertos pela touca, de origem latina, entrou e sorriu para os irmãos.

— Sou a enfermeira Suarez, desculpem a falta de notícias, mas é comum, quando uma cirurgia é muito longa e de alto risco, a demora de notícias para dar à família. — disse gentilmente. — Não se preocupem. Tudo está correndo bem, senão já saberíamos, certo? O cirurgião-chefe da equipe de médicos que estão operando o senhor Martinelli logo vem falar com vocês. Fiquem calmos, por favor. No andar de cima, temos uma capela. Se quiserem ir rezar...

Loreta olhou para as cunhadas que, em silêncio, estavam ouvindo tudo, fez um gesto com a cabeça e as convidou para irem até a capela.

Luigi, que se aproximara do tio, enquanto este falava com a enfermeira, também quis ir.

De repente, uma enfermeira chegou apressada até a porta aberta.

— Por favor, o saguão do hospital está cheio de repórteres, para saber o estado do promotor Martinelli. Não sei se serei capaz de segurá-los por mais tempo. Se alguns dos senhores quiserem ir até lá, por favor...

Lorenzo se levantou, mas Klaus se adiantou.

— Deixe conosco, senhor Lorenzo.

— Vocês fariam isso? — perguntou Aldo.

— Claro, senhor. Vamos acalmá-los.

— Diga que quando a cirurgia acabar, nós iremos até eles.

— Perfeitamente.

Foi difícil, mas Klaus e Perkins conseguiram driblar os repórteres. Na verdade os homens os intimidaram, com seu tamanho, postura e suas expressões faciais assustadoramente distantes.

O silêncio na sala era tenso.

A família e os amigos estavam numa torturante expectativa. Ed e Louise, os pais de Susan, Kevin e Maureen haviam chegado uma hora atrás, e Dothy, Brian e Krista tinham acabado de chegar. Klaus voltou para a porta de onde a família estava e Perkins ficou com os repórteres.

Louise ficou ao lado de Giorgia e Robert.

— Tentei avisar Susan, mas ela estava em reunião com clientes e pediu para que eu tornasse a ligar. Daqui a pouco vou ligar novamente. Acho que ela esqueceu.

— Já está em todos os noticiários, inclusive nos internacionais. As meninas acabaram de me ligar de Amsterdam desesperadas para saberem do tio. Susan certamente também verá. — respondeu a gêmea de Carlo, muito triste, com os olhos inchados de tanto chorar.

Se afastando da porta, Klaus chegou perto de Kevin e falou baixinho, num tom que só o advogado escutou.

— Dr. O' Brien, o amigo publicitário de vocês foi avisado?

— Ele estava no Canadá. Deixei uma mensagem de texto, para ele me ligar logo que chegasse ao país. Mas ele também já deve ter visto o noticiário ou a esposa dele em São Francisco.

Klaus anuiu e voltou à porta.

— *Dio*, eu não aguento essa espera! — gritou Giorgia, se afastando de Louise e do marido, indo até a porta, com as mãos na boca. — Por que ninguém diz nada? Já fazem mais de nove horas de cirurgia...

Robert então veio até a esposa e a puxou contra si, carinhosamente, afagando seus cabelos.

— Calma, meu amor. Se tivesse ocorrido algo grave, eles já tinham vindo até nós.

— O promotor Martinelli é muito forte, senhora Parker. Ele vai sair dessa — acrescentou Klaus, gentilmente, procurando acalmar a gêmea de Carlo.

— Vou ver se consigo alguma notícia. Se acalmem. — disse Ed, saindo da sala.

Minutos depois, ele retornava.

— Ao que parece, a cirurgia está quase no final. — anunciou o médico. — Me disseram que o cirurgião-chefe logo virá nos dar notícias.

Todos ficaram aliviados, menos Giórgia, que se deixava abraçar pelo marido, chorando baixinho. E então, de repente, a espera chegou ao fim.

O mesmo médico alto, encorpado, de cabelos claros mesclados com grisalhos, que viera conversar com Lorenzo e Klaus antes da cirurgia, entrou na sala, ainda vestindo avental verde e touca cirúrgica. Todos o olhavam com ansiedade, apreensão e expectativa. Se apresentou novamente, como Dr. Roger Gunther, o cirurgião-chefe da equipe que atendeu Carlo no centro cirúrgico.

Olhando no relógio, ele se sentou numa poltrona vaga e tirou a touca lentamente, passando as mãos pelo rosto corado. Era visível sua exaustão. Olhou para Cristiano e Aldo que se aproximaram dele e percebeu a ansiedade e preocupação dos irmãos.

— Não se preocupem. Ele saiu-se muito bem. — disse ele calmamente. — O senhor Martinelli conta com uma equipe de médicos especializados, do mais alto gabarito que fizeram de tudo para salvá-lo.

— Como ele está, doutor? Ele corre risco de vida? — perguntou Gioia, se aproximando do médico, de Cristiano e Aldo, que deram passagem a ela.

— Como já expliquei ao senhor Lorenzo mais cedo, ele teve traumas múltiplos no crânio, abdômen, tórax, bacia e membros inferiores. O seu estado de saúde atual é gravíssimo. — declarou o médico. — Quando teve uma parada cardíaca, pensamos que o tínhamos perdido, pois demorou a reagir.

— *Madonna mia!* — exclamou Aldo, assustado, sentando-se ao lado da esposa.

— Vou tentar explicar o que foi feito para salvar a vida dele. Ele apresentou fratura em três costelas, necessitando de dreno por sangramento interno. Teve fraturas de bacia e fêmur no lado direito, fratura da tíbia e fíbula na perna esquerda, além de traumatismo do colón descendente. Infelizmente, fomos obrigados a tirar o rim direito.

— Oh, não! — murmurou Giorgia.

— Isso não vai afetá-lo, senhora. Podemos conviver com um rim só, mas com alguns cuidados. Foi preciso transfusões de sangue. Muitas. Já usamos dez bolsas de sangue. Colocamos um dreno na cabeça, um dreno no tórax e um dreno vesical. Foi necessário uma colostomia. Tivemos que colocar pinos no fêmur e bacia, além da tíbia esquerda.

Estarrecidos com a gravidade dos ferimentos de Carlo, todos prestavam atenção nas palavras do médico, com muita preocupação.

— Quando poderemos vê-lo? — perguntou Piero, abraçado à esposa.

— Sinto muito, mas ele nem terá conhecimento da presença de vocês, pois ele está entubado e sedado. E assim ficará por algum tempo, para o bem dele. Mas não se preocupem, estaremos monitorando seu quadro clínico 24 horas.

— O senhor tem prognóstico de quando ele poderá ter alta? — perguntou Luigi, com a voz embargada.

O médico olhou para o jovem com compaixão e deu um sorriso cansado.

— Nenhum prognóstico, filho. Talvez ele precise de nova cirurgia em cinco ou sete dias no crânio, devido ao pequeno sangramento. Temos que corrigi-lo para que não afete o cérebro.

— Então ele ainda corre risco de vida?

O Dr. Gunther olhou para Aldo e afirmou com um lento gesto de cabeça.

— Sim, mas posso assegurar a vocês que ele está recebendo o melhor cuidado possível. Porém devido a seu estado atual é muito difícil fazer qualquer prognóstico. As próximas 48 horas serão críticas para entendermos se ele vai se recuperar, mas, mesmo que tenhamos muita sorte, devemos estar preparados para as possíveis sequelas.

— Sequelas? — repetiu Lorenzo, sem esconder o medo.

O médico correu os olhos em todos que estavam ali. Deu um longo suspiro e levantou-se.

— Elas não estão descartadas, senhor Martinelli. Mas vejo que ele tem uma família unida e muitos amigos. Isso é bom, pois ele vai precisar do apoio de todos vocês. Será necessária muita paciência, pois o tempo de cura será longo. E continuem rezando para que tudo dê certo. E se me permitem dizer, eu acho que vocês deveriam ir para casa e descansar. O paciente está em coma induzido e está numa UTI personalizada, com uma equipe médica de seis pessoas cuidando apenas dele. Está bem cuidado. Nós entraremos em contato, se houver alguma mudança no quadro. Poderão visitá-lo na UTI, nos horários estipulados pelo hospital, mas só poderão entrar duas pessoas de cada vez.

— Dr. Gunther, sou o guarda-costas dele e gostaria de ficar próximo da UTI, para a segurança do promotor.

O médico coçou a cabeça.

— Pois é. Soube que foi um atropelamento premeditado, não é? O tal Mendonza que o promotor colocou na cadeia. Vou conversar com o diretor assistente, para ver o que eu consigo. Por favor, me acompanhem senhores. — disse a Klaus e Perkins.

Tempos depois os dois guarda-costas voltaram com crachás e a permissão para ficarem de guarda, no corredor da UTI. Os dois iriam se revezar, durante todo o tempo que Carlo iria ficar no hospital.

Cansados e preocupados, os irmãos foram para casa, assim como os amigos. Aldo ficou encarregado de contar para a mãe que até então estava alheia ao que acontecera com Carlo.

Conforme o esperado, a reação de Carmela foi de desespero total. Louise, que se prontificou em estar presente enquanto Aldo lhe contava, teve que dar-lhe um calmante, tal como esperava. Foi quase impossível fazê-la entender que ele estava em coma induzido e não poderia receber visitas. Conseguiu dormir, quando o calmante que a vizinha lhe deu fez efeito. Os irmãos que não moravam em Nova Iorque se dividiram, juntos com seus filhos, entre a casa de Carlo, de Lorenzo e da mãe, para dormirem. Giorgia ficou cuidando do sono da mãe.

Enquanto isso em São Francisco, no apartamento de Susan, ela, Sarah e Arthur estavam conversando na sala de estar, tomando vinho, ouvindo Ed Sheeran e Dido.

O publicitário chegara por volta das 19h do Canadá e a esposa foi buscá-lo no aeroporto. Como já tinha combinado em comer uma pizza com a amiga em seu apartamento, ele acompanhou-a.

— E como estão as coisas com Carlo? — perguntou Arthur, em determinado momento.

O rosto da jovem se iluminou com um lindo sorriso de felicidade.

— Estamos bem, graças a Deus. Nos falamos hoje depois do almoço. Diz que ia me trazer uma surpresa. Carlo está ansioso para contar para a família e amigos sobre nós. Ele está vindo para nós combinarmos como faremos isso. — explicou Susan, sem esconder a alegria.

— Conheço esse italiano há mais de 20 anos e te digo com sinceridade, eu nunca o vi tão feliz como agora. Nem quando ele se casou com Kate. Você conhece a história deles...

— Sim, conheço.

— Pois é, então chegou a hora dele ser feliz, aliás, de vocês serem felizes! — exclamou Sarah, pegando a mão da amiga.

— E eu estou mui... — começou o publicitário. Nesse instante, o som do celular de Arthur que ele deixara sobre uma poltrona junto à mala interrompeu o que ele ia dizer.

Tirando o braço dos ombros da esposa, deu-lhe um beijo na testa, levantou-se e pegou o celular. Ao ver quem era, soletrou o nome do amigo, usando apenas os lábios, para as duas jovens que o olhavam na expectativa.

Susan aproveitou para ir até a cozinha buscar mais uns petiscos para degustarem com o vinho.

— Arthur... — disse a voz baixa de Kevin. — Você pode falar? Está sozinho ou com Sarah?

— Estou com Sarah no apartamento de Susan. — ao dizer isso, o publicitário olhou para a esposa com carinho e piscou. — Estamos tomando um vinho com ela.

O silêncio do outro lado da linha o intrigou.

— Fala, meu amigo. Aconteceu alguma coisa? — a preocupação já em sua voz, atraindo a atenção da esposa.

— Você viu os noticiários da tarde e da noite?

— Não. Dormi a viagem toda e só acordei aqui, quando vi minha ruivinha. — respondeu.

— As meninas viram?

Arthur fitou Sarah.

— Vocês viram algum noticiário de hoje à tarde e à noite? — perguntou a ela.

Intrigada, Susan apareceu na porta da cozinha, olhando para a amiga, inquisitivamente.

— Nem tivemos tempo hoje, pois tivemos reuniões o dia todo. — respondeu Sarah. — Por quê?

— Por quê? — o publicitário devolveu a pergunta à Kevin.

— Bem, a notícia não é muito boa. Susan vai precisar de vocês, principalmente da Sarah.

Nesse instante, Arthur empalideceu e se sentou, com os olhos azuis arregalados.

— Kevin, o que aconteceu? — perguntou temeroso com a resposta.

Resumindo o mais que pode, o irlandês contou ao amigo o que aconteceu com Carlo e acusando Mendonza. E, à medida que ia ouvindo, levantou-se, sentou-se de novo, muito pálido, olhando para a esposa, que também estava assustada. Susan voltara para a cozinha e se preparava para voltar a sala, quando ouviu Arthur.

— Cara, não acredito, no que você está me contando. Meu Deus! Mas como, se ele está... — lembrou ele. — Preso?

—Sim, mas tem muita gente devendo favores a ele fora do presídio. — completou Kevin, do outro lado. — O maldito tem tentáculos, em toda parte.

— O que aconteceu, amor? — perguntou Sarah, sem esconder a preocupação.

Ele olhou para Susan que já estava chegando à sala com mais um prato de petiscos que colocou na mesa de centro. A expressão séria e preocupada do amigo assustou a jovem que logo se sentou ao lado de Sarah.

Ele falou mais um pouco com Kevin e depois desligou, ficando com o aparelho na mão e olhando para as duas, sem saber o que dizer e como dizer, principalmente a Susan.

— Arthur, por que está me olhando dessa maneira? Está me deixando nervosa. O que aconteceu? — perguntou Susan.

— Eu também estou ficando nervosa, amor. O que aconteceu?

— Precisamos ir à Nova Iorque. — anunciou levantando-se e guardando o celular.

As duas se levantaram também.

— Nova Iorque? Agora? — Susan sentiu um frio na espinha.

— Sim. Agora. Vou telefonar para meu pai me enviar o jato da empresa, o mais rápido possível.

— Arthur, o que aconteceu? — perguntou Susan, segurando-lhe o braço.

O rapaz apenas a fitou em silêncio. Ele não sabia como dar-lhe a notícia.

Ao ver a compaixão nos olhos azuis do amigo, Susan sentiu o coração parar.

— Arthur? — perguntou com as mãos no peito. — É Carlo?

O rapaz não teve como negar e soltou a bomba.

— Carlo foi atropelado. E ao que parece pelos capangas de Mendonza.

Pálida, trêmula e incrédula, Susan como em câmera lenta foi caindo ao chão. O casal correu para acudir a amiga em tempo, mas não deu, Susan simplesmente desmaiou aos pés deles. Sarah correu buscar um copo de água, enquanto Arthur a erguia e a deitava no sofá. Minutos depois a jovem voltou a si, trêmula e se derramando em lágrimas.

— Oh, meu Deus... Oh, meu Deus... — repetia, abanando a cabeça de um lado para o outro, com as mãos no rosto. — Eu sempre temi que isso pudesse acontecer...

— Susan... — falou o publicitário com calma. — Ele está vivo. Se acalme. Levaram-no para o hospital. Saiu há poucos minutos do centro cirúrgico. O médico disse que é grave, mas tudo dependerá das próximas quarenta oito horas.

— Eu preciso vê-lo! Preciso vê-lo, por favor! Você me leva? — pediu, desesperada.

— Claro. Vou telefonar ao meu pai para mandar o jatinho da empresa. Quando chegar, o piloto me ligará. Mas vai demorar um pouco, Susan. São quase sete horas para chegar aqui e seis até chegarmos em Nova Iorque.

— Não! Tem que ser agora. Você não entende? Tem que ser agora!

Sarah correu para junto dela, tentando apaziguá-la.

— Querida, temos que ter paciência. Vamos aguardar o jato e iremos todos junto, ok? Ele está na UTI e bem cuidado, amiga. Não sei se poderemos vê-lo.

— Ele precisa de mim! — gritou ela, ignorando as palavras da amiga. — Preciso falar com Klaus. — lembrou ela, se levantando e correndo para o quarto, onde estava sua bolsa, procurando seu celular. Sarah a acompanhou.

Carlo tinha dado o número do guarda-costas, para uma emergência. E *agora era uma emergência, pensou,* enquanto discava.

— Klaus. — o vozeirão, do alemão, logo se fez ouvir.

— Klaus, como está ele? Está...

Klaus sentiu um aperto no coração ao reconhecer a voz desesperada de Susan.

— Senhorita Hamilton, seu estado é muito grave, pois está muito machucado. Mas está vivo e resistindo bem. Se acalme, por favor. Ele está com os melhores médicos.

— Eu estou indo para Nova Iorque com Arthur e Sarah. Preciso vê-lo.

— Ele está em coma induzido, senhorita. Não sei se...

— Você está no hospital? — perguntou, interrompendo-o.

— Sim. Não vou deixá-lo sem segurança alguma. O crápula pode tentar outra vez.

— Cuide dele, Klaus, por favor. — pediu chorando. — Cuide dele. Ele é a minha vida.

O guarda-costas se emocionou tanto com a confissão desesperada que sentiu um nó na garganta e os olhos úmidos. *Senhor, que esses dois possam ser felizes, algum dia! Força, meu patrão!*

— É o que nós estamos fazendo, senhorita. Eu e Perkins nos revezamos para que ele não fique desprotegido. Quanto a isso, fique tranquila.

Se despedindo e agradecendo, a jovem desligou o celular.

Com o celular na mão, olhou para o casal amigo, que estavam no quarto com ela, olhando-a demonstrando como estavam abatidos com a notícia.

— Arthur, por favor, não aguentarei esperar o jatinho de você. Eu quero ir logo para lá. Eu vou alugar um jato para me levar até Nova Iorque. Depois vocês vão me encontrar.

Sarah olhou para o marido com um pedido no olhar. Entendendo, o publicitário foi até Susan e a pegou pelos ombros.

— Está bem. Eu vou alugar um jato daqui e iremos todos juntos. Vou ligar para cancelar o jato da empresa, está bem assim?

Com as lágrimas escorrendo pelo lindo rosto, a jovem pegou na mão dele e na mão da amiga.

— Obrigada, meus queridos.

Foram as últimas palavras da jovem, antes de se recolher num silêncio profundo.

Duas horas depois, estavam a caminho de Nova Iorque num jato particular alugado por Arthur. Susan, desde que entrara no avião, permaneceu em silêncio. Apenas as lágrimas e as mãos entrelaçadas fortemente demonstravam seu estado emocional. Arthur e Sarah procuraram deixá-la o mais confortável possível e tentando distraí-la com conversas. Mas tudo em vão. Parecia que ela estava em outra dimensão.

Sarah olhou para o marido e balançou a cabeça tristemente, com olhos marejados. Arthur puxou a esposa para junto dele e beijou carinhosamente o topo da cabeça dela.

— Vamos deixá-la com sua dor, querida. Nada podemos fazer. — murmurou em seus cabelos.

E assim foi, durante toda a viagem. Ainda era madrugada, quando aterrissaram. Arthur havia ligado para Klaus e soube que não poderiam fazer visitas àquela hora. O publicitário, então, ligou para seu motorista vir buscá-lo.

— Susan, vamos levá-la para casa. Amanhã você poderá ir ao hospital com sua mãe.

Ela pareceu acordar do transe.

— Não! Mamãe não sabe do nosso relacionamento e não terei condições de explicar-lhe tudo agora. Posso ir com vocês?

Arthur olhou para a esposa e anuiu.

— Você vai conosco para o nosso apartamento, está bem assim? — avisou o publicitário. — Podemos descansar um pouco, tomar um bom café, antes de ir para o hospital. Está bom assim, Susan?

A jovem estava com o olhar perdido novamente e nem ouviu o amigo falar.

— Susan? — chamou Sarah. — Ouviu o que Arthur falou?

Lentamente, ela olhou para a amiga e negou com a cabeça. Arthur repetiu e então ela anuiu e deixou-se levar pelos amigos e colocá-la no carro.

Susan continuou apática, no apartamento dos amigos. Sarah estava desesperada em ver a amiga naquele estado.

— Não quis comer nada e não disse uma palavra, desde que chegamos. — queixava-se a ruivinha ao marido.

— Ela está em estado de choque, minha querida.

— Estou quase chamando a mãe dela. Sendo médica, ela saberia como proceder nessa apatia de Susan.

O publicitário ponderou por uns minutos.

— Será que podemos fazer isso? Ela disse que sua família não sabe nada sobre o rela...

— É a única coisa que vai fazê-la despertar desse estado de apatia! — interrompeu Sarah, quase chorando. — Eu não suporto vê-la nesse estado!

A jovem ruiva agarrou-se no marido e se pôs a chorar.

— Estou tão preocupada com ela. Pobrezinha... ela estava tão feliz... Eles, estavam felizes...

Arthur abraçou-a e beijou-lhe os cabelos, num longo suspiro. Afastou a jovem esposa, para poder olhá-la nos olhos.

— Então ligue para a doutora Hamilton. E seja o que Deus quiser. — decidiu-se, pelos dois.

Sarah, então, ligou para Louise. Sem dar muitos detalhes, só disse que Susan não estava bem e que precisava dela como médica e como mãe.

Após dar o endereço, a jovem desligou e olhou para a amiga, que continuava prostrada, encolhida no *chaise*. Voltando o olhar para Arthur, ele interrogou-a com os olhos e um gesto de cabeça.

— Ficou assustada e disse que estará aqui o mais breve possível. Quis que ela soubesse o *"por que"*, aqui.

Arthur concordou com ela.

Sarah tentou ,mais uma vez, fazer a amiga comer um pouco, mas nada conseguiu a não ser um balançar de cabeça, negando.

Sentados no sofá em frente à amiga, o casal ficou à espera de Louise. Sarah chorava silenciosamente, com a cabeça encostada no ombro atlético do marido.

— Calma, meu amor. Tudo vai dar certo, você verá. Vamos esperar a mãe dela.

Uma hora depois se assustaram com a campainha da porta. Susan nem deu sinal de ter ouvido.

Sarah foi abrir a porta e ficou em frente de uma Louise assustada, preocupada. Totalmente fora do seu padrão de elegância, viu que ela se arrumara às pressas.

— Doutora Louise, entre... — disse a jovem se afastando para deixar a médica passar.

— O que aconteceu Sarah? Por que Susan está aqui?

— Calma, senhora Hamilton... — disse Arthur que viera atrás da esposa. — Vamos lhe explicar isso. Mas depois que a senhora medicá-la. O resto a senhora vai ter que perguntar a ela.

Louise arregalou os olhos.

— Deus, o que aconteceu? Onde ela está?

— Por aqui, senhora. — respondeu Arthur, mostrando-lhe o caminho.

Quando chegou a sala e viu o estado da filha, totalmente alheia ao que passava ao seu redor, olhar perdido no nada, sem dar conta da sua entrada na sala.

Num salto, estava sentada ao lado da filha, abraçando-a pelos ombros.

— Susan, o que foi, querida? O que aconteceu?

Ao ver nenhuma reação por parte da filha, Louise se ajoelhou à sua frente, pegando-a pelos ombros e sacudindo-os suavemente.

— Filha, olhe pra mamãe. O que foi, meu amor? O que a deixou nesse estado? — olhou para o casal, ao fazer a última pergunta.

— Ela soube o que aconteceu a Carlo, desmaiou, teve uma reação desesperada, dizendo que precisava vir para cá, pois ele precisava dela. Pediu-nos para trazê-la, e desde então... Nada. Ela não reage, não come, não fala! Fiquei preocupada e resolvi chamá-la, desculpe o horário.

— Não tem o que se desculpar. Fez bem. Obrigada, querida. Mas não entendo... Certo que existe um carinho antigo entre eles, mas... Para ela ficar assim... Eles pouco se veem...

Enquanto falava com Sarah, Susan virou a cabeça lentamente e olhou para a mãe. Uma lágrima silenciosa descia pela face.

Voltando a atenção para a filha, sacudiu-a mais uma vez.

— Susan, por favor, minha filha, reaja. Olhe pra mim. — disse interrompendo o caminho da lágrima solitária, com seu dedo indicador.

Pela primeira vez, desde que chegaram ali, Sarah viu uma pequena reação da amiga.

Olhando firme para os olhos da mãe ela piscou, e Sarah suspirou de alívio. Enfim, estava voltando a perceber o mundo ao seu redor. E, então, viu a amiga desabar de vez, deixando vir à tona toda a dor e as lágrimas reprimidas, desde que soube do acontecido.

— Ma... mãe... ma... mãe... mamãe... Oh mamãe... — foram as primeiras palavras dela entrecortadas pelos soluços, depois de horas e hora de silêncio.

Agarrou-se no pescoço da mãe e deixou-se levar pelo desespero, soluçando sem parar, assustando Louise.

— O que aconteceu, minha filha? — perguntou a médica com voz suave, como se estivesse falando com uma criança, e passando a mão carinhosamente nos cabelos alvoroçados da jovem.

Arregalando os lindos olhos para a mãe, foi como se de fato, naquela hora, descobrisse que sua mãe estava ali.

Louise sentiu um aperto no coração.

— Susan, não precisa ficar assim, minha filha. Seu amigo está bem, enfrentou uma longa cirurgia em que tudo correu bem e agora está em coma induzido, para o bem dele. Seu estado de saúde é delicado, muito grave, mas estamos muito otimistas, pois Carlo é forte. Viu? Está tudo bem com ele.

A jovem simplesmente continuou a soluçar, encostando o rosto no ombro da mãe.

Louise continuou abraçando a filha, que soluçava copiosamente, sem saber o que fazer ou dizer para confortá-la.

— Ele precisa viver, mamãe! Precisa viver! — dizia entre um soluço e outro, deixando a mãe confusa. — Oh, mamãe... Se ele morrer... Se ele morrer... eu não... saberei viver sem ele.

Em desespero a jovem chorava e agarrava-se fortemente a mãe.

— Susan, o que está dizendo, filha? Não precisa ficar desse jeito, por causa de seu amigo. Tudo está bem. — falou Louise sem entender a reação desesperada da filha.

— Oh, mamãe... Estávamos tão felizes... ele estava tão alegre... Deus não pode tirá-lo de mim agora. Oh, meu Deus, não permita que aconteça, o...

Cada vez mais confusa, Louise, franzindo a testa, acariciava os cabelos da filha, enquanto esta continuava a soluçar cada vez mais alto.

Por cima da cabeça de Susan, a médica olhou para Sarah e o marido, sem entender nada, com um olhar interrogador.

Sarah e Arthur permaneceram em silêncio, desviando o alhar da médica. A médica notou um certo constrangimento por parte deles.

Gentilmente, procurou afastar a filha, segurando-a firmemente pelos ombros e muito séria.

— Não estou entendendo nada, filha. Por que esse desespero desenfreado? Como não saberá viver sem ele? O que quer dizer com isso? — Louise sentiu o sangue gelar em suas veias.

Mesmo aos prantos, Susan desviou o olhar, causando estranheza à mãe. Ela nunca fizera isso.

— Susan? — A jovem negou-se a olhar para a mãe.

Louise ficou tensa e desconfiada.

Gentil, mas firmemente, a médica pegou em seu queixo, fazendo com que a jovem a olhasse nos olhos.

— O que existe entre você e Carlo, Susan? — perguntou a mãe, desconfiada.

A jovem só chorava, deixando a mãe cada vez mais tensa e preocupada.

A médica olhou para o casal que continuava em silêncio, no outro sofá. Ambos desviaram o olhar, deixando-a mais preocupada ainda.

— Ah, não... não pode se... Susan, por favor, não é o que estou pensando... É?

A jovem olhou para a mãe com o rosto lavado em lágrimas.

— Mamãe, por favor, agora não é o mo...

— Pelo amor de Deus, menina, me diga o que há entre vocês dois? — perguntou a mãe, interrompendo-a.

Susan fitou a mãe, em silêncio por uns momentos com o rosto banhado em lágrimas.

— Susan, eu lhe fiz uma pergunta. — Louise estava tensa.

— Nós... nós... nos amamos, mamãe. — confessou, pegando um lenço de papel que Sarah lhe entendera. — Ele não é só meu amigo, ele é o meu amor, meu amante...

Louise ficou estática e pálida.

— Não... não acredito. Diga que não é verdade isso que está me dizendo. — Louise se levantou num ímpeto, assustando os três jovens, colocando as mãos na boca e meneando a cabeça.

— Deus do céu... — murmurava, ficando de costas para a filha. — Deus do céu, quer dizer que vocês dois tra...

— Não! — gritou a jovem, levantando-se também. — Não. Não. E não! Nós nunca... — a jovem refreou-se a tempo de dizer que nunca traíram Kate. Na verdade, eles haviam traído Kate e ela também havia traído Carlo, mas isso não justificava o que haviam feito.

— Susan, por favor, me diga que vocês não traíram Kate... — disse Louise se virando para a filha, tão pálida que chegou a assustá-la. — Não posso aceitar isso de vocês. Você e... e Carlo? Carlo?

A jovem fitou a mãe, mais calma, porém ainda em lágrimas.

Meu Deus, me perdoe, mas não posso decepcionar minha mãe, contando a ela toda a verdade. Ela nunca me perdoaria. Nos perdoaria. E Carlo... Carlo não está presente nesse momento. Perdão, Senhor!

— Não, mãe. Nós só começamos a namorar há pouco tempo. Sabíamos que havia algo mais que amizade entre nós, porém nunca passamos da troca de olhares e um beijo, enquanto Kate era viva.

— Um beijo? E Katherine era viva. *Isso é uma traição,* Susan. — retrucou a médica inconformada. — Como vocês puderam... Como Carlo pode... Eu nunca esperava isso dele!

— Mamãe, somos livres e desimpedidos! E adultos, sim? — defendeu-se. — Aconteceu. Simplesmente aconteceu. Nós nos amamos muito e pretendemos nos casar num futuro próximo. *Isso se Deus não o tirar de mim.* E ele queria falar com vocês. Eu que não permiti, achando que ainda era cedo.

— Meu Deus, seu pai terá um infarto. E *mamma* Carmela? Oh, meu Deus, Susan, o que ela vai pensar?

Ou vai nos condenar ou aceitará de coração aberto. Susan se permitiu pensar que a idosa ficaria feliz.

— Vocês sabiam disso? — perguntou, virando-se de repente, fitou o casal, com um olhar acusador, que continuava assistindo a conversa, em silêncio. — Sarah?

A jovem ruiva ficou vermelha, mas encarou a mãe da amiga, para responder.

— Sim, senhora Hamilton. Nós sabíamos, mas era um segredo deles e não cabia a nós dizer alguma coisa. Mas lhe garanto que foi bem depois da morte de Kate. Sarah também foi obrigada a omitir detalhes, a fim de não trair a amiga.

Louise sentiu lágrimas em seus olhos ao tornar fitar a filha.

— Mãe, foi mais forte que nós. Não nos condene... — pediu a filha, recomeçando a chorar, cobrindo o rosto com as mãos. — E agora... agora aconteceu isso. E se eu o perder? Mãe, eu morrerei junto. Ele é o amor da minha vida.

Louise fitou a filha em silêncio por vários minutos, sentindo seu coração de mãe clamar por compaixão. Susan precisava dela e ela fazendo sermões enquanto Carlo estava entre a vida e a morte naquela UTI. A filha precisava do conforto de seu abraço e não de puxões de orelhas, numa hora dessas, mesmo que a descoberta de que Susan e Carlo estavam juntos a deixara nocauteada. Nunca lhe passara pela cabeça algo assim entre os dois. Em sua cabeça, Susan ainda era a garotinha que ele carregara no colo.

Em dado momento, Sarah fez menção de ir abraçar a amiga, mas Arthur impediu-a, para sussurrar-lhe ao ouvido.

— Vamos deixá-las a sós. Agora é o momento delas se entenderem. Já demos nosso apoio à Susan ficando aqui, mas, agora, não podemos fazer mais nada. — concluiu puxando-a pela mão. Sarah percebeu que as duas nem notaram a saída deles.

Susan tirou as mãos do rosto e olhou para a mãe que ainda estava em silêncio, resistindo ao apelo de seu coração de mãe.

— O que vou fazer, mãe, se ele... Se ele morrer, eu morro também mãe.

— Não diga isso! — exclamou a médica, chegando perto da filha e abraçando-a. — Ele vai ficar bem, você vai ver. Vamos ter fé.

Louise afastou-a um pouco, para limpar-lhe as lágrimas que escorriam sem parar.

— Venha, deite-se um pouco. Vou dar-lhe algo para comer e um relaxante para dormir. Você está exausta querida. — observou.

Dizendo isso a mãe levou-a até o sofá e deitou-a, como se ela ainda fosse a garotinha que colocava na cama todas as noites.

— Sarah! — chamou a médica.

Num instante a jovem apareceu na sala, junto com Arthur.

— Poderia me arranjar uma manta. E tem algo que ela possa comer? Vou dar-lhe um calmante, mas quero que ela coma algo antes.

Enquanto Arthur voltou ao quarto para pegar uma manta, Sarah foi até a cozinha requentar a comida que a amiga rejeitara horas atrás.

Em minutos, Susan foi obrigada a comer pela mãe.

— Não tenho fome. Não quero comer nada. — reclamou, antes de Sarah trazer a comida.

Forçando-se a comer por insistência da mãe, e da amiga, Susan comeu menos da metade e deitou-se. Louise estendeu o prato a Sarah.

— Obrigada, querida. — agradeceu.

Em seguida deu um calmante para a filha. Em poucos minutos, ela adormeceu sob o olhar vigilante da mãe. Quando Sarah voltou da cozinha, depois de colocar a louça na lava-louça, a amiga estava dormindo e Louise acariciava-lhe os cabelos com carinho.

— Ela está bem? — quis saber a ruivinha.

— Sim. Dei um calmante que a fará dormir por horas. Ela está muito tensa e cansada.

— Ela pode dormir aqui? — perguntou à dona da casa.

— Claro. Arthur já tinha dito a ela.

— Amanhã cedo eu venho buscá-la, certo?

— Como a senhora quiser. — disse Arthur. — Pode ir sossegada que nós cuidamos dela.

— Obrigada. Qualquer coisa, me chamem, ok?

— Não se preocupe. Faremos isso.

A médica abraçou-os e pegou a bolsa, se preparando para ir embora. Sarah abriu-lhe a porta. Louise deu uma parada no umbral e olhou para Arthur e depois para Sarah.

— Obrigada por cuidarem dela até aqui. Você é muito querida, Sarah. E uma amiga leal. Obrigada mais uma vez. — agradeceu, passando a mão carinhosamente no rosto da ruivinha e saiu.

Susan acordou no meio da noite e percebeu que não estava em sua cama. Estava deitada num sofá. Demorou para concatenar as ideias e se dar conta de que estava no apartamento de Sarah e por que estava ali. Ficou olhando para as luzes da rua, que entravam pela grande janela. Sentia a boca seca e as pálpebras pesadas.

Ao ouvir uma sirene, começou a chorar mansinho, ao lembrar que Carlo estava entre a vida e a morte numa UTI. *Carlo, amor da minha vida, não me deixe... Oh, meu Deus, estou tão cansada...*

Aos poucos as pálpebras foram se fechando e ela sentia-se totalmente entorpecida *O que sua mãe lhe deu?*

Louise dera-lhe uma medicação forte, dado o estado emocional da filha.

Quando Susan acordou na manhã seguinte, sentiu um cheiro de café agradável. Estava se preparando para se levantar, quando Sarah veio da cozinha com uma xícara de café e um prato com torradas e ovos mexidos.

— Como está se sentindo, Su? — perguntou colocando a xícara e o prato na mesa de centro.

— Um pouco zonza, mas consegui dormir. — disse passando as mãos pelos cabelos revoltos. — Mamãe me deu uma bomba, ao que parece.

Sarah riu.

— Ela disse que você precisava dormir e relaxar.

— Que horas são?

— Huumm... Mais de oito horas. Arthur saiu, faz tempo. Tinha uma reunião às nove, mas antes ia dar uma passada no hospital, para ter notícias de Carlo.

— Está tudo bem? — perguntou assustada. — Alguém te...

— Ninguém nos telefonou, então deve estar tudo bem. — interrompeu a amiga. — Quer tomar um banho? Já preparei o banheiro do quarto de hóspede. Coloquei suas coisas lá. Okay? Vou colocar a louça para lavar, enquanto esperamos sua mãe.

Cambaleante, Susan se dirigiu ao quarto de hóspedes indicado pela amiga. Quando saiu do banheiro, Sarah encontrava-se sentada na cama com o celular na mão.

— Sua mãe se atrasou um pouco, pois teve um chamado da clínica. Vai chegar para te buscar mais ou menos às 10h30.

Susan anuiu e começou a procurar uma muda de roupa na pequena mala queSarah colocara sobre a cama. Em minutos estava totalmente vestida.

— Você não tem que sair, Sarah? Não estou lhe prendendo aqui?

— Claro que não, sua boba. Vou me encontrar com Arthur para almoçar. Sabe de uma coisa, vou aproveitar e tomar um banho rápido, antes que sua mãe chegue.

E dizendo isso, Sarah correu para a suíte master que dividia com Arthur. Susan aproveitou para arrumar os cabelos e passar rapidamente o rímel e o gloss. Depois se aproximou da janela e ficou observando a linda paisagem do Central Parque, coberto de neve.

Só percebeu que Sarah havia esquecido seu celular sobre a cama, quando ouviu o som de mensagem de texto chegando. Pegou-o para levar até o quarto da amiga, quando sem querer leu a mensagem de Arthur.

Amor, acabei de sair do hospital.

Carlo teve outra parada cardíaca durante a madrugada e os médicos estão preocupados com sua pressão arterial. Está muito baixa.

A.

A jovem sentiu-se gelar e teve que se sentar rápido, pois sentiu uma tontura. *Carlo, oh, meu pobre amor...*

Colocou as mãos na boca e sentiu os olhos umedecerem. Sem pensar correu para a sala, vestiu o casaco, pegou a bolsa e saiu do apartamento. Depois ligaria para Sarah.

Com sorte, encontrou um táxi disponível nas imediações do apartamento dos amigos.

Menos de 40 minutos estava entrando no hospital.

Passou pela enfermeira da recepção feito um foguete e foi até o elevador.

— Senhorita! Não pode entrar sem se identificar! — Por favor, senhorita, volte aqui. — dizia a enfermeira correndo atrás de Susan.

Ao perceber que o elevador estava demorando muito, Susan foi para as escadas e começou a subir, com a voz irritada da enfermeira atrás dela.

— Senhorita, vou chamar os seguranças...

Sem lhe dar ouvidos, a jovem subiu mais dois andares e daí resolveu pegar o elevador para subir o restante de andares.

Ao chegar no andar da UTI, onde estava Carlo, ela saiu em disparada do elevador, seus saltos da bota fazendo eco pelo corredor vazio.

Ao ler as indicativas da UTI, ela virou para o lado direito e seguiu em frente. Enfermeiros, médicos e macas transitavam normalmente. Com a visão embaçada pelas lágrimas presas, ela conseguiu ver a figura alta e imponente de Klaus, que se despedia de um senhor de altura média e de terno escuro, com mais dois homens, altos como Klaus, também vestidos em ternos. Ao cruzarem com Susan, ficaram olhando-a curiosamente, chegando a acompanhá-la com os olhos, enquanto ela seguia em direção a Klaus. Afinal, ela estava chorando.

O guarda-costas demorou um pouco para percebê-la vindo em sua direção. Levantando-se da cadeira em que acabara de sentar-se, ele ficou esperando-a. Ao ver o estado emocional da jovem, seus olhos claros se cobriram de compaixão. *Ali estava uma mulher apaixonada e desesperada.*

Sem pensar, a jovem jogou-se nos braços longos e fortes do alemão, surpreendendo-o.

— Senhorita, o que faz aqui?

— Klaus, como ele está? Ele... ele...

— Agora está bem, mas não passou bem a noite.

— Preciso vê-lo, Klaus... Por favor, por favor... — implorava a jovem, segurando nas lapelas do paletó do guarda-costas.

— Acalme-se, senhorita. Seu estado de saúde se estabilizou, agora pela manhã. O senhor Lorenzo e a senhora Parker estão com ele, nesse instante.

— Klaus, eu preciso vê-lo... Ah, Klaus... — finalmente as lágrimas se soltaram e corriam em profusão pelas lindas faces.

Nesse momento, uma enfermeira e dois seguranças do hospital apareceram no corredor, andando ligeiramente se dirigindo a eles. Klaus franziu o cenho, intrigado, mas, desconfiando do motivo, protegeu mais a jovem em seus braços musculosos.

Ouviu quando a enfermeira disse baixo "É essa".

— Bom dia, senhor. Conhece essa senhorita? — perguntou um deles.

— Sim. É namorada do paciente. — respondeu o alemão firmemente.

— Ela descumpriu a regra do hospital, não se identificando com a enfermeira Lazzy.

Klaus sentiu que a jovem estava soluçando baixinho.

Klaus a afastou e gentilmente ajudou-a a sentar-se na cadeira em que estava sentado, minutos antes.

Com um gesto, afastou-se e fez com que os seguranças e a enfermeira o seguissem.

Em poucas palavras explicou que a jovem estava tão transtornada emocionalmente que nem percebeu que quebrara uma regra rígida do hospital. Pedia-lhes que a perdoassem pelo deslize e que a deixassem ficar ali com ele, por umas horas, até alguém vir buscá-la.

Após alguns minutos, os três funcionários se deixaram convencer e foram embora.

— Obrigada, Klaus. — agradeceu a jovem, limpando as lágrimas com as mãos.

— O senhor Lorenzo e a senhora Parker já estão para sair — disse olhando para o relógio.

A jovem olhou para o guarda-costas com os olhos escorrendo lágrimas sentidas.

Minutos depois, Lorenzo e Giorgia saíram da UTI acompanhados da enfermeira chefe da UTI.

Susan levantou-se e os dois irmãos se surpreenderam com a presença dela.

— Susan, o que faz aqui, minha querida? — perguntou a gêmea de Carlo.

— Me desculpem, mas preciso vê-lo com meus próprios olhos. — respondeu a jovem, se aproximando dos irmãos. — Por favor...

Os irmãos se entreolharam e depois olharam para a enfermeira.

— Sinto muito, mas a regra é... — respondeu a enfermeira aos olhares indagadores dos dois irmãos.

Nesse meio tempo, Louise preocupada apareceu no corredor e caminhava apressadamente ao encontro deles.

— Susan, minha filha, por que não esperou para vir comigo e Sarah? — disse a médica ao se aproximar. — Desculpem... Ela não deveria estar aqui. Como está Carlo?

— Depois do susto da madrugada, seu estado de saúde se estabilizou. Mas ainda inspira cuidados. — respondeu Lorenzo.

Giorgia abraçava Susan.

— Ela quer ver Carlo. — informou à médica.

— Oh, Susan, não pode. São permitidos somente os familiares, minha filha.

— Vocês não estão entendendo. — disparou a jovem. muito nervosa. — Eu preciso vê-lo. Por favor... — implorou olhando para Lorenzo.

Este virou-se para a enfermeira que assistia a cena.

— Eu dou a autorização, se necessário para que ela possa entrar. — disse Lorenzo.

Klaus resolveu ir buscar um café para dar mais privacidade ao grupo.

— Sinto muito, mas são ordens restritas. — respondeu a enfermeira, penalizada com o estado da jovem. — Ela é parente?

— Não. — respondeu Louise. — É... a... a...

— Ela é a namorada do meu irmão. — respondeu Lorenzo, surpreendendo as três mulheres. — E talvez fosse bom para ele ouvir a voz dela.

Agradecida, Susan abraçou Lorenzo e deu-lhe um beijo nas bochechas.

A enfermeira ponderou por uns instantes e aquiesceu. Olhando para a jovem, viu desespero, amor e angústia naqueles olhos verdes. E se lembrou de vários casos em que uma voz afetuosa de alguém que tinha laços fortes com o paciente ajudava na recuperação.

Valia a pena quebrar uma regra antiga e permitir que a jovem entrasse na UTI. O amor sempre vencia.

— Se os senhores permitem, então... — disse, abrindo a porta e fazendo sinal para Susan antecedê-la.

— Lorenzo, tem certeza? — questionou Louise, um tanto constrangida, ao perceber que os dois irmãos sabiam do relacionamento da filha com o irmão deles.

Ambos olharam para Louise, determinados.

— Quem sabe, é o que realmente Carlo precisa para voltar à vida. — respondeu Giorgia, emocionada. — Um incentivo por parte da mulher amada. É o que ele precisa.

Lorenzo anuiu, concordando com a irmã.

— Ninguém melhor do que sua *bambina* para fazer-lhe bem. — ressaltou Lorenzo, pousando uma das mãos nos ombros tensos da médica.

Tão logo a jovem entrou, Louise olhou para os irmãos, sem saber o que dizer.

— Vocês, vocês... sabiam que os dois... que eles... — balbuciou ela.

Giorgia sorriu.

— Eu sabia, mas não pensei que ele também soubesse. — disse, apontando com a cabeça o irmão.

— Eu desconfiava, mas não tinha certeza. — respondeu Lorenzo sorrindo.

— Meu Deus, para mim foi um choque e uma surpresa muito grande. — confessou a médica. — Nunca me passou pela cabeça a ideia de um relacionamento dessa natureza entre eles. Mas estou preocupada com a reação de Ed ao saber. E a de *mamma* Carmela... E seus irmãos, então?

Giorgia abraçou afetuosamente a amiga.

— Acalme-se. Nada poderão fazer, Louise, se os dois se amam. E isso só interessa aos dois, certo? E deixe para se preocupar depois. — ressaltou a gêmea de Carlo.

Louise apenas anuiu, com a preocupação ainda em seus olhos tão verdes quanto aos da filha.

Nesse momento, Klaus voltou com um copo de café para cada um, os quais agradeceram.

A enfermeira acompanhou Susan até o box de Carlo e fez um sinal para ela.

— É aqui. Espero que sua voz o ajude a reagir, minha querida. Dez minutos, ok?

A jovem limpou uma lágrima solitária com o dedo e anuiu, entrando no compartimento.

Não estava preparada para o que viu e estacou vacilante. Percebendo sua reação, a enfermeira aproximou-se.

— Não se assuste com os fios e com a aparência dele. É normal, diante dos ferimentos que sofreu. Agora ele está bem, apesar de ainda inspirar cuidados. Fale com ele. — incentivou a enfermeira, com as mãos em seus ombros, empurrando suavemente.

Aliviada e incentivada pela profissional, Susan se aproximou lentamente e se sentou na cadeira que a enfermeira colocou ao lado da cama de Carlo. Depois de olhar por uns minutos para a jovem angustiada, ela afastou-se, deixando-a só.

Com o coração apertado e condoída pelos ferimentos visíveis no corpo do amado, seu olhar correu o corpo machucado de Carlo da cabeça, que estava raspada com uma atadura, aos pés. Ele estava ligado a muitos tubos, fios e máquinas, cujos sons transmitiam apreensão à Susan em volta do corpo pálido e inerte dele sobre um lençol branco, trajando a horrível camisola do hospital. O lindo rosto estava com hematomas e pequenos cortes cobertos por uma proteção transparente que havia sido costurada pelas mãos de um cirurgião plástico com certeza, dada a perfeição dos pontos. Os olhos fechados ressaltavam os lindos cílios dos Martinelli e a pele bronzeada um tanto descorada pela palidez.

Sentiu pena ao examinar os lábios machucados que beijara com tanta paixão há pouco tempo. E ficou chocada ao ver as ataduras e pequenos vestígios de sangue, naquele corpo másculo, que amava sentir sobre o seu... Ao olhar as mãos fortes de dedos longos e suaves, que passearam por seu corpo com volúpia, levando-a a atingir a plenitude do prazer, machucadas, deixou escapar um soluço baixo, meneando a cabeça, inconformada com o que acontecera a ele. Levada pelo desespero do amor que sentia por aquele homem, ela se levantou e inclinou-se sobre ele, para beijar-lhe a testa, os olhos, as bochechas e os lábios, de uma maneira sutil e suave, com medo de machucá-lo.

— Te amo... Oh, Carlo... O que fizeram com você, meu amor? — sussurrou, sentando-se novamente e pegando na mão que não estava ligada a tubos e fios e assustou-se ao senti-la muito gelada. Apertou-a com carinho.

Lágrimas silenciosas rolavam pela linda face, incontrolavelmente. Com voz sussurrada em meio aos sons das máquinas que o ligavam à vida, começou a conversar calmamente, como se, assim, ele pudesse ouvi-la.

— *Amore mio*, você precisa reagir. Eu preciso de você. Não pode me deixar... Precisamos viver juntos tudo que planejamos... no último... no nosso último... último...

A voz suave falhou movida pela emoção que sentia. Calando-se por um momento, até recuperar o controle, ela abaixou-se e beijou os dedos esfolados, um a um ternamente.

— Preciso de você na minha vida, no meu mundo. Você é o ar que respiro, o sol que me aquece, que me ilumina... Levantou a mão dele até o rosto e apertou-a. Não resistindo, levantou e inclinou-se novamente sobre ele, beijando-lhe os lábios feridos e machucados, com suavidade.

— *Ti amo* mais que a própria vida. E precisa me ajudar a enfrentar a família. Mamãe já sabe sobre nós e não foi fácil. E sabe o que descobri? Que Lorenzo também já sabe. Foram eles, Lorenzo e Giorgia, quem permitiram que eu entrasse para te ver. Não sei se poderei voltar aqui, mas estarei com você em pensamento todos os dias e noites. Esperarei o que for necessário na sua recuperação. Ficarei te esperando, *amore mio.*

E entre lágrimas, lembrou-se da música deles *"Ti voglio tanto bene" e* começou a cantá-la, sussurrando-a.

— *Dimmi... Che l'amore tuo no muore... É come il sole d'oro... non muore mai più... Dimmi... Che non me sai ingannare... Che il sogno mio d'amore... Per sempre sei tu... Oh Caro... Ti voglio tanto bene... No non nessuno al mondo...Più cara di te...*

Acariciou lentamente o rosto amado e traçou -lhe a sobrancelha que não tinha ferimento, com o indicador, de forma lenta e amorosamente, enquanto continuava a cantar baixinho a música. As lágrimas continuavam a correr pelas faces, principalmente quando lembrou que ele lhe cantara, semanas atrás, depois que fizeram amor no último encontro.

Deitou a cabeça sobre a mão que segurava, ficou em silêncio, sentindo-o apenas por vários minutos. Assustou-se, quando sentiu o toque gentil em seu ombro. Ergueu a cabeça e viu a enfermeira, sorrindo-lhe gentilmente.

— Dez minutos, querida. Agora precisa sair.

Susan enxugou a umidade das lágrimas no rosto e levantou-se.

— Sim. Obrigada. — virando novamente para Carlo, apertou sua mão e beijou-lhe a testa carinhosamente.

— *Ciao, amore mio. Ti amo.* — murmurou em seu ouvido. Ainda tentando enxugar o rosto molhado, ela acompanhou a enfermeira, que abriu-lhe a porta e despediu-se com um sorriso simpático.

— Ele te ouviu. — disse ela num sussurro que só ela ouviu.

Do lado de fora, Klaus e Giorgia lhe esperavam com olhares de compaixão. Louise e Lorenzo já haviam partido para seus compromissos profissionais.

— E então, querida, está mais tranquila agora? — perguntou Giorgia, abrindo os braços, para abrigar a jovem chorosa.

— Oh, Gioia... o que fizeram com ele? Está tão machucado...

— Eu sei, querida. Mas agora só podemos rezar e esperar com paciência sua recuperação. — respondeu a amiga. — E ele voltará a ser o homem forte e determinado que sempre foi. O médico já nos informou de que vai ser uma recuperação lenta e dolorosa. Ele vai precisar muito de nós e principalmente de você.

Chorando baixinho, Susan fez que sim, com gesto de cabeça.

— Agora vamos. Vou levá-la para casa. Você precisa descansar.

— Deixei minhas coisas no apartamento de Sarah. — argumentou.

— Sua mãe já pegou sua mala. Disse que é para eu levá-la para casa e aguardá-la lá.

— Obrigada, Gioia.

— Eu é quem agradeço por trazer a felicidade de volta ao meu irmão. — disse a gêmea, emocionada demais. — Se existe alguém que merece uma segunda chance de ser feliz nesta vida é meu adorado irmão, Susan. E sei que ele só será feliz com você. Ele te ama demais.

Com o lábio inferior tremendo e as lágrimas ameaçando rolar novamente, Susan olhou para Giorgia também muito emocionada.

— Eu também o amo.

Despedindo-se de Klaus, as duas mulheres se afastaram e foram embora.

Elas estavam entrando no condomínio quando cruzaram com Marco, que levava no carro, seus tios, Aldo, Piero e Cristiano para o hospital.

Mesmo com a cabeça um tanto zonza, Susan não deixou de sentir alívio, por não ter que encontrá-los no hospital, uma vez que eles não sabiam do seu relacionamento com Carlo.

Seria constrangedor e apavorante, principalmente ao lembrar da expressão sempre sisuda de Aldo, o irmão mais velho de Carlo.

E na casa de Carmela...

Na hora do jantar, a alegria natural e costumeira dos irmãos dera lugar para rostos preocupados e arremedos de sorrisos. O barulho de talheres e louças, suplantava qualquer conversa dali.

Carmela mal mexera em seu prato, e todos notaram.

— *Mamma,* a senhora precisa comer... — chamou-lhe a atenção o filho mais velho.

Ela levantou os olhos tristes e cansados para Aldo e uma lágrima solitária escorria sobre seu rosto, causando tristeza e compaixão em todos que estavam à mesa. Todos preocupados pela sua falta de apetite, insônia e palidez.

— *Perdoname,* Aldo, mas quando lembro do meu *bambino* naquela UTI, todo machucado... Pobre *figlio,* por que fizeram isso com ele? — perguntou, inconformada.

— Aquele crápula vai ter o... — começou Cristiano, mas Marilyn sua esposa fez-lhe sinal para que não continuasse, apontando Carmela, com os olhos.

— *Mamma,* — começou Giorgia cobrindo-lhe a mão que estava sobre a mesa. — ele está bem cuidado. Quando ele for para o quarto, nós a levaremos para visitá-lo, certo?

— Eu sei que farão isso, mas meu coração está tão apertado por deixá-lo sozinho naquela UTI.

— É para o bem dele, *mamma.* E ele não está sozinho. Há médicos e enfermeiras 24 horas por dia. — disse Piero, tentando tranquilizá-la. — Ligaram do hospital, dizendo que ele passou bem o dia.

Para poupar-lhe, decidiram não contar à mãe que Carlo passara mal na madrugada anterior.

Luigi levantou-se, abraçou a avó e beijou-lhe.

— Não se preocupe, nonna. Papà é forte, logo estará de volta para casa.

— *Grazie, piccolo.* É isso que me conforta.

— Fique tranquila, *mamma.* Ele está sendo bem assistido, por uma das melhores equipes de médicos de NY. — ratificou Lorenzo.

— *Bene.* Agora vou me recolher, pois estou muito cansada. Não tenho dormido direito desde que meu bambino está naquele hospital. — informou a idosa, levantando-se com a ajuda de Piero.

— *Grazie, caro.* — agradeceu ao filho. — *Buona notte.*

Giorgia acompanhou a mãe até seus aposentos e 15 minutos depois estava de volta à sala de estar, onde todos estavam sentados conversando e tomando vinho.

— *Mamma está* bem? — perguntou Aldo.

— Sim. Dei um chá para ela. Creio que hoje ela terá um sono mais tranquilo.

— Pobre *mamma.* — condoeu-se Cristiano. — Imagino como está seu coraçãozinho...

Após falarem alguns minutos sobre a preocupação que tinham pela mãe, voltaram a falar sobre o estado de saúde do irmão e especulavam quando ele poderia voltar para casa. Sabiam que Carlo ia precisar do carinho e apoio de toda família.

— Temos que conversar para decidir o que vamos fazer, durante sua recuperação. Ele vai precisar de enfermeiros e fisioterapeutas 24 horas por dia, mas não podemos deixá-lo, somente com esse pessoal. É importante que ele tenha um de nós por perto. *Mamma* com certeza vai querer ficar com ele, mas ela nada poderá fazer além de se sentar ao lado dele e conversar. Suas pernas já não estão tão firmes como antes, não sei se vocês notaram. — comentou Giorgia, não escondendo sua preocupação com a saúde da mãe.

— Verdade. Eu tenho notado sim. — afirmou Helen, esposa de Lorenzo.

Os irmãos então começaram a traçar o plano para atender Carlo, durante seu processo de recuperação. Discutiram, até chegarem à conclusão de que seria melhor para todos um revezamento entre eles.

Luigi se propôs a ficar com o pai, mas Aldo foi contra, dizendo que ele teria que continuar a se dedicar aos estudos,, pois era o último ano colegial.

— Estou muito preocupada com a reação de Carlo... — confessou Julia, esposa de Cristiano.

— Como assim? — perguntou o marido, olhando intrigado para a esposa.

— Não sei dizer, mas conhecendo Carlo, tenho a impressão de que ele não enfrentará com paciência e resignação essa recuperação. Vai dar trabalho.

— Aliás... — interagiu Loretta, esposa de Aldo. — isso é uma característica dos homens Martinelli.

Aldo a olhou franzindo o cenho.

— O que quer dizer com isso? — perguntou a ela, fazendo todas as mulheres rirem e os homens a olharem da mesma maneira que o irmão mais velho.

— Ficam rabugentos quando ficam doentes, uma vez que não podem fazer o que querem. — respondeu Loretta, caindo na gargalhada, ao ver as expressões indignadas do marido e cunhados. Os jovens que presenciavam a conversa dos pais e tios caíram na gargalhada também. Helen olhou para os jovens de maneira sarcástica.

— Por que estão rindo? Vocês são idênticos a eles.

— O que é isso, *mamma?* — perguntou Marco, olhando para a mãe.

— Marco, você esqueceu como ficou terrivelmente mal-humorado, na última vez que esteve acamado com febre? E que eu o mandei que fosse para a casa da sua noiva?

— *Mamma...* — queixou-se o filho, constrangido.

— E diga que não é verdade...

— *Mamma,* por favor...

— Não discuta com sua mãe, filho *mio*. Ela sempre vence, lembre-se disso. — retrucou Lorenzo, olhando para a esposa maliciosamente.

— Robert não é um Martinelli, mas se comporta da mesma maneira. — acrescentou Giorgia, em defesa dos irmãos. Às vezes tenho vontade de socar meu marido. — concluiu.

Nesse instante o celular de Lorenzo tocou.

O silêncio foi imediato e todos ficaram apreensivos, aguardando Lorenzo dizer quem era.

Olhando a tela viu que era Klaus e disse isso aos irmãos.

— Fale, Klaus. Alguma notícia? — perguntou Lorenzo ao alemão.

— Sim. Boas notícias, senhor. O médico acabou de sair da UTI e disse que a pressão arterial do promotor está se estabilizando, assim como seus batimentos cardíacos. Seu quadro clínico evoluiu bastante, depois que vocês saíram daqui.

— Que boa notícia. Continue nos mantendo informados. *Grazie.*

Antes que Lorenzo desligasse, Klaus chamou-lhe a atenção.

— Senhor Lorenzo?

— *Sì?*

— A melhora dele começou depois que a senhorita Hamilton saiu daqui. Lorenzo sentiu o sorriso de Klaus em suas palavras e sorriu também.

— *Vero? (verdade?)*

— Sim.

— *Grazie, caro.*

Desligando, ele olhou para os irmãos e deu-lhes a boa notícia, fazendo todos suspirarem de alívio.

— Gioia... — começou ele, olhando para a irmã. — Klaus disse que os sinais vitais do nosso irmão, começaram a reagir depois que... — interrompeu-se ao ver o olhar de alerta da irmã e então se deu conta do seu quase deslize. Só ele e Gioia sabiam do relacionamento de Susan e Carlo, e que ela o esteve visitando na UTI. — ... Depoi s que nós saímos de lá. — corrigiu-se rápido.

Gioia sorriu aliviada, pela maneira rápida com que Lorenzo se recompôs.

— Amanhã, eu e Loretta iremos ao hospital pela manhã. Conforme o que o médico nos disser, voltaremos à Milão amanhã à noite. Quando ele sair da UTI, voltaremos.

Cristiano e Piero também disseram a mesma coisa, enquanto Giorgia já tinha dito ao marido que que iria ficar com a mãe. E depois iria telefonar para Susan, a fim de dar-lhe a boa notícia.

Susan se emocionou com a notícia, mas Giorgia percebeu a imensa tristeza em sua voz. Após conversar mais alguns minutos com Susan, Giorgia desligou e foi dar uma olhada na mãe, que graças a Deus dormia profundamente.

Os dias foram passando e, uma semana depois, Carlo precisou de uma nova cirurgia de crânio o que deixou a família assustada. Foram chamados para que o Dr. Gunther explicasse a necessidade do procedimento.

Nessas alturas, Aldo, Piero e Cristiano já haviam voltado para suas cidades, portanto Lorenzo, Giorgia e Luigi são quem foram falar com ele e acharam por bem deixar Carmela fora disso.

— Vamos ter que corrigir um pequeno sangramento no cérebro. — comunicou o médico cirurgião tão logo os três se sentaram diante dele, em seu consultório.

Luigi, muito assustado, pegou a mão da tia e apertou-a.

— Calma, meu querido. — disse-lhe Giorgia, apertando de volta a mão do jovem. — Não esqueça que seu pai é um Martinelli!

Sorria para o sobrinho, demonstrando uma calma que não sentia, pois ela também estava apavorada. Lorenzo olhava para o médico, sem esconder a preocupação. Ao perceber isso, o médico sorriu para eles, muito calmo e seguro.

— Nós já estávamos prevendo essa possibilidade, então não fiquem tão assustados. O quadro clínico do nosso paciente progrediu e está estável no momento. Aliás, está progredindo dia a dia. — explicou-lhes o cirurgião. — E o momento é favorável para realizar a cirurgia. Posso lhes garantir que a chance de algo dar errado é de 1%.

— *Grazie a Dio,* que boas notícias, doutor. — Lorenzo disse, deixando transparecer o alívio em sua expressão, assim como Giorgia e Luigi.

O Dr. Gunther ainda lhes disse que ele e sua equipe esperavam que não fosse preciso nova cirurgia e que tinham boas expectativas de que em sete dias, no máximo, o sangramento parasse, para poderem, então, tentar tirar o dreno do crânio.

Como ele também tinha dreno no tórax, eles esperavam que em 30 dias pudessem tirá-lo também e, se ele conseguisse respirar melhor, poderiam passar da Ventilação Mecânica Total para CPAP (ventilação mecânica em que a máquina ajuda o paciente que consegue respirar sozinho).

— Até quando ele vai ficar sedado, doutor? — perguntou Luigi, que sofria por não poder falar com o pai.

O médico olhou para o jovem de maneira condescendente.

— Vai depender de como ele vai reagir nas próximas semanas, filho. Mas estou muito confiante que seu pai vai reagir, superando nossas expectativas. Tenha fé. Mas, depois que ele sair daqui, é que vai dar trabalho. O processo de recuperação, dado os tipos de ferimentos que seu pai sofreu, a recuperação será muito longa e toda paciência será pouca. Ele vai precisar muito de vocês.

O doutor levantou-se e estendeu a mão a cada um, que também se levantaram para saírem.

— Vão tranquilos. Tudo dará certo! Podem me ligar ou virem até aqui, para saber o resultado da cirurgia.

Chegando em casa, Giorgia foi até a casa de Louise, para contar à Susan sobre a nova cirurgia de Carlo. Ao ouvir o relato de Giorgia, a jovem ficou pálida e assustada e teve que se sentar, mas então a amiga tranquilizou-a usando as mesmas palavras do Dr. Gunther. Que já esperavam por isso, mas que estava tudo sob controle.

Desde que voltara do hospital com Giorgia, há duas semanas, Susan ficara em casa. O pai quis saber o que estava acontecendo, para que ela estivesse tão prostrada, quieta e reclusa em casa. E por que não estava em São Francisco. A mãe conseguiu esconder a verdade, inventando algo, como um pequeno problema de saúde. Susan pedira à mãe que não contasse nada ainda ao pai. Ela esperava contar ao pai juntamente com Carlo.

Susan ficou mais uma semana em Nova Iorque, até ter certeza de que a recuperação de Carlo evoluía dia a dia. Graças a Deus, Giorgia lhe ligara na noite anterior para lhe contar que o sangramento no crânio parou e que os médicos então puderam tirar o dreno.

Durante o voo de volta a São Francisco, a jovem ficou o tempo todo com o pensamento em Carlo. Lembrou-se da conversa que tivera com ele na UTI, em como estava tão machucado e na possibilidade que ainda corria de perdê-lo. Ao pensar nisso, seus olhos se encheram de lágrimas, que evitou derramá-las, para não chamar a atenção da delicada senhorinha de cabelos brancos, no banco ao seu lado, que lia avidamente um livro.

Fechando os olhos, recordou-se da última vez que fizeram amor, em seu escritório. Maldito Mendonza! Estavam tão felizes, fizeram tantos planos... E esse bandido quase o matou.

Oh, Deus, eu o amo tanto... Não o tire de mim...

Quando aterrissou no aeroporto em São Francisco, Sarah a esperava, e ela ficou grata à amiga por estar aguardando-a.

Se abraçaram fortemente e entraram logo num táxi, pois Sarah não dirigia.

— Como está você, minha querida? — perguntou a amiga.

— Melhor e com muita esperança. — respondeu. E em poucas palavras contou à amiga sobre a cirurgia no crânio que foi preciso fazer, devido a um pequeno sangramento. Sarah disse-lhe que Justin havia dado a ela mais uma semana de licença, até estar bem emocionalmente para trabalhar.

— Depois ligarei para ele, para agradecer-lhe. Realmente, ainda não estou refeita desse enorme susto. Tenho dormido pouco e mal. Mamãe me receitou um relaxante.

— Fiquei feliz quando me contou por mensagem de texto que Lorenzo e Giorgia deixaram você ver Carlo na UTI. Mas também fiquei curiosa, amiga... Lorenzo sabia do relacionamento de vocês? Como?

Susan sorriu tristemente para a amiga.

— Foi surpresa para mim, Gioia e mamãe. Ele disse que desconfiava, mas, quando achou a passagem de avião para São Francisco que estava com ele, quando sofreu o atropelamento, teve a certeza. Ao menos foi Lorenzo e não Aldo. — concluiu. — Ah, Sarah, meu pobre amor foi muito machucado. Uma maldade que fizeram com ele. Fiquei tão apavorada ao vê-lo com todos aqueles aparelhos *horríveis de UTI,* tão pálido, o rosto cheio de hematomas... Naquele momento eu sabia que ele estava entre a vida e a morte e eu... eu... eu... — percebendo a voz da amiga falhar pela emoção, apertou-lhe a mão carinhosamente. — Eu daria minha vida para fazê-lo voltar para nós, para mim, para a vida. E acho que consegui, pois Gioia e Lorenzo disseram que ele começou a apresentar melhoras significativas, depois da minha visita na UTI.

— Que maravilha de notícia, Su! — exclamou Sarah com alegria. — Acho que você o trouxe de volta amiga — concluiu.

— Acho que sim. Por isso que decidi voltar para casa. Giorgia vai me dar notícias todas as noites. Assim, evitarei qualquer encontro constrangedor com os outros irmãos de Carlo e adiarei a conversa com papai. Eu quero que Carlo esteja presente, quando chegar a hora de contar-lhe sobre nós.

Como era fim de semana e Arthur estava viajando, Sarah passou a noite com a amiga em seu apartamento. Sabia que a amiga tinha muita coisa para desabafar e no dia seguinte voltaria para sua casa, uma vez que Arthur estaria de volta.

E assim se passou um mês, e Carlo ainda continuava na UTI em coma induzido. Giorgia lhe dissera que os médicos estavam satisfeitos com a melhora progressiva de Carlo e que dentro de dois dias iriam tentar retirar o dreno do tórax e, se a respiração dele fosse normal, passariam da Ventilação Mecânica Total para CPAP.

Susan ia todas as manhãs à igreja, antes de ir ao trabalho, rezar para que Carlo se recuperasse totalmente e pudesse sair daquela horrorosa UTI. Esperava que ele conseguisse respirar sozinho, para tirarem aquele dreno do tórax também. Ajude-o, Senhor! Traga-o de volta pra mim, lhe suplico.

Naquela tarde, a jovem recebeu um telefonema de Nicholas, dizendo que tinha lido sobre o acidente com Carlo e perguntando-lhe como ela estava e como estava Carlo. Susan ficou feliz pelo telefonema e apoio do amigo grego. Colocou-o a par do estado de saúde de Carlo e sobre o relacionamento que estavam vivendo antes de tudo acontecer. Contou-lhe que estavam felizes e fazendo mil planos. O grego desejou toda a felicidade do mundo aos dois e disse-lhe que tivesse paciência e que tudo voltaria a ser como era antes. Antes de se despedir, anunciou a chegada do primeiro filho para breve e que todos estavam muito felizes com a chegada do bebê. Susan ficou radiante pela notícia e parabenizou-os, a ele e à esposa. Conversaram mais alguns minutos e se despediram, não antes de ela prometer que iria com Carlo passar uns dias na Grécia, com ele e a família.

Ela contou à Sarah sobre o telefonema do amigo grego, durante o almoço. A amiga prestava atenção em seu relato, mas também prestava atenção no quão pouco a amiga estava se alimentando. Perdera peso e a alegria constante naqueles olhos fora substituída por um véu de tristeza.

— Susan, você precisa se alimentar e ganhar força, minha querida. Está tão magra... Reaja, amiga. Pelo que você me conta, a recuperação de Carlo está progredindo dia a dia. Você precisa estar forte física e emocionalmente, para quando Carlo sair do hospital. Ele vai precisar de você, amiga! — alertou, muito séria.

Susan ficou olhando para Sarah, com os olhos marejados de lágrimas.

— Ah, Sarah... Sinto tanto a falta dele...

Solidária, a amiga apertou-lhe a mão que estava sobre a mesa.

— Normal, Susan. Ultimamente vocês estavam sempre juntos. Mas logo ele estará junto de você, vai ver.

— Segundo os médicos, a recuperação será longa e dolorida. Devido às fraturas, ele vai precisar de muita fisioterapia e não será fácil trabalhar com os músculos totalmente fracos.

— Por isso mesmo você precisa de muita energia, para ajudá-lo no processo de recuperação. Tem que comer e dormir bem.

— Eu sei, mas está tão difícil...

E assim, o tempo foi passando, com Susan dando de tudo no trabalho, para não entrar na depressão. Sentia muita falta de Carlo. De seu abraço gostoso, de sua voz, de seus beijos estonteantes, de fazer amor com ele...

Continuava a receber notícias de Giorgia que ainda estava em Nova Iorque com *mamma* Carmela. Soube que a idosa estava mais animada e aguardava a hora de poder visitar o filho.

Ela já queria ir visitá-lo na UTI mesmo, porém Lorenzo achou por bem não a levar, para não impressioná-la com as máquinas e fios que mantinham os sinais vitais monitorados.

Ficou radiante quando a amiga contou que retiraram o tubo e que ele já estava respirando sozinho, sem a ajuda de aparelho nenhum. Tentariam ir superficializando a sedação para tirá-lo do coma induzido.

À noite, a mãe também lhe ligou, para lhe dar as mesmas notícias e para saber como ela estava passando.

— Vê se agora você dorme e se alimenta melhor. — chamou-lhe a atenção. — A fase mais complicada e de risco já passou. Daqui para a frente, a recuperação dele será dentro da normalidade. Tenha paciência que logo ele sairá da UTI.

— Mamãe, não sabe o quanto fico feliz em ouvir isso da senhora e de Giorgia, que deu-me as mesmas notícias.

— Imagino isso, minha filha. Cuide-se. Papai e Matt te mandam beijos e abraços.

— Diga a eles que eu os amo. — respondeu a jovem sorrindo carinhosamente ao lembrar do pai e do irmão.

Susan chegou em casa exausta, pois estava trabalhando horas a mais, para não pensar em Carlo naquela UTI. Justin lhe chamara a atenção naquela tarde, dizendo que isso não iria resolver nada, a não ser deixá-la esgotada, sem energia e, sendo assim, lhe proibiu de ficar além do expediente.

Após tomar um banho, fez um jantar leve, foi sentar-se no sofá da sala e ligou a televisão para ver as notícias da noite. Após algumas notícias relacionadas com São Francisco, o âncora do jornal chamou-lhe a atenção, quando disse o nome de Carlo. Dizia que o ex-promotor ainda se encontrava internado no hospital, devido aos graves ferimentos causados pelo atentado do atropelamento, e felizmente o FBI havia capturados os dois criminosos que estavam no sedan preto que o atropelou. Haviam confessado que receberam ordens de Mendonza, diretamente do presidio, onde se encontrava. Quando os agentes foram buscá-lo na cela para levá-lo até o diretor, a fim de explicar como mandara essas ordens dali do presidio e quem o ajudara, encontraram-no morto com uma facada no estômago. Tudo levava a crer que fora um acerto de contas, pois nenhum dos presos quis falar o nome de quem o assassinara.

Trêmula, Susan desligou a televisão e foi para seu quarto, onde se jogara na cama, fechando os olhos e pedindo perdão a Deus por estar feliz com a morte de uma pessoa, por mais que fosse o causador da quase morte de Carlo.

Era quase uma hora da manhã quando recebeu um telefonema de Sarah, lhe perguntando como estava se sentindo com a notícia da morte do traficante no presídio.

— Aliviada, minha amiga. A justiça divina às vezes demora, mas não falha. — respondeu calmamente. — Agora é só esperar a recuperação do homem que amo.

— Logo, logo, ele sairá daquela UTI, minha amiga. — disse-lhe a amiga.

— É o que mais espero, Sarah.

Dias depois...

Susan se preparava para ir trabalhar, quando recebeu o telefonema de uma Giorgia eufórica.

— Susan, hoje começaram a diminuir gradativamente a sedação, para ver se ele sai do coma induzido! Acabei de chegar do hospital.

A jovem fechou os olhos e sorriu. Olhou para cima e mentalmente, agradeceu a Deus pela boa notícia. *Ele estava voltando. Ele estava voltando à vida.*

— Graças a Deus, Gioia. Graças a Deus! — respondeu alegremente. — Então ele está reagindo bem.

— Sim. Os médicos estão impressionados com o progresso de sua recuperação. O Dr. Gunther disse que ele está superando as expectativas dele e de toda a equipe. Mas que não é para colocarmos muitas expectativas, pois não sabiam como ele iria reagir. Ele poderia ou não se lembrar de nós.

Susan ficou preocupada com essa possibilidade, mas tentou não demonstrar à amiga.

— *Mamma* Carmela deve estar feliz com isso, não?

— *Sì*. *Mamma* está muito feliz. É tão bom ver seu rosto voltar a iluminar-se com seu sorriso.

— Quanto tempo levará esse processo de tirá-lo do coma induzido?

— Como a diminuição da sedação é gradual, depende muito da reação de Carlo. Isso requer muitos cuidados e alguns exames, principalmente eletroencefalogramas (EEG).

— Entendo. Então temos que esperar.

— Exatamente. O mais difícil já passou, Susan. Agora é ficar calma e ter paciência, tal como o Dr. Gunther falou. Logo você poderá falar com ele, minha querida.

— É isso que me faz ter paciência, Gioia.

— Agora vou desligar. Você tem que ir trabalhar e eu ligar para meus irmãos e dar essa boa notícia. Aldo ficará feliz, pois Loretta me disse que ele anda triste e acabrunhado e só fala na recuperação do irmão caçula. *Ciao, bella.*

— *Ciao,* Gioia.

— Gioia... — chamou Susan antes que a outra desligasse.

— Sim?

— Klaus continua cuidando da segurança de Carlo?

— Sim. E não quis ser liberado por Lorenzo, após a morte de Mendonza. Disse que iria ficar perto de Carlo, até quando ele achasse que não haveria mais perigo.

— Concordo com ele. — respondeu enfaticamente.

Horas depois, ao chegar ao escritório, Susan não continha a ansiedade de contar à Sarah sobre a recuperação de Carlo.

— Que bela notícia, amiga. Preciso contar a Arthur, pois ele também está ansioso com a recuperação do amigo.

— Fico feliz por você, linda. — disse Justin, que estava próximo delas e intervindo na conversa das duas amigas.

— Até a cor voltou ao seu rosto. Está mais alegrinha agora? — perguntou, levantando o queixo da jovem com seu indicador, Susan riu com o gesto carinhoso do amigo.

— Estou sim, Justin. Foi a melhor notícia que recebi nos últimos dias. Não vejo a hora de abraçá-lo, de ouvir sua voz. — concluiu emocionada.

— Então vamos ao trabalho. Temos que terminar o projeto em dois dias. — comandou o arquiteto com seu peculiar bater de palmas.

Em questão de minutos, estavam todos envolvidos no trabalho. Susan sentia-se leve, motivada e feliz. Tanto que nem viu a hora passar. Estava tão feliz que aceitou o convite de Sarah para irem ao cinema. Cada vez que Arthur viajava, as duas iam ao cinema ou iam para o apartamento de uma delas tomar um vinho e comer uma pizza.

E assim o tempo foi passando, e Susan cada vez mais ansiosa por Carlo sair do coma. Giorgia continuava a lhe telefonar todas as noites. Na noite anterior, ela contou-lhe que Carlo ia respondendo positivamente à diminuição da sedação. Os médicos estavam se surpreendendo com a reação dele.

Capítulo 22

O renascer de Carlo...

Carlo parecia acordar de um sono profundo. Sentia-se flutuar dentro de uma névoa que o trazia de algum lugar desconhecido, cheio de luzes coloridas e sons estranhos. Tinha a impressão de que andara num prado imenso e tranquilo, onde não se ouvia nada a não serem os sons da natureza.

Agora, ouvia ruídos estranhos e intermitentes por longo tempo. Depois, começou a ouvir vozes femininas, numa conversa de baixo tom. Sua mente estava confusa e ele não tinha noção de nada. Queria abrir os olhos, mas não conseguia por mais que tentasse, pois os sentia pesados. Sentiu alguém mexendo em seu braço e tentou falar, mas foi em vão. Sua língua parecia estar grossa e enrolada. O que acontecera com ele, para seus movimentos estarem tão presos? Por que não podia abrir os olhos como queria, poder falar como queria? Onde estava?

Sentia as pessoas à sua volta lhe beliscando, dando-lhe picadas... Foram muitos os momentos que teve a impressão de que estava sendo levado para algum lugar, onde se ouvia mais vozes, dessa vez de homens. Sentiu quando o colocaram em algo frio. E logo depois um ruído irritante lhe chegava ao ouvido.

Tempos depois sentiu que voltara ao lugar das vozes femininas, ruídos intermitentes de... de... de máquinas?

Ouvira por várias vezes vozes familiares, mas que não conseguiu distinguir de quem eram.

Cada vez que lhe tocavam para aplicar-lhe alguma medicação ou para limpá-lo, queria falar, dizer que estava acordado, vivo e ouvindo tudo, mas não conseguia. Sentia-se impotente...

Se conseguisse abrir os olhos...

— São os irmãos do senhor Martinelli... o promotor... — ouviu uma das enfermeiras anunciar:

Irmãos do promotor? Que promotor? Irmãos? Sua mente era um branco total. Oh, Dio!

Sentiu um toque feminino muito suave na mão que estava mais solta e seu perfume era familiar.

Quem era? Se pudesse lembrar-se de alguma coisa... Mas lembrar o quê?

— *Caro,* me alegro em ver a cor voltando ao seu rosto. — disse a voz feminina, beijando-lhe a testa carinhosamente.

— De fato, ele está mais parecido com nosso irmão Carlo... — replicou a voz masculina num tom brincalhão, muito familiar.

— Oh, meu querido irmão... Que saudades da sua voz... Volte logo para nós... *Mamma* sente tantas saudades de você, mas só vamos trazê-la quando você estiver no quarto.

Carlo emocionou-se e acreditou que realmente esses eram seus irmãos, mas não conseguia lembrar-se deles. *Por que não consigo lembrar? Mio signore, me ajude!* Sentiu algo escorrendo por seu rosto.

— Lorenzo, veja! — disse a mulher, com voz animada. — Lágrimas! Ele está nos ouvindo. Oh, *bom Dio,* Carlo, irmão querido, você está nos ouvindo?

Carlo? Era seu nome? Sim, sim. Sim! Era seu nome. E sim, estou ouvindo, ele queria gritar! Mas não conseguia.

Sentiu a mão forte que devia ser de seu irmão, em sua cabeça.

— *Grazie, Dio*! Que bom que está voltando para nós, meu irmão.

Ouviu as explicações animadas da que era sua irmã à enfermeira que lhe tirava a temperatura e depois media sua pressão arterial.

— Fico feliz por vocês e por ele. Logo, logo, ele poderá vê-los e abraçá-los, mas agora precisamos medicá-lo, pois ele está um pouco agitado. Talvez porque os ouviu. — disse ela aos seus irmãos eufóricos.

De repente a imagem de uma jovem loira de cabelos cacheados, luminosos olhos verdes e lindo sorriso surgiu em sua mente, como uma explosão. *Quem era a linda jovem? O que ela representava em sua vida?* Quando seus irmãos saíram, ouviu as enfermeiras comentando sobre sua lágrima e a alegria de seus irmãos. Como se chamavam? Alguém havia dito um nome para o que se dizia ser seu irmão, mas não conseguia mais lembrar qual era.

De repente tudo ficou quieto ao seu lado e Carlo percebeu que estava só. Sentiu sono e perdeu-se nele.

Acordou com o toque das enfermeiras novamente. Era madrugada, pois ouvira uma delas dizer as horas.

Só, novamente, muitas coisas começaram a aparecer em sua mente, numa grande confusão. Muitas cenas sem nexo para ele. Via carros, homens de roupas escuras, pessoas caídas no chão molhado de alguma rua... Um gigante de cabelos claros e voz grossa...

E uma voz... Tinha certeza de que ouvira uma voz suave, sentira o calor de mãos carinhosas e sentira o toque de um beijo leve em seus lábios... E lembrou que alguém lhe cantara uma canção muito familiar em seus ouvidos... Quem? Sua irmã?

Dio, me ajude. Ajuda-me a acordar deste pesadelo... Me ajude! Quero acordar! Quero sair desta escuridão!

Três dias depois...

Giorgia atendeu ao celular empurrando a xícara de café que acabava de tomar e, em segundos, deu um pulo da cadeira onde estava sentada, ao lado da mãe, quando ouviu o que diziam do outro lado da linha.

A mãe assustou-se e pôs a mão sobre o coração, olhando-a com os olhos arregalados em expectativa do que fora dito para a filha no outro lado da linha.

— Sério, Dr. Gunther?! Quando? Ele já está falando? Perguntou por nós? Ele lembra de nós?

Ao ouvir a resposta do médico, Giorgia ficou um tanto envergonhada, como se ele pudesse vê-la.

— Está certo, doutor. — disse rindo. — Muitas perguntas para o senhor responder ao mesmo tempo... — concluiu ainda rindo. À medida que o médico ia falando, o sorriso apagou-se um pouco, mas agradeceu ao médico com um sorriso.

Desligando, Giorgia abraçou e beijou a mãe, com lágrimas nos olhos.

— Carlo acordou, *mamma!* Saiu do coma! Ainda está muito confuso, não se lembra de nada, mas está falando... — a gêmea não sabia se ria ou chorava.

Carmela juntou as mãos, chorando de emoção. *Seu bambino estava vivo! Logo estaria de volta pra casa. Grazie Dio!*

— Ele já está no quarto? — perguntou à filha.

— Não, ainda vai ficar na UTI por mais algum tempo, até que todos os exames necessários sejam feitos. Dependendo dos resultados, vão transferi-lo para um quarto. *Oh, mamma,* preciso avisar a todos.

— *Sì, figlia mia,* faça isso.

— Primeiro vou avisar Susan. Ela... — disse num ímpeto.

— Susan? Ela ligou? — perguntou a idosa, estranhando.

Gioia mordeu os lábios. *Dio, que deslize meu...*

— Ããäh... — disfarçou, olhando pela janela. — Sim, ela ligou todos os dias, para saber notícias dele. E eu me comprometi em deixá-la a par do progresso da melhora de Carlo.

— *Va bene.* Ela sempre foi muito ligada a ele. Conte para ela que ele está voltando para nós. — respondeu a mãe.

Giorgia beijou a fronte da mãe e foi até o quarto para ligar para Susan. Ia discar, quando preferiu ligar para os irmãos primeiro e depois ligaria para a jovem, com mais calma.

Enquanto isso em São Francisco...

Susan acabara de sair do banho quando ouviu seu celular tocar. Amarrou uma toalha na cabeça, envolveu o corpo com outra e correu até a sala onde deixara seu celular.

Ao ver o nome de Giorgia, ficou entre alegre e preocupada. Atendeu sem perder tempo.

— *Ciao, bella* — disse a gêmea de Carlo, alegre.

O tom de voz da amiga deixou Susan mais tranquila.

— Gioia, se você está alegre é porque tem boas notícias, isso? — perguntou ansiosa.

— Sim, sim, minha querida! Boas notícias. Tenho uma notícia boa e uma não tão boa. Qual você quer saber primeiro? — perguntou Giorgia aumentando ainda mais a ansiedade de Susan.

Susan ficou em silêncio por uns minutos, com o coração acelerado.

— A... a... boa primeiro. — respondeu hesitante.

— Nosso Carlo saiu do coma!

A jovem se sentou na cadeira mais próxima e colocou a mão no peito.

— Verdade, Gioia? Verdade mesmo? — perguntou, limpando uma lágrima que escorria pelo seu rosto.

— Sim, minha querida. O médico ligou agora há pouco. Já avisei meus irmãos.

— Oh, meu Deus, isso é... é... fantástico. Gioia, ele está bem?

— O Dr. Gunther disse que é para termos muita paciência, pois ele acordou muito confuso. Só lembra-se do nome dele e mais nada. O médico disse que até agora ele não tinha apresentado sequelas no cérebro. A amnésia é normal nesses casos e levará uns dias para ele começar a lembrar das coisas, da família, do trabalho... Mas alguns detalhes ele não vai lembrar. E provavelmente não lembrará do seu atropelamento.

— Oh, mesmo assim, graças a Deus! Graças a Deus! Você já o viu?

— Ainda não. Lorenzo estava terminando de tomar café e logo passará por aqui para me pegar. Vamos os dois.

— E... e a notícia não muito boa? — perguntou um tanto preocupada.

— Ele ainda não vai para o quarto. Ainda ficará um tempo na UTI, para uma bateria de exames, a fim de investigarem se realmente não ficou com sequelas. Precisam investigar bastante, para terem cem por cento de certeza de que não houve sequelas cerebrais.

— O mais importante é que ele saiu do coma. — acrescentou a jovem. — Quando você achar que eu posso ir visitá-lo, me avisa? — pediu sem esconder a ansiedade.

— Claro, minha querida. Depois que voltarmos do hospital, eu te ligarei de novo, ok?

— Obrigada, Gioia.

— Ora, cunhada é para essas coisas, não? — brincou Giorgia.

— Obrigada, querida. Obrigada pelo carinho. Obrigada pelo *cunhada.* Gostei!

— Garota, não precisa agradecer. Você sempre foi especial para nós. *Ti amo.*

Susan riu também.

— Certo, garota! — retrucou rindo. — Também *ti amo.*

— Tenho que ir. Lorenzo já está me chamando. *Ciao.*

— *Ciao*. Eu também vou ter que sair logo. Justin nos convocou para uma reunião antes das dez horas.

Desligando, Susan ficou olhando o celular na mão por um longo tempo e gradativamente foi sorrindo. Deu um suspiro de felicidade e foi se arrumar para ir trabalhar. Estava ansiosa para contar à Sarah a boa-nova de Carlo.

A amiga evidentemente ficou feliz, assim como todos no escritório.

— Vou ligar para Arthur. — comentou Sarah, feliz pela amiga.

Aquele dia correu rápido demais e Susan estava ansiosa pelo telefonema de Giorgia.

Enquanto estava no Cable Car, a caminho de casa, não cabia em si de tanta felicidade, amor e saudades. Queria tanto abraçá-lo, beijá-lo, dizer que o amava...

Chegando em casa, ligou para a mãe. Louise disse-lhe que fora fazer uma visita a Carlo, na hora do almoço, e realmente ele voltara do coma, mas não lembrou dela.

— Não a reconheceu?

— Não. Eu disse meu nome e ele não teve reação nenhuma. Mas isso é normal, não se preocupe. Mais um tempo e ele se lembrará de tudo. Apesar de que algumas coisas, ele não lembrará.

— Giorgia vai avisar-me quando poderei visitá-lo. — comentou a jovem.

— Veja bem, minha filha. Todos os irmãos estão para chegar. Se não quiser que ninguém mais saiba além de mim, Giorgia e Lorenzo sobre vocês dois, tem que tomar muito cuidado. Aldo é muito astuto.

— Eu sei, mamãe. Por isso será Giorgia quem verá qual a melhor hora. Fique tranquila.

— Certo. Agora vou fazer o jantar para aqueles dois esfomeados. — disse, se referindo ao seu pai e irmão. — Boa noite, querida. Durma bem.

— Boa noite, mamãe. Um abraço no papai e no Matt.

Meia hora depois, Giorgia lhe ligou. Contou coisas que sua mãe já lhe contara, mas o que a deixou feliz demais foi o que lhe contara depois.

— Ah, Susan, como é bom ver meu irmão falando. Certo que ele está falando pouco e devagar, mas está falando. Confunde algumas coisas, mas o médico disse que isso é normal. Não se lembrou de nós. Assustou-me. Ficou nos olhando fixamente por um longo tempo, mas não conseguiu nos reconhecer. Perguntou o que aconteceu com ele, para ele estar em uma UTI, e Lorenzo, com permissão do médico, explicou-lhe por cima o que lhe acontecera e falou no nome de Mendonza, que ele demorou para assimilar quem era, mas desse crápula ele lembrou, pois soltou um palavrão. Para tranquilizá-lo, Enzo contou-lhe que o criminoso fora assassinado na prisão por um desafeto antigo e que não representava perigo para mais ninguém.

— E ele?

— Só anuiu e não falou mais nada. Só se queixou dos aparelhos, das ataduras... E que tinha um branco na cabeça. Não se lembrava de nada. Ficou nervoso e então a enfermeira teve que lhe dar um calmante e nós viemos embora.

Susan sentiu compaixão pelo amado. Sabia que a recuperação ia ser muito difícil para ele. Ele ia brigar muito, com seus movimentos limitados. Seu coração ficou apertado.

— Meus irmãos devem chegar amanhã e vai ser um rebuliço em casa. Robert também já está vindo. — comentou rindo. — Mas logo retornarão para suas cidades e daí você poderá vir visitá-lo, certo? Eu te ligarei. Eu também preciso voltar para casa logo, pois Robert está muito só. As meninas voltam daqui uns dias da viagem. E estou com muitas saudades dele e delas.

— Sei. — respondeu rindo. — Okay, Gioia. Aguardarei seu chamado.

Uma semana se passou até Susan enfim receber o telefonema tão esperado de Giorgia.

— Desculpe, querida, pela demora, mas, com toda a turma em casa, tive que dar uma ajuda à governanta. Ainda bem que as cunhadas ajudaram. Fiquei mais em casa com *mamma*, pois deixei que eles fossem visitar Carlo na UTI, uma vez que só permitem a visita de dois em dois.

— E ele os reconheceu? — perguntou a jovem, curiosa e ansiosa.

— Infelizmente não. Ficaram todos tristes e preocupados com isso. Conversou com eles, mas não os reconheceu. Nesses dois dias, eles se dividiram em visitas pela manhã e tarde. Luigi era o único que ia pela manhã e à tarde. Mas ele também ficou frustrado, pois o pai não o reconheceu. Ficou horas fitando o filho, mas não o reconheceu.

— Imagino como Luigi deve ter se sentido. — comentou Susan.

— Sim. Ficou tão acabrunhado que Lorenzo pediu ao Dr. Gunther que falasse com ele. E Carlo ficou tão agitado por não reconhecer ninguém que foi preciso sedá-lo. E dispensaram a visitação até ele ficar mais calmo.

Susan sentiu uma dor no coração. Será que ele não iria lembrar-se de ninguém? E se ele perdesse a memória para sempre? E se nunca mais se lembrasse dela e do que viveram?

Pelo silêncio do outro lado da linha, Giorgia percebeu a preocupação de Susan.

— Ei, não se desespere. O médico nos deu a certeza de que até agora não existe nada que possa deixá-lo sem memória para sempre. Eles nos garantiram que a memória vai voltando pouco a pouco. Os exames que eles estão fazendo todos os dias não apresentam nada que possa impedir isso de acontecer.

— Ah, Gioia, estou com medo. — queixou-se.

— Nada disso, garota. Pensamento positivo. Meus irmãos partem amanhã à noite, quase todos no mesmo horário. Só Cristiano irá pela manhã. Ao menos vão satisfeitos e felizes em saberem que Carlo está se recuperando bem. Agora só voltarão quando ele recobrar a memória completamente, pois não querem deixá-lo nervoso. Vão dar o tempo necessário.

— E se ele não se lembrar de mim? Nunca mais?

— Susan, pare com isso! Vai dar tudo certo. Quer vir no final de semana? Acho que será uma ótima ocasião.

— Evidente que irei. Vou tentar marcar um voo, o mais cedo possível, na sexta-feira.

— Quer que eu vá buscá-la?

— Obrigada, mas pedirei à mamãe. Não se preocupe. Certo?

— Certo. Até sábado, então. No hospital você irá comigo, okay?

Susan concordou e desligou indo para o quarto e se atirou na cama. Pegou o travesseiro e o abraçou, fechando os olhos.

Oh, Carlo, meu amor... E se você não se lembrar de mim?

Procurou tirar essa ideia da cabeça e lembrou-se da última vez que estiveram juntos. Fizeram amor como dois loucos. *Que saudades do seu toque, dos seus beijos...*

Carlo, meu amor, lembre-se de mim, por favor. Lembre-se de mim. Por favor, lembre-se de mim...

Repetindo isso como se fosse um mantra e com imagens dos dois fazendo amor, Susan adormeceu.

Na UTI...

Com os olhos bem aberto,s Carlo acompanhava a movimentação dos enfermeiros e médicos de plantão fazendo a ronda da noite.

Examinavam cada paciente, tomando nota de seus progressos ou não. Falavam baixinho e a luz era indireta e fraca, o que lhe agradava.

Estava tão absorto que não reparou na aproximação da equipe médica. Os dois médicos ficaram de um lado e quatro enfermeiras do outro lado.

Calmo, respondeu ao sorriso deles com outro sorriso. Depois de examiná-lo e conferir suas funções vitais, um deles anotou na prancheta que uma das enfermeiras lhe entregou. E então se despediram.

— Boa noite, senhor. — disseram quase em uníssimo.

— Boa noite.

Com um sorriso, a equipe médica passou para o outro box.

Ficando só, Carlo fechou os olhos. Quem sabe dormisse bem essa noite. Fez uma oração e pensou no jovem Luigi. Era seu filho realmente, pois era a sua cara. *Tenho que lembrar-me dele, Signore. Qual era o tipo de relacionamento que havia entre eles? O que faziam juntos?*

Tentou dormir, mas flashs confusos tomavam conta de sua mente, deixando-o inquieto. Eram muitas imagens rápidas e confusas.

Uma idosa de cabelos brancos lhe chamando de *bambino. Falava italiano também. Seria sua mãe? A imagem nítida do jovem Luigi ao seu lado na mesa do café. Viu-se em uma praia e uma jovem parecida com ele. Mas eram adolescentes correndo por uma praia. Ele gritava seu nome, Gioia, e ela ria correndo dele.*

De repente, sentiu uma pontada na cabeça e colocou a mão livre sobre ela. *Madonna mia! Ajude-me.* Inquieto apertou a campainha e uma das enfermeiras que estiveram há pouco tempo no seu box correu para atendê-lo.

— Deseja alguma coisa, senhor Martinelli? — disse solícita, desligando a luz da campainha.

— Sim, por favor. Estou muito inquieto e a cabeça está começando a doer.

Ela riu, e conferiu seu soro.

— O Dr. Albert, o médico de plantão, já deixou prescrito. — concluiu a enfermeira.

Voltou em minutos com o comprimido e um copo com água.

— Tome. Em minutos o senhor dormirá.

Carlo tomou o comprimido e lhe devolveu o copo. Deitou a cabeça no travesseiro e ficou esperando o efeito do remédio. De repente, numa explosão de luzes, a jovem loira de cabelos cacheados e olhos verdes apareceu novamente. *Quem era ela?*

Depois simplesmente dormiu, pois o remédio começou a fazer o efeito.

A cada acordar, ele não conseguia lembrar-se de nada. Não se lembrava de nenhum nome, além do seu próprio e isso o deixava nervoso e inquieto.

Os enfermeiros lhe disseram que ele tinha mais três irmãos, além de Lorenzo e Giorgia, que sempre estavam ali. Quando lhes perguntara por que eles não o visitavam, disseram que não moravam em Nova Iorque. Fizera mais algumas perguntas a eles, mas resolveram não falar muito, para não o deixar com a mente mais confusa.

Acabara de tomar o café da manhã, que a enfermeira lhe trouxera, quando um jovem enfermeiro chegou para lhe fazer a higiene. Carlo gostava de conversar com ele, pois era um jovem alegre e inteligente.

— Qual o seu nome? — perguntou ao jovem.

— Phil. — respondeu ele gentilmente.

— Que dia é hoje, Phil?

— Quinze de março, senhor.

— *Madonna mia,* o doutor Gunther disse que estou aqui desde janeiro...

O jovem enfermeiro confirmou com um gesto cabeça.

— Sim, mas isso é irrelevante, diante do estado em que chegou aqui. Sabe, o senhor chegou aqui tão mal que achávamos que não sobreviveria aos graves ferimentos. — concluiu o rapaz, enquanto lhe trocava as ataduras. Ao sentir o paciente tenso, o rapaz ficou preocupado. — Está doendo? O corte já está quase fechado. — observou.

— Ardeu um pouco. Essas ataduras me irritam. Se eu pudesse sentar... — reclamou irritado. — Não aguento mais ficar deitado...

— Nem pensar, senhor. Terá que ter um pouco mais de paciência, pois seus membros inferiores estão comprometidos, infelizmente. Foram os mais prejudicados pelos ferimentos. O colchão de água deve ajudar um pouco esse desconforto. — ao ver a expressão do paciente, o jovem riu. Mas continuou a falar. — Lembre-se de que o senhor teve fraturas graves na bacia, no fêmur, mais as fraturas da tíbia e fíbula.

Carlo ficou tão frustrado que soltou um palavrão em italiano.

O jovem assustou-se e parou com o que estava fazendo, depois riu ao ver que não era com ele.

— O que quer dizer isso? — perguntou curioso.

Carlo ficou constrangido e pediu desculpas ao jovem.

— Nem queira saber. — respondeu dando um sorriso torto.

Mais alguns minutos se passaram e o jovem terminou de trocar os curativos.

— Feito. Quer mais alguma coisa, senhor? Ah, sim, me desculpe, esqueci-me da sua barba.

O italiano coçou o queixo com a mão livre de curativos e riu.

— Tenha cuidado, por favor... — pediu rindo. — Chega de cortes no meu corpo.

— Fica tranquilo, senhor.

E dez minutos depois, Carlo estava com a barba feita.

— *Grazie,* Phil. — agradeceu, passando a mão no rosto.

— Por nada, senhor. Até amanhã.

— Até amanhã. Bom trabalho.

Pediu para a enfermeira que veio medir sua pressão arterial que lhe afofasse os travesseiros e depois inclinou a cabeça neles. Sentia-se um pouco cansado. Fechou os olhos tentando dormir, mas não conseguiu. E a jovem de cabelos cacheados e olhos verdes apareceu de novo. Visualizou-a numa sala, com muitas pessoas, e uma grande árvore de Natal, iluminada e enfeitada, o que representava ser Natal. Firmou o pensamento, mas de repente a imagem fugiu. Flashes de dentro de um elevador surgiu sem mais nem menos. A jovem estava com ele nesse elevador... *Onde, Dio mio? E quem era ela? Por que só estava ele e ela nesse elevador?*

Acordou com alguém lhe tocando o braço. Abrindo os olhos, viu o médico que se chamava Gunther lhe olhando seriamente. Sabia que era um dos médicos que lhe salvara a vida.

— Bom dia, senhor Martinelli, vamos levá-lo para fazer uma tomografia, ok? — anunciou. — E devo lhe dizer que seu progresso superou nossas expectativas. Agora só resta a cirurgia de reversão da colostomia no tempo certo. — anunciou o médico.

— Bom dia, doutor. Estou louco para me livrar desse incomodo. E quanto à memória, não consigo lembrar-se de nada da minha vida, das pessoas que fazem parte da minha família. Isso está me matando... — confessou tristemente.

— Não se preocupe com as lembranças. Elas voltarão quando menos esperar... — respondeu pacientemente o médico, apertando-lhe o braço.

— Meu filho sofre por eu não me lembrar dele. Vejo pelo seu semblante a tristeza disso. Quando poderei sair desta cama? — perguntou, impaciente.

— Vai ter que ter muita paciência, meu amigo. Vai levar meses, talvez um ano, para o senhor ser considerado cem por cento recuperado.Terá que fazer sacrifícios para voltar à sua vida normal.

— Quanto tempo, doutor?

— Vai depender do seu empenho, da sua dedicação, senhor Martinelli. Se seguir todas as orientações médicas e dos fisioterapeutas, somente ano que vem poderá voltar à sua vida normal.

Carlo ficou olhando para o médico, sem falar nada por uns segundos. Não acreditava no que estava ouvindo.

— Oh, não, doutor, não me fale isso... — queixou-se. — Somente no ano que vem? Sério?

O médico anuiu, com um leve sorriso, apertando-lhe levemente o ombro.

— Se quiser voltar à sua vida antiga, terá que seguir um caminho muito longo, com muita determinação, paciência e fé. E mesmo assim é improvável em menos de um ano. Carlo arregalou os olhos.

— O senhor acha?

O médico anuiu.

— Precisará de bastante fisioterapia. — sentenciou o médico. — E não descarto o uso contínuo de uma bengala, nesse período.

— *Madonna*... — sussurrou.

— Mas é como eu disse, dependerá noventa por cento de sua determinação e empenho para encurtar ou alongar esse período. E sabe o que eu acho? — indagou o médico encarando-o muito sério.

Carlo olhou-o interrogativamente.

— Pelos seus progressos até agora, tenho quase a certeza de que o senhor dará conta do recado e ficará recuperado, antes do tempo.

Carlo sorriu aliviado e determinado a surpreender ainda mais os médicos. *Eu vou conseguir!*

Uma hora depois, voltando da tomografia, as enfermeiras já estavam lhe esperando para os medicamentos da tarde. Deram-lhe um analgésico, pois doía um pouco o fêmur.

Em poucos minutos adormeceu, até às 18h30. Deram-lhe o jantar e logo em seguida dormiu de novo.

Naquela noite, teve um sono conturbado com muitas imagens. A sensação era que estava dentro de um túnel, e, nele, via diversos rostos familiares, que lhe sorriam e davam-lhe a mão, querendo tirá-lo do túnel. Queria dizer o nome deles, mas não se lembrava de nenhum. A jovem loira de olhos verdes apareceu sozinha e estendeu-lhe a mão, tentando tirá-lo daquele túnel também. Ele perguntou quem era ela, e ela respondeu que era quem iria tirá-lo dali.

E então, ele se sentiu puxado e ele ia saindo... saindo... saindo daquele buraco e...

Acordou com a voz de Phil que já estava ali, para lhe fazer a higiene.

— Bom dia, senhor Martinelli. — cumprimentou o jovem enfermeiro, sorridente e alegre como sempre. — A enfermeira da noite disse que ontem o senhor dormiu a tarde toda. Mas à noite seu sono foi agitado, resmungando bastante. — comentou o jovem, com divertimento.

— *Buongiorno,* Phil! É minha impressão ou você está mais alegre hoje?

— Deveras estou muito feliz. Soube que vou ser promovido.

— Então fico feliz por você também.

O jovem apenas deu um sorriso.

— Sabe, eu tenho sonhado com uma linda garota loira de olhos verdes, há tempos, mas não consigo lembrar o nome dela. Estava sonhando com ela, quando você chegou. — comentou Carlo.

— Sinto muito, então. — desculpou-se Philip. — Ela não lhe disse o nome no sonho?

— Sim, mas não consigo me lembrar. Isso é um tormento.

— Logo o senhor lembrará. É normal.

— *Dio* lhe ouça. *Dio* lhe ouça, meu jovem.

— Pronto! Agora o senhor está cheiroso. — brincou o enfermeiro. — Barba feita... Está pronto para receber suas visitas, logo mais.

Carlo riu.

— Só a família tem vindo. — retrucou.

— Não importa, mas está bem mais apresentável. Percebeu que seu cabelo já está crescendo?

Carlo passou a mão livre na cabeça que foi raspada para a cirurgia no crânio, com cuidado para não bater no curativo que ainda tinha lá, e riu.

— Verdade.

— Vou indo, senhor. Bom dia e boas visitas.

— *Grazie, caro.* Antes poderia me ajudar a levantar um pouco a cabeceira da cama, por favor?

Carlo deu um longo suspiro, ao se sentir quase sentado. Tentou sentar-se de fato, mas sentiu dor e resolveu atender ao conselho médico. O quadril começou a lhe incomodar tanto que foi preciso um analgésico.

E depois, sob o efeito dele, ele adormeceu. Os sonhos apareceram como sempre. E a jovem loira de olhos verdes estava lá. Continuava a lhe puxar para fora do túnel. Sua voz suave era um sussurro e ele se regozijou com seu timbre.

— Estou tão feliz de ver você, sem aqueles aparelhos e tubos. — ouviu-a dizer. — Que saudades de você, meu amor.

Sentiu-lhe a mão suave acariciando sua cabeça raspada.

— Ah, acabaram com seu lindo cabelo... Mas já estou vendo que está crescendo...

Carlo sentiu um arrepio. Estava sentindo o calor das suaves mãos em sua cabeça. *Estou sonhando?*

Lentamente Carlo foi abrindo os olhos e viu diante de si a jovem loira de lindos olhos verdes dos seus sonhos. Quem era ela?

Fechando os olhos, imagens dos dois se abraçando, se beijando e se amando em uma cama ficaram claras tal como um filme.

Apertou os olhos fechados ao sentir uma pontada na cabeça e um clarão, tal qual um flash.

Dio... Dio, estou me lembrando... É a minha... É a minha...

Abrindo os olhos, Carlo olhou-a e sorriu.

— *Minha bambina...* — sussurrou, pegando sua mão e levando-a aos lábios. — *Bambina, bambina mia...* é você?

A jovem sorriu e anuiu, com lágrimas nos lindos olhos verdes.

— Sim, meu amor, sou eu... Você lembrou-se de mim! Você lembrou!

— Lembro até de algumas coisas que andamos fazendo juntos... — respondeu num tom de voz malicioso, lhe sustentando o olhar.

Puxando-a suavemente até ele, ele beijou-lhe a ponta do nariz.

— Eu tinha tanto medo de que você não se lembrasse de mim... — confessou num murmúrio, beijando levemente os lábios dele.

— *Amore mio*, em meus sonhos, você estava me puxando de dentro de um longo túnel e... e... agora isto é real... — murmurou sem deixar de fitá-la, encantado. — Realmente você me tirou do fundo do túnel.

— Oh, meu amor, ouvir isso me torna a mulher mais feliz do mundo!

Ele tocou de leve seus lábios, com o dedo indicador, desenhando-o.

— *Ti amo*. Você me trouxe de volta, *amore mio*. — disse ele, com os olhos marejados de lágrimas.

Ela emoldurou-lhe o rosto, amorosamente.

— Eu pensei que iria perdê-lo. Quase enlouqueci. Sarah e Arthur foram maravilhosos comigo. Cuidaram de mim, me trouxeram a Nova Iorque... Depois, mamãe tomou conta de mim.

— Sua mãe?

— Sim. Eu estava tão transtornada que o mundo em volta deixou de existir e eu estava totalmente presa na minha dor.

Resumidamente, ela contou-lhe que Arthur e Sarah a levaram para o apartamento deles, pois chegaram na madrugada, e, preocupados com seu estado de letargia, chamaram Louise.

Ele a fitou, absorvendo o significado das palavras, antes de puxá-la para si, encostando a testa na sua e sussurrou-lhe.

— Louise? E... depois?

Entendendo aonde ele queria chegar, ela beijou-lhe o rosto, sustentando seu olhar intrigado.

— Bem... Mamãe começou a fazer perguntas... e eu, no meu desespero, mandei a prudência para o espaço e contei-lhe tudo.

Ele afastou-a para poder lhe olhar melhor, franzindo os olhos.

— Contou... tudo? *Bambina*... tudo o quê?

— Amor, calma... — ela sorriu maliciosamente. — Claro que omiti as partes que só pertencem a nós. Mas falei que começamos a nos relacionar depois do falecimento de Kate e Sarah confirmou. Ele sorriu lentamente e puxou-a para si, de modo que pode abraçá-la com um braço só.

— Então Louise já sabe sobre nós... — murmurou.

— E Lorenzo também. — ela completou, surpreendendo-o.

Riu quando ele afastou-a rapidamente, para olhá-la.

— Lorenzo? Ah, aquela "raposa velha"... Mas... mas como?

Ela sustentou o olhar dele por um longo momento, antes de abrir um sorriso largo.

— *Amore*, na realidade, você entregou-se sozinho. — disse ela com humor e amor presentes em seu tom.

Ele ficou em silêncio por uns minutos, passando os dedos por cabelos encaracolados dela, como gostava de fazer depois que faziam amor.

Estranhando seu silêncio, ela acariciou-lhe o rosto, enquanto fitava-o com seus olhos sorridentes.

— Não vai dizer nada? — ela perguntou sorridente.

Ele riu, e havia divertimento em suas palavras.

— Estou aqui tentando me lembrar como eu me entreguei.

— Evidentemente foi involuntário, mas uma passagem para São Francisco estava entre suas coisas que foram colocadas em um envelope e entregue ao Lorenzo no hospital.

— Mas... — começou ele.

— Claro que não sabíamos que ele já desconfiava desde o Natal. A passagem foi só a confirmação, ele me disse.

Então, realmente Lorenzo havia percebido o constrangimento dos dois no Natal e desconfiava que havia um envolvimento entre os dois.

— E eu que pensava que Aldo fosse o mais "*raposa velha*" de nós...

Susan ficou surpresa e seu olhar demonstrou isso, ao fitá-lo.

Ele estranhou sua reação.

— O que foi? — perguntou intrigado.

— Você se lembrou do Aldo...

— *Sì*. Lembrei-me de todos. Do meu *figlio* Luigi, de Gioia, de Aldo, Lorenzo, Piero e Cristiano... E que minha *mamma* se chama Carmela...

Ele sorria muito feliz por estar se lembrando de todos.

— Oh, Carlo, isso é fantástico. Eles vão ficar felizes em saber disso. Tem que chamá-los...

— Sim, vou pedir para chamá-los, mas agora não. Só quero ficar com você aqui, nesse momento.

— Você... você... lembra da hora do acidente?

— Não. *Niente*. Só lembro que antes de você voltar a São Francisco, depois do Ano Novo, nós fizemos amor em meu escritório. — seu tom de voz era inteiramente malicioso. — Ah, e lembro de Klaus nos levando para almoçar.

Ela anuiu sorrindo.

— Por falar nisso, como está ele? O que está fazendo?

— Que eu saiba, está de guardião no corredor da UTI. Não saiu daqui, desde que você foi hospitalizado após o acidente. Ele e Perkins.

Carlo sorriu.

— Meus anjos da guarda. — disse.

Susan resolveu não lhe dizer que Jon, um dos homens de Klaus, havia morrido tentando salvar-lhe a vida.

— Não lembra que nos falamos no almoço, horas antes do acidente? — perguntou a jovem.

Ele franziu os olhos.

— Não lembro não. Nós nos falamos?

— Sim. Você me disse que já havia comprado a passagem e que iria trazer uma surpresa para mim.

— Surpresa? Que surpresa?

— Não sei.

— Não me lembro disso, *amore mio*.

— Não tem importância. O que importa é você estar vivo e agora com a memória em dia. — comentou sorrindo.

Ele ficou sério e encarando-a, deixando-a sem jeito.

— O que foi? Por que me olha assim? — perguntou timidamente.

— Por que me dei conta de quê...

— De quê?

Ele pegou a mão dela e levou-a aos lábios.

— De que preciso me fazer feliz e, para isso, tenho que ter você só para mim. — sussurrou-lhe apaixonadamente.

Ela beijou-o nos lábios.

— Oh, meu amor. Eu também só serei feliz, com você ao meu lado.

— Preciso me recuperar rápido para podermos ficar juntos para sempre.

— Mas você sabe que vai demorar, não é? Acho que o médico já lhe adiantou. Um ano no máximo.

Ele gemeu de frustração.

— Dio, não sei se aguentarei...

— Terá que aguentar, meu amor. É necessário.

A enfermeira de plantão chegou até eles e notou que Carlo estava mais disposto.

— Enfermeira Kennya, — chamou lendo o nome dela no crachá. — Minha cabeça está doendo um pouco, mas, graças a Deus, a memória voltou. — anunciou Carlo. — Esse anjo de olhos verdes, aqui, me tirou da escuridão... — concluiu olhando carinhosamente para Susan, enquanto lhe beijava os dedos.

— Que ótima notícia. O Dr. Gunther precisa saber disso e sua família também. E infelizmente, seu horário acabou, senhorita.

— Você veio sozinha? — perguntou ele, segurando sua mão, impedindo-a de se afastar.

Ela anuiu.

— Giorgia me trouxe e eu voltarei de Uber.

— Você voltará?

— Não sei se seria uma boa ideia, Carlo. Naturalmente seus irmãos todos voltarão para te ver. É melhor não. Agora que sua memória voltou e falando melhor, creio que será melhor nos comunicarmos por celular, que tal?

Ele levou sua mão aos lábios e beijou-lhe os dedos um a um.

— *Perfetto*! Mas não demore em voltar aqui. Promete?

— Prometo, mas você bem sabe que dependerá de diversos fatores.

— *Sì.* Desculpe, *amore.*

— Agora vou indo. *Ciao, amore mio.*

— *Ciao, bella.*

A enfermeira os olhava com um sorriso cumplice.

Tão logo a jovem saiu, Carlo fechou os olhos sentindo-se um pouco cansado, porém feliz, pois sua memória voltara. A enfermeira deu-lhe um analgésico para aliviar a dor de cabeça que começava a lhe atormentar.

Como ele já esperava, o Dr. Gunther e toda sua equipe apareceram para vê-lo uma hora depois.

Estavam satisfeitos e disseram que, se ele continuasse com essa vontade férrea de sair dali, logo estaria indo para casa, para começar outra etapa de sua recuperação, que era a fisioterapia.

Fizeram muitas perguntas, examinaram-no, pediram nova tomografia da cabeça e exames de sangue. Um deles lhe falou que já haviam ligado para Lorenzo contando que ele recuperara a memória e que este já estava vindo com a irmã gêmea e com o filho.

— Sentiu alguma coisa diferente quando a memória voltou? — perguntou um dos médicos.

— Uma terrível dor de cabeça que depois foi amainando.

— E agora, o que sente?

— Apenas vontade de sair daqui! — exclamou ele determinado.

Os médicos riram.

— Não esqueça que temos que fazer a cirurgia de reversão da colostomia antes. Terá que ficar aqui ainda por um tempo, para estar completamente recuperado. Essa cirurgia requer muitos cuidados, para não deixar sequelas.

Feliz e animado, Carlo apenas anuiu.

Carlo estava ansioso por abraçar Luigi e os irmãos, agora sabendo a verdadeira ligação emocional entre eles.

— Nos contaram que foi quando uma linda jovem loira chegou aqui que sua memória voltou. E que é a mesma que esteve aqui, um dia após o seu acidente. Coincidência ou não, foi depois que ela saiu daqui que você começou a reagir ao tratamento. — comentou o Dr. Gunther sorrindo. — Acho que... — começou o médico. — ela tem muito poder sobre você.

Estou impressionado, Martinelli, com isso. — concluiu ele, com uma piscadela marota.

Carlo riu.

— De fato, doutor. Ela é muito especial para mim, pois é minha futura noiva. É a minha segunda chance. Quero sair logo daqui, para que eu possa comunicar nossas famílias que estamos juntos e que vamos nos casar. A maioria de nossos familiares não sabem sobre nós.

— Entendo. Bem, que tal agora fazermos aqueles exames que eu disse serem necessários nesse momento? Se tudo correr como esperamos, após a cirurgia de reversão, daqui um mês ou um mês e meio, você já estará no quarto, mas ficara dois dias sem visitas, para avaliarmos bem o sucesso ou não da cirurgia.

Carlo deu um longo suspiro.

— Essa é a melhor notícia que o senhor poderia me dar. Obrigado, doutor.

— Ora, você também ajudou com sua determinação, meu caro.

Os médicos se despediram e logo veio a enfermeira dar-lhe os medicamentos da hora.

Naquela noite, Carlo dormiu tranquilo, sem sonhos, sem flashes e sem dores de cabeça. Voltara a viver!

E assim, mais uma semana se passou.

Carlo passou o final de semana recebendo os irmãos que vieram dar-lhe as boas-vindas pela volta da memória. Antes recebera Lorenzo, Giorgia e Luigi. Walter viera visitá-lo uma vez na UTI quando ainda estava em coma e voltara agora no dia anterior para visitá-lo. Ficara feliz pela volta da memória do genro. E como agora morava no haras, ele só saia de lá esporadicamente. Porém estava sempre em contato com Luigi para saber sobre seu estado de saúde. O jovem estava eufórico em ver o pai lhe falando que estava com saudades dos jogos de tênis que faziam aos sábados, de assistir ao futebol com ele no sofá, comendo pizza e Coca-Cola, de nadarem juntos. O tempo todo Carlo ficou com o braço livre sobre os ombros do filho e de vez em quando o beijava na face.

Lorenzo e Giorgia o abraçaram com tanta emoção que foram muitas lágrimas saindo dos olhos dos três.

— Bem-vindo ao seu mundo real, meu irmão. Bem-vindo ao nosso mundo familiar. — disse-lhe Lorenzo. — *Ti amo,* meu irmão.

— Oh, Carlo, que alegria ver que você voltou a se lembrar de tudo e de todos. — Giorgia falou, enchendo-o de beijos no rosto. — E sei que foi um anjo loiro de olhos verdes quem fez você voltar para nós. — sussurrou-lhe a irmã, para Luigi não ouvir.

— *Vero, cara.*

No dia seguinte à visita dos três, foram chegando os outros irmãos.

Aldo foi o primeiro a fazer a visita, com Loretta.

Foi quando eles estavam na UTI conversando com Carlo que a enfermeira viera lhe dar a medicação da tarde e medir-lhe a pressão.

— Pressão ótima, senhor. Que bom vê-lo assim, alegre, feliz, dando risadas, falando. Parabéns.

Carlo riu e leu seu nome no crachá

— Obrigado, Sheyla.

— Mas eu soube também... — continuou a enfermeira. — que recebeu a visita da sua linda namorada. — concluiu sem perceber a expressão fechada e incrédula de Aldo.

— Namorada? Mas meu irmão não tem namorada! — exclamou o irmão mais velho. — Faz um ano só que ficou viúvo...

Ao olhar para a expressão de alerta de Carlo e a sisudez de Aldo, a jovem enfermeira se deu conta de que falara demais.

Recompondo-se rapidamente Carlo explicou, rindo.

— Ãh, aquela moça linda que me encheu de beijos é minha irmã Giorgia, Sheyla.

A jovem deu uma risada sem graça.

— Ah, sim. Desculpe.

Loretta sorriu gentilmente para a enfermeira que ficou constrangida.

— Não ligue meu marido, *signorina*. Ele tem essa cara feia, mas é um bom homem. — falou olhando divertida para o marido.

— Loretta! — Aldo chamou-lhe a atenção.

— Ora, *amore mio*, e não é verdade? — perguntou piscando para a jovem, que sorriu timidamente e se despediu.

Carlo não se conteve.

— Aldo, por favor, não havia necessidade de você ser ríspido com a jovem. Ela simplesmente não conhece Gioia e achou que era minha namorada. *Que Dio me perdoe, a mentira.* E depois, qual é o mal, se eu tiver uma namorada? — perguntou Carlo bem-humorado.

— Qual é o mal? Como assim? *Madonna*, só faz um ano que Kate faleceu. — respondeu o irmão mais velho, olhando carrancudo para o caçula.

— Não seja tão drástico, querido. Afinal, Carlo é desimpedido e já faz muito tempo que está viúvo. Não vejo mal algum. Estamos no século XXI, *caspita*! — concluiu Loretta irritada.

Ele olhou feio para a esposa, que lhe sorria divertida.

— Loretta, *o que aconteceu com* você hoje?

Ela beijou-lhe o rosto.

— Estou apenas dando minha opinião.

— Sei. Mas, na minha opinião, é cedo para Carlo pensar em namorada.

— Ei, meu irmão. Não sou nenhuma criança, estou vivo com a graça de Deus e solteiro. Se eu quiser ter uma namorada eu vou ter, sem pedir opinião de ninguém, *capisce*?

— Aldo, chega! Carlo tem 42 anos, *Dio mio*. — disse Loretta, muito zangada com o marido.

— *Va bene,* mas é a minha...

— Certo, mano. É a *sua opinião* e não a minha, okay? — a voz de Carlo não escondia sua irritação.

Ao ver que Carlo estava se irritando com Aldo, Loretta achou melhor encerrar a visita.

Carlo ficou sozinho por uns minutos e logo depois a jovem enfermeira voltou toda constrangida.

— Me perdoe, senhor, eu não sabia que...

— Não precisa se desculpar, minha querida. Meu irmão é muito convencional em certas coisas. Somente meus irmãos Lorenzo e Giorgia sabem da minha namorada linda.

Sentindo uma leve dor de cabeça, resolveu dormir uma pouco. As emoções foram muitas, desde que acordou.

Estava aliviado pela volta da memória, feliz por ver seu filho, Aldo e Loretta e sua *bambina*. Como ela estava linda! Ficou feliz também ao comprovar que, mesmo fraco, devido às medicações e o período do coma, sua libido despertou, com seu corpo reagindo aos beijos de Susan. Sentiu o sangue esquentar nas veias, ao vê-la e beijá-la. Mas sentia que não estava cem por cento nesse quesito.

Ao pensar em seus ferimentos e ainda estar na UTI, sentia o sangue ferver de ódio pelo causador daquilo tudo. *Maledetto Mendonza!*

Dias depois...

Quando foi liberado da UTI, foi levado ao quarto pelos enfermeiros, acompanhados do doutor Gunther e sua equipe. Luigi já estava lá, aguardando-o com um sorriso feliz no rosto, deixando-o emocionado. *Seu filho querido.*

— Mais uma etapa vencida, *figlio mio.* — disse-lhe enquanto era colocado na cama e preparado para receber a medicação intravenosa.

— Como estou feliz em vê-lo sem toda aquela parafernália da UTI, *papà.* — respondeu-lhe o garoto.

Os médicos riram e o Dr. Gunther colocou a mão no ombro de Luigi e deu-lhe um sorriso bonachão.

— Foi aquela parafernália que manteve seu pai vivo, meu jovem.

— Eu sei, doutor, desculpe. Graças a Deus que ele se livrou daquilo lá.

Depois de darem mais uma checada nos sinais vitais de Carlo e lhe passarem instruções sobre cuidados e medicações, deixaram-no a sós com Luigi.

— Venha aqui, meu filho, me dar um abraço.

O jovem se aproximou e abraçou o pai, cuidando para não o machucar.

— Que saudades, *caro.* — murmurou carinhosamente ao filho, passando a mão em seu cabelos para espalhá-lo como era seu hábito.

— Estava com saudades disso, papà. — falou Luigi, tentando arrumar o cabelo e fazendo o pai rir. — Volte logo pra casa.

— Prometo que vou seguir todas as orientações médicas, para sair logo desse hospital. Que tal irmos curtir nossa vila na Toscana, antes de ir para universidade? — sua voz não escondia o entusiasmo. — Ah, e muitas outras coisas boas acontecerão em nossas vidas, verá, *figlio mio*!

— Fico muito feliz, papà, em vê-lo tão animado... Que bom! A tia Gioia e tio Lorenzo estão trazendo a *nonna* para visitá-lo. A ansiedade dela era tão grande que,segundo tia Gioia, ela nem dormiu direito a noite passado.

— Tenho ideia sim, *caro,* pois também estou ansioso para abraçar minha *mamma.* — respondeu Carlo. — Tia Gioia ainda está por aqui? — perguntou curioso, pois sabia que a irmã não gostava de deixar a família tanto tempo sem a presença dela.

— Como *nonna* andava tão tristonha... tia Gioia, resolveu ficar mais um tempo... — acrescentou o jovem.

— Pobre *mamma*.

Enquanto aguardavam Carmela, Luigi falou sobre o término do curso secundário.

— Você é um *bravo ragazzo*. Sinto muito orgulho de você, meu *figlio*.

Conversaram até a chegada de Giorgia e Lorenzo com uma Carmela muito emocionada.

A velha senhora já chegou com lágrimas nos olhos e logo se aproximou da cama do filho, com os braços estendidos.

— Oh, *bambino mio,* como está?

Carlo recebeu o abraço cuidadoso da mãe, sorrindo e olhando com expressão divertida para os irmãos e o filho, ao ser chamado de *bambino.*

— *Mamma,* que saudades. Estou melhorando e logo irei para casa.

Com uma das mãos no coração, a idosa falou emocionada.

— Que susto você nos deu, figlio mio. Meu pobre coração quase parou de tanta angústia, ao saber que você estava entre a vida e a morte.

Com a mão livre, Carlo segurou a mão da mãe e levou-a aos lábios.

— Eu sei, mamma, mas agora já estou aqui. E sinto muito por fazê-la passar por tudo isso.

— E *grazie a Dio* que você recobrou a memória.

Lorenzo puxou a poltrona que estava sob a janela e a colocou perto da cama, para que a mãe pudesse ficar próxima de Carlo e segurar-lhe a mão livre, enquanto conversavam.

Quando chegou a hora de irem embora, a matriarca se emocionou novamente. Gentil e carinhosamente, Carlo enxugou uma lágrima solitária dos olhos da mãe.

— Agora vá para casa tranquila, pois logo estarei em casa. Me espere lá, sì? Me promete?

A idosa beijou-o na testa e assentiu.

— *Vá bene.* Mas, *per favore,* tenha juízo.

Carlo riu e puxou-a para que pudesse beijar-lhe a face amada.

Depois que os quatro saíram, a enfermeira veio ministrar-lhe mais uma medicação. Fechando os olhos para descansar um pouco, acabou adormecendo.

E assim foi durante toda a semana, recebendo visitas que o deixavam muito feliz pelo carinho e preocupação. Primeiro foram os sócios amigos, que não cabiam em si de contentes ao vê-lo no quarto. Quase que diariamente, o pessoal do escritório, principalmente Dothy, vinham colocá-lo a par das novidades e trazer-lhe frutas, com a permissão da enfermeira-chefe

Krista e Brian também foram dar-lhe um abraço. Todos lhe desejando um pronto restabelecimento.

Sem contar que Klaus e Perkins se revezavam na segurança do quarto e davam-lhe notícias sobre as investigações do capitão Carmone. Foi quando soube que Jon havia morrido ao tentar salvar-lhe a vida e soube que a prisão do informante de Mendonza no Tribunal era questão de horas. Depois de meses de investigação chegaram até ele. Usando da cautela para não o deixar escapar, esperavam um momento propício para efetuarem sua prisão.

Susan achou por bem não lhe ligar todos os dias, pois não queria perturbar sua convalescência. Ele dissera não ser necessário, pois já se sentia bem, mas a jovem não quis voltar atrás em sua decisão e ele foi obrigado a acatá-la. Fez-lhe bem saber o quanto ela se preocupava com ele. *Amor da minha vida.*

Graças a Deus seu sono voltara a ser bem tranquilo.

Uma semana depois, quando Lorenzo e Helen chegaram para visitá-lo, Carlo aproveitou para comentar com o irmão sobre Susan.

— Então você já sabia sobre Susan, Enzo? Surpreendeu-me, sabia?

Lorenzo e Helen riram e trocaram olhares cúmplices.

— Ora, meu irmão... — começou Lorenzo. — Desde o Natal que eu e Helen desconfiávamos disso, por mais que vocês tenham se recomposto com rapidez, a tensão entre vocês foi nítida.

— *Dio!* — exclamou Carlo, com os olhos arregalados e preocupados. — Então, *mamma*...

— Não. *Mamma* estava tão envolvida em sua alegria de estarmos todos reunidos que não percebeu. — respondeu Helen pelo marido.

Imóvel, sem saber o que dizer, Carlo fitava o irmão mais velho, que riu e deu-lhe um tapinha nos ombros.

— E olha, arrisco dizer que eu não fui o único a perceber. Talvez, não tenham chegado a mesma conclusão que eu, mas...

Passando a mão no rosto nervosamente, Carlo sussurrava:

— *Dio, Dio mio...*

Estava inconformado com sua falta de cuidado. *Deveria ter me policiado melhor.*

— Assim como acredito que Kate, no jantar do *Gio's,* percebeu a ligação emocional de vocês, pois não tirava os olhos de Susan e havia rancor em seus olhos. — acrescentou Helen.

— E... Aldo? — arriscou a perguntar à Lorenzo.

O irmão deu de ombros e falou.

— Bem, não comentou nada, mas você sabe o quanto nosso irmão é raposa velha. Aquele jeito impassível dele é apenas uma couraça, ele não perde nada do que se passa ao redor dele.

— Mas não fique preocupado — pediu Helen ao perceber seu semblante sério. — Isso só diz respeito a vocês dois, certo? E ficamos felizes por você querer dar continuidade à sua vida. E Susan é a mulher certa para você. — concluiu Helen dando-lhe um beijo no rosto.

— *Grazie, cara.* — agradeceu emocionado pela demonstração de carinho da cunhada. — Susan é a mulher da minha vida. Nós nos amamos e pretendemos nos casar tão logo eu volte a minha vida normal.

— Como é bom ver esse brilho de felicidade em seus olhos, meu irmão. Faz tanto tempo que isso não acontece. — observou Enzo.

Carlo apenas sorriu.

Lorenzo e Helen já estavam de saída do quarto, quando Klaus pediu licença para falar com Carlo.

— Senhor Lorenzo, senhora Helen... — cumprimentou gentilmente o alemão. — Como estão passando?

— *Bene.* E você, caro, como está? Sua família?

Lorenzo percebeu a tensão imediata do guarda-costas e ficou intrigado.

— Todos bem... Obrigado, senhor. — respondeu um tanto hesitante. Quando ficaram a sós, depois da partida do casal, Klaus se aproximou da cama e fitou seriamente Carlo.

— Pela expressão do seu rosto, acho que tem notícias. Certo? — indagou o ex-promotor.

Klaus riu e fez um gesto de cabeça confirmando.

— Então vamos à notícia. — incentivou Carlo.

— O FBI chegou à última prisão que faltava. O informante de Mendonza do Tribunal foi preso hoje. E o senhor nem imagina quem seja. Já lhe adianto que não era aquele quem nós pensávamos. — Klaus puxou uma cadeira ao lado da cama e sentou-se.

Carlo franziu a testa e a imagem do carrancudo Rocco veio-lhe à mente.

— Não... é... o Rocco Vitalle? — perguntou intrigado.

Klaus negou, num menear de cabeça.

Sério e mudo, Carlo ficou olhando para o seu guarda-costas, esperando sua resposta.

— Rocco ajudou o FBI. — adiantou Klaus.

Carlo levantou uma das sobrancelhas e continuou a olhar para Klaus.

— Homem de *Dio*, diga logo o nome desse canalha! — pediu, não escondendo a curiosidade.

— Steve Hardy.

A surpresa de Carlo foi tanta que ficou meneando a cabeça de olhos arregalados.

— Steve? Você está falando sério, Klaus? — perguntou, sem acreditar.

— Infelizmente falo sério senhor. Eu sabia que o senhor ia ficar decepcionado, tal como eu e Perkins. — acrescentou.

— *Dio mio*! Steve? Mas por que, *cazzo*? Sempre o tratei bem... Pensei que fossemos amigos...

Carlo não conseguia esconder a dor da traição.

Klaus chegou a sentir compaixão, ao ver os olhos marejados do patrão.

— Steve? Por quê? — desta vez, perguntou diretamente a Klaus.

— Rocco disse ao capitão Carmone que suspeitava de Steve há bastante tempo, mas, como não tinha certeza, ficou de olho nele e foi juntando os fatos.

Pasmo, Carlo continuava olhando seriamente para seu guarda-costas, sem ainda acreditar que Steve o havia traído. A dor da traição era tanta que ele parecia ter perdido a fala.

— Sinto muito por ter causado essa tristeza que vejo em seus olhos, senhor. — disse-lhe o alemão.

— Como chegaram até ele? — perguntou quase num sussurro.

— Como lhe disse, Rocco desconfiava dele há tempos e se pôs a observá-lo com mais atenção.

— No primeiro depoimento, o capitão Carmone disse que todos os interrogados tinham álibis perfeitos, deixando-o sem nenhum suspeito. — lembrou Carlo.

— Exato. Mas tempos depois, Rocco procurou o capitão e contou que, no dia da tocaia dos homens de Mendoza, ele estava voltando do banheiro e que, antes de entrar no campo de visão de Steve, ouviu ele ao telefone e sua voz transmitia nervosismo, quando disse *" Está feito!"*, antes de desligar o telefone rapidamente.

— *Madonna mia,* não posso acreditar.

— Infelizmente é verdade, senhor. Quando Steve viu Rocco chegando, ficou pálido e tentou desconversar sobre o telefonema, dizendo que estava falando com a esposa.

Rocco não acreditou, mas não insistiu, e continuou de marcação cerrada no seu chefe, pois, depois desse dia, Steve parecia incomodado com alguma coisa. Estava irritado, nervoso. E cada vez que o telefone tocava ele olhava o aparelho com expressão apavorada, sem saber se atendia ou não. Isso tudo ele achava estranho, pois o chefe sempre fora uma pessoa calma.

— Verdade. Eu nunca pensei que... — Carlo interrompeu-se, com a voz embargada. Estava muito difícil acreditar na traição de Steve.

— Contou também que todo começo de mês... — continuou Klaus, compadecido pela expressão tristonha do patrão. — Steve recebia um pacote muito bem lacrado e logo a seguir saía, deixando-o responsável pela segurança, enquanto ficava fora. Uma vez, perguntou aonde ele ia, e este lhe respondeu que ia ao banco. Muitas vezes, Rocco atendia ao telefone e, quando a pessoa percebia que não era Steve, desligava rapidamente, sem falar nada. E todos os dias, alguém ligava para saber notícias do senhor. Quando percebia a presença de Rocco, ele dizia que era sua esposa quem queria saber sobre a sua recuperação.

Carlo ouvia tudo com o cenho franzido, num menear de cabeça.

Interrogado pelos agentes, Steve não soube explicar o dinheiro em sua conta regularmente há seis meses. Então, pressionado pelo tenente Gibson, o mais durão do departamento, finalmente confessara chorando a sua participação a mando de Mendonza.

— Por sua culpa, dois pais de família foram assassinados a sangue-frio. — comentou Carlo, lembrando-se dos dois agentes que foram assassinados a sangue-frio.

— Sim. Ele lamentou a morte dos rapazes e lamentou a tocaia que fizeram para o senhor. Estava arrependido e nunca se perdoaria pelo que fizera ao senhor, que sempre foi uma pessoa generosa e que sempre o ajudava.

— Mas por que, *Dio mio*? Ele sempre pareceu uma pessoa integra e leal...

— Ele explicou que fora obrigado a colaborar, caso contrário sua família estaria em perigo e o dinheiro seria para a universidade dos filhos. Inclusive preocupado, mandou a família para Denver, a fim de tirá-los da mira dos capangas de Mendonza.

— E nós pensando que... era Rocco. Que *Dio* nos perdoe, Klaus.

O guarda-costas anuiu concordando.

— Verdade, senhor. — respondeu. — Agora, se me dá licença...

Klaus fez que ia sair e de repente voltou-se novamente para o patrão.

— Senhor, gostaria que o senhor soubesse... — disse sem o olhar.

— Sim?

— Minha esposa foi embora para a Alemanha e levou as crianças. Pediu o divórcio. — respondeu cabisbaixo. — Queria que eu me aposentasse de vez e procurasse outro emprego. — explicou o guarda-costas.

— E você, claro, não aceitou a sugestão dela.

— Exatamente. Disse que ainda não era hora. Ela então se encheu de razão e pediu o divórcio. Eu simplesmente aceitei.

— Oh, *caro*, sinto muito. Precisando de alguma coisa, conte comigo e Lorenzo.

— Certo. Obrigado, senhor.

Depois que Klaus saiu, Carlo ficou com o semblante fechado, ainda digerindo a traição de Steve.

Na manhã seguinte, o fisioterapeuta foi até o quarto se apresentar a ele e explicar o cronograma pós cirúrgico.

— Sou Julian Miller, o fisioterapeuta, senhor.

— Muito prazer, Julian. — e atentamente Carlo ouviu a explanação do jovem profissional.

— Mas tenho mesmo que fazer tudo isso? — perguntou depois que foi colocado a par do que teria que fazer durante os próximos meses.

— Isso e um pouco mais, se quiser voltar a andar como antes, senhor. Sua recuperação daqui para frente não dependerá só de mim. O senhor terá que colaborar comigo, pois dependerá também da sua determinação. O senhor terá que ser muito paciente e confiar em mim. Dependerá de uma cadeira de rodas, por algum tempo. E, à medida que for adquirindo força muscular, passará por um andador, muletas e por fim uma bengala. — disse-lhe o fisioterapeuta. — E quer que eu seja sincero? — perguntou o profissional, olhando-o nos olhos.

Carlo anuiu, sem esconder a preocupação.

— A verdade sempre, meu jovem.

— Pela gravidade das fraturas na bacia, fêmur e na perna esquerda, é muito provável que dependerá da bengala, principalmente no inverno. — avisou-lhe o fisioterapeuta, seriamente. — Mas, como já lhe disse, dependerá apenas do senhor! Terá que ter garra, coragem, determinação, muita fé.

Carlo o ouviu em silêncio, expressando seu desânimo num suspiro longo. Mas logo a imagem da mãe, Luigi e Susan vieram-lhe à mente, dando-lhe motivação e determinação, gerando um longo suspiro em seus lábios. *Iria conseguir. Tinha que ser forte por eles.*

— Está bem. Vou dar tudo de mim para essa recuperação ser mais rápida. Decisões importantes da minha vida dependem disso. — respondeu muito determinado, fazendo o fisioterapeuta sorrir satisfeito.

— Assim que se fala, senhor. Amanhã, já começarei com pequenos movimentos. O senhor ficou muito tempo inerte. Aos poucos, temos que reativar esses músculos estagnados. — completou sorrindo.

— Obrigado, *caro.*

Se despedindo, o rapaz saiu do quarto, deixando-o pensativo. E foi assim que Philip o enfermeiro o encontrou.

— Aconteceu alguma coisa, senhor? — perguntou gentilmente, colocando os apetrechos para fazer a higiene do seu paciente na mesa de cabeceira.

Carlo deu-lhe um sorriso cansado e triste.

— Não, *amico mio*. Apenas pensando na minha longa recuperação.

— Tenho a certeza de que vai colaborar com Julian e a recuperação não será tão longa quanto imagina.

— *Caro*, por maior que seja minha vontade e determinação em recuperar-me noventa por cento, ao menos, sei que a batalha será difícil e longa. Aquele crápula quase conseguiu acabar comigo.

— Pensamento positivo, senhor. O cara já recebeu o que merecia. E o senhor está aqui vivo, apesar dos ferimentos. Agora vamos trabalhar, que tal? — disse ele, puxando a coberta, para começar a higiene matinal.

Após o almoço, Carlo recebeu a visita de Kevin e os outros amigos, com exceção de Arthur que já o visitara dias antes. Os quatro amigos conversaram e riram bastante, o que deixou Carlo animado e motivado para sua recuperação.

Mais dois meses se passaram e já estavam em maio. Carlo já estava impaciente para sair do hospital. Estava ansioso para voltar para casa e voltar à sua vida normal, na medida do possível. Durante todo esse tempo, sua mãe não voltou mais no hospital, conforme lhe prometera, porém lhe telefonava ao menos duas vezes por dia. Susan, por sua vez, falava com ele por telefone uma vez por semana, mas se comunicavam bastante através de mensagens de texto. Ambos saudosos e desejosos sonhavam pelo próximo encontro.

Lorenzo sempre passava pelo hospital pela manhã, antes de ir para o trabalho, e Giorgia já havia voltado para casa, um mês atrás, mas também falava com ele, quase todos os dias, por telefone.

Certa manhã, o Dr. Gunther com um dos médicos de sua equipe e duas enfermeiras entraram no quarto.

— Bom dia, Martinelli! — cumprimentou com um largo sorriso.

Carlo, que estava com os olhos fechados, abriu-os e sorriu de volta. O outro médico também o cumprimentou, assim como as duas enfermeiras.

— Vamos levá-lo para fazermos uma nova tomografia da cabeça e logo o traremos de volta, certo? Está bem-disposto hoje?

— Estou muito bem, doutor, *grazie.*

— Thomas... — disse o cirurgião, indicando o outro médico... — o acompanhará nos exames e daqui uma meia hora, voltarei aqui, para conversarmos.

— *Certo,* doutor. — concordou.

Quando Carlo voltou ao quarto, 40 minutos depois, o doutor Gunther já o esperava à porta.

Depois de acomodá-lo no leito, uma das enfermeiras passou a prancheta para o cirurgião, que calmamente leu os dados, escreveu algo e a devolveu para a enfermeira.

Enquanto isso, o médico que acompanhou Carlo para realizar a tomografia entrou no quarto com o resultado dos exames nas mãos e entregou-os ao cirurgião chefe.

— Obrigado, Thomas. — agradeceu o Dr. Gunther.

Após examinar junto com seu assistente detalhadamente cada folha, devolveu-os a ele. Sorrindo voltou-se para Carlo que os observava com expectativa.

— Tudo dentro do que esperávamos, Martinelli. — falou aproximando-se da cama, para examinar-lhe as cicatrizes da cabeça e no fêmur.

— Estão ótimas, mas vamos continuar monitorando. — disse o cirurgião. — Logo passaremos para a última etapa de sua recuperação. Como o senhor está bem e os exames demonstram isso, vamos marcar a cirurgia da reversão da colostomia para o início de julho, okay?

Carlo deu um suspiro. Só em saber que logo ficaria livre disso, sentia-se aliviado.

— Por isso vamos retê-lo mais um tempo no hospital, para quando for para casa se sinta mais confortável e livre de qualquer tipo de cirurgia e estará mais forte.

E assim, se submetia a vários exames para saber seu quadro geral, semanalmente. A impaciência já estava tomando conta dele.

Até que numa manhã de julho, quando estava sozinho no quarto, o Dr. Roger entrou todo sorridente.

— Bom dia, Martinelli. Acabei de ver seus últimos exames laboratoriais e de imagem e tudo está perfeito. Parabéns. Agora podemos fazer a reversão da colostomia. Está preparado?

— *Grazie*, doutor. Sim, estou preparado. Estou feliz, depois de tudo que passei.

— Se tudo correr bem com a reversão como esperamos, daqui uns 15 dias poderá ter a tão esperada alta. Que tal?

Carlo sentiu-se renascer ao ouvir o médico.

— Está falando sério, Dr. Gunther?

— Claro que sim. Depois será com o senhor e seu fisioterapeuta. Se for disciplinado e completamente focado na sua recuperação, o senhor voltará a andar mais cedo do que imagina, ok?

Carlo não cabia em si de felicidade. *Em 15 dias, estaria em casa. Iria voltar para sua família e sua bambina...*

— *Grazie,* doutor. Devo minha vida ao senhor e sua equipe. — disse, comovido.

— Nós fomos apenas instrumentos de Deus. E além disso o que contribuiu para sua sobrevivência aos ferimentos foi sua ótima compleição física e vontade de viver.

— Certo, mas mesmo assim, *grazie!*

E assim, na primeira semana de julho, entrou na sala de cirurgia pela última vez, com pensamentos positivos de que tudo correria bem.

Sem nenhum contratempo durante a reversão da colostomia, os médicos o visitaram no quarto após a cirurgia, explicando como seria a recuperação.

— O importante é que, assim que estiver em condições, você faça caminhadas curtas pelo corredor. Isso ajudará a prevenir a formação de coágulos e estimula o intestino a recobrar a atividade normal. Se não tiver um acompanhante, chame uma enfermeira para orientá-lo, okay?

— Certo, Dr. Gunther. Eu só tenho acompanhante à noite, pois meu irmão tem o trabalho dele. Farei como o senhor determinou.

— Perfeito. Aguenta mais uns dias aqui...

— Agora é mais fácil, doutor. — Carlo respondeu, feliz.

Naquela noite dormiu mais tranquilo, apesar da enfermeiras entrando e saindo do quarto na madrugada.

Quinze dias depois, numa linda manhã de verão, o médico entrou no quarto todo sorridente.

— Bom dia, Martinelli. Como está se sentindo?

Carlo sorriu também, demonstrando estar se sentindo bem.

— Tranquilo, Dr. Gunther. Com as caminhadas que fiz, estou me sentindo melhor a cada dia que passa.

— Continue fazendo isso. É muito importante. Dentro de 20 dias, quero vê-lo no consultório. Okay?

— Estarei aqui, pode acreditar, doutor.

— Bem, vou assinar sua alta e novas prescrições, e enquanto isso pode chamar seu irmão para vir buscá-lo.

Dizendo isso, o médico saiu com seu assistente, enquanto as enfermeiras retiravam-lhe a medicação venosa e trocavam os curativos.

— Está feliz senhor, Martinelli? — perguntou uma delas.

— Muito feliz. Agradeço a todos vocês pela atenção, pela gentileza desse tempo todo, mas não aguento mais ficar nesse hospital.

Ambas riram.

— Não fizemos nada mais do que nossa obrigação, meu senhor. — respondeu a outra.

Tão logo elas saíram, Carlo pegou o celular que elas deixaram sobre a cama e ligou para Lorenzo, que atendeu prontamente.

— *Ciao,* irmãozinho. — disse, ao ver que era Carlo quem ligava.

Carlo riu gostosamente. Estava muito feliz.

— Obrigado pelo irmãozinho, mas diga para *mamma* que estou indo para casa.

Houve um segundo de silêncio do outro lado.

— Como assim?

— O doutor Gunther me deu alta.

Lorenzo soltou uma gargalhada feliz.

— Sério isso, meu irmão?

— Sim. Ele esteve aqui há pouco, fiz mais uma tomografia e alguns RX, examinou-me e disse que, da parte dele, eu estava livre. Agora será só entre mim e o fisioterapeuta e em casa.

— Que notícia maravilhosa. Todos ficarão felizes. Sabe o horário para eu ir buscá-lo?

— Não precisa se preocupar. Klaus disse que me levará.

— *Certo.* Mas eu quero estar em casa para recebê-lo.

— Bem, as enfermeiras já tiraram minha medicação intravenosa. Não aguento mais ficar aqui. — queixou-se.

— Já estou saindo do restaurante.

— *Grazie,* meu irmão.

Três horas depois, Carlo já estava deitado em sua cama, no seu quarto, na sua casa, radiante, feliz por ter saído do hospital. Julian, o fisioterapeuta, veio junto. Como fora contratado pela família, iria ficar na casa de Carlo.

Enquanto esteve hospitalizado, seguindo instruções do próprio fisioterapeuta, Lorenzo mandara reformar e equipar a academia da casa de Carlo, com equipamentos adequados para facilitar a recuperação do irmão.

Quando Klaus encostou o carro frente à sua casa. A maioria dos vizinhos estavam lhe aguardando para dar-lhe boas-vindas, assim como Luigi, Carmela, Lorenzo, Helen, Lucy e Marco.

Com cuidado, Julian, Klaus e Perkins o levaram para o quarto, onde Marien, a governanta, já havia preparado a cama para deitá-lo. O quarto ao lado estava pronto para Julian que iria ficar ali por algum tempo.

Carmela entrou no quarto com um pote de cristal nas mãos, com um largo sorriso.

— *Mamma*... — disse Carlo emocionado ao ver a mãe amada. — Está contente por me ver em casa?

A matriarca se sentou na beira da cama e colocou o pote na mesa de cabeceira.

— Oh, *figlio mio*, evidente que sim. *Grazie a Dio*, você está aqui comigo.

Carlo pegou a mão dela e levou-a aos lábios.

— E o que trouxe nesse pote? É para mim? — perguntou, apontando com a cabeça para a mesa de cabeceira.

A mãe beijou-lhe a testa e pegou o pote.

— *Sì*, é para você. Biscoitos de nozes, que você adora.

— Oh, dona Carmela, sabia que é a melhor mãe do mundo? — disse puxando-lhe para perto para dar-lhe um beijo na bochecha.

— *No, no*, Carlo, não me puxe assim... — disse a idosa, querendo endireitar o corpo. — Você pode se machucar.

Nesse instante, Luigi entrou no quarto.

— *Papà*, que bom que você está em casa. — disse se aproximando da cama, pelo outro lado, para poder abraçá-lo.

— Luigi, que alegria poder estar em casa com você, *figlio mio*.

— O senhor está bem?

— Não estou aqui? — respondeu com outra pergunta, fazendo o jovem rir.

Depois de beijar o pai, ele foi para o lado da avó e também a beijou.

Julian entrou no quarto e foi apresentado aos dois porCarlo.

— *Caro*, confio em você para fazer meu Carlo andar. — falou a matriarca apertando a mão estendida do jovem profissional.

— Farei a minha parte, minha senhora, mas a disciplina e determinação são inteiramente do seu filho. — respondeu o profissional, com um sorriso.

Luigi também lhe apertou a mão e disse que iria estar ao lado do pai, para que ele não desanimasse no meio do caminho.

— Está bem instalado, Julian? — perguntou Carlo.

— Muito bem instalado, senhor. Obrigado.

— A sua piscina é aquecida? — perguntou o profissional.

— Sim. — respondeu.

— Perfeito. É ali que vamos começar a trabalhar com seus músculos enfraquecidos.

— Que bom, pois eu adoro minha piscina.

E assim o tempo passou e o verão chegando ao fim, com Julian trabalhando incansavelmente na recuperação de Carlo que terminava o dia cansado, dolorido e irritado, pois ainda não conseguia ficar em pé sozinho. O fisioterapeuta dizia que era assim mesmo no início, o que o irritava mais ainda. Dizia que era na água que ele iria sentir mais os músculos da perna.

O telefonema de Susan à noite é que lhe dava ânimo. Ouvir a voz doce de sua bambina era um bálsamo para suas dores e irritação.

— Carlo, não desista, *amore mio.* — disse-lhe ela, certa noite.

— Estou cansado, *bambina.* Há quase dois meses que faço fisioterapia e não consigo ficar em pé.

— *Amore,* entendo. Imagino que para você seja difícil ficar nessa situação. Você sempre foi uma pessoa ativa, independente, sempre em dia com sua forma física...

— Sabe, Susan... Eu me sinto impotente. Nada que eu faço parece surtir resultado.

— Eu imagino, amor... Mas lembre-se que você está nas mãos de pessoas capazes e uma recuperação desse tipo leva tempo, meu querido. Não pense no difícil. Foque em coisas que possam te distrair no tempo livre da fisioterapia. Leia seus livros jurídicos, suas revistas de esporte que você gosta tanto ou... por que não escreve um livro? — sugeriu ela empolgada.

— Um livro? Sobre o quê? — perguntou ele curioso.

— Sobre sua vida na promotoria, o aprendizado durante esses anos todos de trabalho, os percalços que teve que enfrentar, suas vitórias...

Carlo a ouvia em silêncio assimilando as palavras ditas por ela.

Ele deu um suspiro profundo.

— *Grazie* pela preocupação, *bambina mia. Grazie* pelas sugestões. Prometo que vou pensar com carinho, okay? Foi tão bom ouvir sua voz. Queria que você estivesse aqui...

— Logo estaremos juntos. Mas para isso tem que dar tudo de si, *amore*. Me promete?

— Por você, Luigi e *mamma*, sì.

— Te amo, não esqueça disso. Vou desligar agora. Você precisa descansar. Boa noite.

— Também *ti amo, bambina mia. Buonanotte.*

Era início de setembro, anunciando que teriam um outono úmido e frio. Carlo foi ficando mais irritado e revoltado, pois, quanto mais se esforçava, mais difícil ficava para ficar em pé. Na piscina, ainda conseguia se apoiar na borda e se equilibrar, mas era só. Foi ficando mal-humorado e amargurado, maldizendo Mendonza a cada fracasso e vociferando que não ia mais fazer fisioterapia, pois não estava adiantando nada.

O jovem fisioterapeuta estava um tanto frustrado, pois sabia que a atitude derrotista do seu paciente estava interferindo diretamente na sua recuperação. Luigi foi tentar amenizar, mas o pai mandou-o calar-se, deixando-o sem palavras e magoado. Mesmo assim, ao sair, mostrou o sangue dos Martinelli.

— Então faça o que o senhor quiser! Fique aleijado e fique numa cadeira de rodas até morrer! E eu não vou mais tentar ajudá-lo!

— Olha lá, *bambino*, não levante a voz para mim... Sou seu pai. Você... Ei, volte aqui! Luigi! Luigi!

Ignorando os gritos do pai, o jovem saiu furioso.

— Mas quem ele pensa que é? — resmungou para si.

Mais tarde, quando Julian entrou em seu quarto, a fim de buscá-lo para os exercícios na piscina, ele simplesmente olhou para o jovem fisioterapeuta e disse que não ia fazer mais fisioterapia alguma e que ele estava dispensado.

O jovem ficou sem ação olhando-o perplexo e perguntou:

— Mas... Mas qual é o problema?

— Já estamos há um mês e meio com esses exercícios e nada de resultados. — queixou-se, não escondendo a frustração. — Vou tentar fazer sozinho. — decidiu.

O jovem fisioterapeuta suspirou e colocou as mãos nos bolsos do jaleco, fitando-o firmemente.

— Senhor, seus ferimentos foram muito graves e ficou muito tempo sem exercícios, a recuperação é longa e difícil. O Dr. Gunther e eu lhe avisamos. Está lembrado?

— Sim, mas creio que não está dando certo.

— O senhor até pode tentar fazer sozinho, mas lhe garanto que será mais difícil.

— Estou cansado, Julian. Você é um bom rapaz e sei que é um excelente profissional, senão o Dr. Gunther não o indicaria, porém não está dando certo para mim.

— O senhor está falando sério em me demitir?

— Sim. Só estou te atrapalhando...

— Senhor, é o meu trabalho. O meu foco é apenas a sua recuperação.

— Mas está liberado, meu rapaz. Peço-lhe desculpas. Procure Lorenzo e ele lhe pagará os honorários.

— Mas... — o jovem resolveu não falar mais nada e deu um longo suspiro. — Ok, então. Mas, se o senhor mudar de ideia, tem o meu telefone.

— Sim. Mas não mudarei de ideia.

Frustrado o profissional saiu do quarto.

Logo depois o celular de Carlo tocou. Era Susan.

Friamente atendeu-a e ela percebeu seu tom de voz.

— Amor, o que aconteceu? — perguntou preocupada.

— Nada. — respondeu rudemente. — Estou cansado de tentar o impossível. Não quero fazer mais fisioterapia.

Silêncio do outro lado.

— Como assim, não quer fazer mais fisioterapia? — perguntou ela, segundos depois.

— Simplesmente, não querendo. A vida é minha e eu estou farto.

— Ah, sim, você quer ficar numa cadeira de rodas. É isso que você está escolhendo?

— Não se preocupe que você não irá empurrá-la para mim, certo?

Silêncio novamente.

— O que quer dizer com isso?

— Que não vou obrigar ninguém a ficar comigo por piedade.

— Deixe de ser ridículo! — explodiu a jovem.

— Estou apenas dizendo a verdade. Acho melhor terminarmos aqui e você seguir em frente e encontrar outra pessoa livre de problemas.

— Ah, não, Carlo, de novo não! Uma vez já discutimos isso. Um relacionamento é feito entre duas pessoas e nem sempre as coisas vão estar bem, a vida nos traz desafios e somos mais fortes juntos para enfrentá-los. Eu estou escolhendo ficar do seu lado porque eu te amo.

— Pode ser que você me ame agora, mas daqui a algum tempo, se eu não voltar a andar... Eu não suportaria a ideia de você olhar para mim com pena, frustrada e arrependida. Eu estou terminando com você e nos poupando de mais sofrimento.

Susan do outro lado ficou muda.

— Você... Está terminando com... comigo? — perguntou, sem acreditar naquilo.

— Sim. Não me ligue mais e não me procure mais.

— Não acredito no que estou ouvindo... — disse a jovem, sem esconder a mágoa no tom de voz. — Eu... eu...

— Pois acredite. — cortou ele duramente. — Se ligar, não vou atender.

— Então vá para o inferno! — gritou a jovem, num rompante de raiva.

— Já estou nele, há tempos. Estive nele por anos, saí e agora entrei de novo nele. — respondeu cínico.

— Então se queime no fogo do inferno, até virar cinzas.

— Terminou?

— Não! Tem uma coisa que eu preciso te dizer... — disse irritada.

— Diga então e me deixe em paz! — Carlo estava tão amargo e revoltado que não percebia o quanto estava magoando Susan.

— Você é um covarde. Está jogando fora toda a nossa história, todo o nosso amor, por medo de ser vulnerável. Covarde!

Carlo ficou em silêncio sentindo a decepção na voz de Susan.

— Covarde? Eu?

— Sim. E eu acho que, além de fisioterapia, você precisa de um psicólogo. Mas quem sou eu para tentar ajudar alguém que não quer ser ajudado. Cansei.

E desligou.

Carlo ficou olhando para o celular por muito tempo e não percebeu Klaus encostado no batente da porta.

Quando percebeu sua presença, viu que ele meneava a cabeça, com expressão acusatória.

— Desligou na minha cara! — explicou com expressão de espanto.

— O senhor tem certeza de que queria dizer isso tudo a ela? — perguntou o guarda-costas, com sinceridade. — Desculpe, eu estava passando e sem querer ouvir o que disse a ela.

— É o melhor a ser feito. — defendeu-se.

Klaus anuiu e ficou quieto.

— Por favor, peça para Luigi vir aqui. Quero falar com aquele mal-educado.

Com um leve aceno da cabeça, Klaus saiu do quarto. Ao fechar a porta, sorriu. *Eu nunca o vi assim...* Esperava que a razão o fizesse voltar atrás. Mas... Certo ou errado, a escolha era dele.

E em questão de minutos, retornava com um recado de Luigi.

— Ele disse que agora não pode vir e que não quer conversar com o senhor.

— Mas esse *bambino* está mostrando as garras. Turrão! Ele nunca foi assim... — queixou-se.

Klaus deu um sorriso. *Tal pai, tal filho,* pensou.

O sorriso irritou Carlo, que fitou o guarda-costas com expressão fechada.

— Por que esse sorriso? Vá, antes que eu o demita também. — disse zangado.

— Ok. Com licença... — disse o alemão sem deixar de rir e saiu, fechando a porta suavemente.

Carlo estava tão alterado que pegou o celular que ainda estava em sua mão e jogou-o contra a porta.

— Dois minutos depois, Lorenzo entrou com os olhos azuis reluzindo e Carlo sabia que o irmão estava furioso.

— O que está acontecendo, Carlo Martinelli? Retrocedeu no tempo? Voltou a agir como criança emburrada e mimada, jogando objetos na porta?

— disse o irmão mais velho juntando o celular do chão e algumas peças que dele voou quando foi jogado.

— Não venha dar uma de Aldo. — reclamou. — O que quer aqui? — perguntou Carlo irritado.

— Ah... Está mal-educado também?

— Enzo, por favor, diga o que quer e saia daqui. Não quero falar com ninguém.

Sem dar ouvidos ao caçula, Lorenzo colocou o celular e o que restava dele numa pequena mesa e calmamente se sentou na poltrona que estava ao lado dela.

Cruzou as longas pernas e fitou duramente o irmão, que lhe sustentou o olhar.

— Que pena, pois vai ter que falar comigo. Julian foi dispensado... Verdade?

Carlo retesou-se e torceu a boca.

— Como sabe? Quem te contou?

— O próprio. Ele me telefonou e me contou a cena ridícula que você fez. Já acertei as contas com ele que partiu imediatamente. Depois, foi Luigi quem me telefonou.

— Esse *bambino* merece umas palmadas... — comentou irritado.

— Só ele? Você também está merecendo umas palmadas de dona Carmela. — retrucou malicioso.

— Engraçadinho. — vociferou fulminando o irmão com um olhar.

— O que deu em você para mandar Julian embora? Um ótimo profissional...

— Que não resolveu nada. — interrompeu Carlo.

— Como não resolveu nada, rapaz? Você já está fazendo movimentos que não fazia, desde que saiu do hospital. — retrucou Lorenzo irritado com a teimosia do irmão.

— Mas não consigo andar. Mal consigo ficar em pé. — reclamou.

— Carlo, o doutor Gunther falou que seria uma recuperação lenta, devido todas as fraturas que sofreu. *Caspita*! Onde está o homem calmo e determinado que conheço, desde que nasceu?

— Este não existe mais. Mendonza o matou.

— Deixe de drama e de infantilidade. Acovardou-se agora?

O maxilar de Carlo retesou-se e seus olhos espelhavam a raiva que estava sentindo.

— A tua sorte é que não posso levantar daqui, senão levaria um soco, que você nunca iria esquecer.

— Talvez por isso eu tenha dito agora. — respondeu Lorenzo irônico. — Mas te garanto que você levaria o troco.

— Não é questão de *covardia* e sim *cansaço*. Não aguento mais me puxarem aqui e ali e tomar analgésicos. Não aguento mais ouvir que tenho que ter paciência. Não aguento mais sentir dor! *Capisce?* — gritou para o irmão.

Lorenzo ficou olhando-o, surpreso pelo estado emocional de seu irmão sempre tão calmo, tão determinado. Sua dor moral talvez fosse pior do que a dor física.

— Carlo, você não quer recuperar-se? E *mamma,* Luigi e Susan?

— Susan não conta mais. — retrucou sem esconder a amargura.

— O que quer dizer com "Susan não conta mais"?. — perguntou intrigado.

Carlo desviou o olhar e abaixou a cabeça.

— Carlo, por que *ela não conta mais?* O que aconteceu? — tornou a perguntar, mais preocupado ainda, diante do silêncio dele.

Assustou-se quando viu as lágrimas retesadas nos olhos do irmão caçula.

— O que houve, Carlo? Vocês... por acaso...

— *É finito tutto,* Enzo! Acabei com tudo. Não a quero presa a um aleijado. Não quero que me olhe com pena. Eu não suportaria...

— *Pazzo*! Não acredito que você fez isso. Ela foi a melhor coisa que aconteceu na sua vida, depois de Luigi. Inacreditável, o que a covardia faz com um homem.

— Oh, não, você também, Enzo? *Não. Sou. Covarde!* — explodiu ofendido, enfatizando cada palavra.

— Covarde sim! — retrucou com ênfase Lorenzo, não se importando com a cara feia do irmão. — Covarde e insensato.

Carlo deu de ombros. Lorenzo, que tinha ficado em pé, colocou as mãos na cintura e balançou a cabeça de um lado para o outro, incrédulo.

— Ah, meu irmão... — disse Lorenzo pesaroso, apertando-lhe um dos ombros. — Você consegue perceber que está com medo? Talvez você esteja precisando de mais ajuda do que imagina... Já pensou em conversar com alguém, um psicólogo, por exemplo?

Amargurado Carlo ficou em silêncio por alguns segundos.

— Não... Acho que preciso ficar sozinho, me afastar de tudo e todos. Acabei de decidir: vou ficar um tempo na minha vila na Toscana. Quem sabe lá, eu consiga fazer meus exercícios sozinho e voltar a andar.

— Acho que você está ficando louco. — disse Lorenzo. — Como fazer os exercícios sozinho? Você não é fisioterapeuta que eu saiba. E se fizer algo errado e colocar tudo a perder?... Deixe de bobagem. Ligue para Aldo conseguir um profissional por lá.

— Não! — negou veementemente. — Não quero mais ninguém me tocando, me fazendo sentir dor.

— Mas...

— Não insista, Enzo. Já decidi e não voltarei atrás.

Lorenzo torceu a boca e levantou as mãos, numa atitude de paz.

— *Certo.* Não está mais aqui quem falou. Mas acho que está cometendo um erro terrível, tal como fez com Susan. A vida é sua, portanto a escolha também é sua.

— Exatamente. Mas, mesmo assim, agradeço a preocupação.

Com um longo suspiro, Lorenzo chegou até ele, apertou-lhe o ombro, num gesto de conforto e carinho e compreensão.

— Bem, agora tenho que ir. Quando pretende ir para a Itália?

— O quanto antes melhor. Vou conversar com Luigi primeiro e depois com a *mamma.* Quero que ela me acompanhe. E pretendo que Klaus também me acompanhe.

— *Meno male.* Klaus continua sendo seu guarda-costas. — disse sorrindo. — E será bom para *mamma.* Mas creio que ela vai insistir num profissional.

— Por isso quero conversar com ela antes.

— Certo. Boa sorte. — Lorenzo se despediu e saiu do quarto, deixando o irmão caçula pensativo.

E pensativo, Lorenzo também entrou em seu carro. *Não vou ficar de braços cruzados vendo-o pôr em risco sua saúde, irmãozinho.*

Tão logo chegou no restaurante, fechou-se em seu escritório, pegou o telefone e fez uma ligação.

— *Ciao, Aldo.*

— Lorenzo... *caro*, aconteceu algo com *mamma*? — perguntou preocupado, o irmão do outro lado

— *No*. É sobre Carlo.

— Ele está bem? Aconteceu alguma coisa?

— Ainda não, mas, se não tomarmos algumas providências, acontecerá com certeza. Nosso *fratello* está bem, mas muito depressivo, desanimado, e estou preocupado com sua recuperação. Vou lhe colocar a par da situação e depois quero sua opinião. Ele está querendo ir para a Toscana.

— Ótimo. Será bom para ele. O fisioterapeuta vem junto?

— É sobre isso que quero lhe falar. Ouça...

E assim, contou ao irmão mais velho a teimosia de Carlo em não querer fazer mais fisioterapia. Falou sobre seu estado emocional, omitindo é claro o rompimento com Susan, uma vez que Aldo não sabia de nada.

Após 15 minutos de conversa, entraram em comum acordo sobre qual atitude deveriam tomar para ajudar o irmão caçula.

— *Certo*, Enzo. Vou encontrar o melhor fisioterapeuta de Milão. Dá um beijo na Helen e na *mamma*.

— Certo. *Ciao*.

Com um suspiro de alívio, Lorenzo desligou o telefone. Sabia que estava fazendo o certo.

Aldo sabia ser persistente e intolerante quando queria. Carlo iria encontrar um osso duro de roer.

Levantando-se, abriu a porta para o maitre que queria lhe falar.

Em São Francisco, Susan não conseguia comer nada. Tudo tinha gosto de serragem. Estava furiosa e magoada com Carlo, depois de se falarem ao telefone.

— Covarde, covarde, covarde. Turrão! Ridículo! — estava bufando de raiva. —Por mim pode morrer na cadeira de rodas!

Nem dormiu direito. As palavras dele ainda estavam bem nítidas em sua mente. Começou a socar o travesseiro, ao mesmo tempo em que explodia em lágrimas.

— Idiota! Idiota! Idiota! — esbravejava entre soluços.

Dormiu mal. Levantou-se antes da hora e foi para a cozinha fazer um café bem forte, para ajudá-la a enfrentar o dia de trabalho que tinha pela frente.

Tomou um banho demorado e saiu. Não iria dirigir, cansada e irritada como estava. Era melhor ir de Cable Car.

Chegando no escritório, desabafou com Sarah.

— É verdade, Su? Ele terminou tudo? — disse a ruivinha incrédula.

— Verdade. Acha que não voltará a andar e não quer ser um peso morto para mim. Não é um idiota?

Sarah riu.

— Devo concordar, amiga. Mas é surpreendente, pois ele é tão calmo. Tão ponderado...

— Era. Agora você não o reconhece mais. Está irredutível, não quer mais fazer fisioterapia. Que vontade de bater nele! - Exclamou furiosa.

— Acalme-se, amiga. Logo ele voltará ao normal. Ele logo ligará para lhe pedir desculpas, verá.

— Que vá para o inferno! Quem não quer saber dele, agora sou eu! — respondeu furiosa.

Sarah riu, diante da fúria da amiga.

— Queria gravar suas palavras agora... — disse a ruivinha ainda rindo da amiga.

Susan olhou-a de cara feia.

— Não acredita, não é? Pois vou te mostrar.

— Sei. Sei. — falou Sarah, num sorriso irônico, que deixou a amiga mais zangada.

Nesse instante, Justin chegou e chamou-as em seu escritório.

Durante todo dia, o trabalho distraiu-a e até divertiu-se na hora do almoço com as piadas de Justin.

Mas, ao voltar para casa, as palavras ferinas de Carlo soavam sem piedade em sua mente.

Após tomar banho e comer uma salada com torradas, jogou-se na cama, esgotada, pois o trabalho havia sido puxado e exaustivo. Afinal, não dormira na noite anterior.

Seu coração estava apertado ao lembrar-se de Carlo. Entendia que ele devia estar revoltado e desanimado, mas não justificava sua desistência em recuperar-se. E que motivo bobo para terminar o relacionamento deles. Pensou em telefonar-lhe, mas desistiu. Ele que ficasse tendo pena de si mesmo e ficasse travado de vez.

Resolveu ligar para a mãe.

— Oh, minha filha, pensei em você hoje. Como está?

— Bem, mamãe, apesar de alguns problemas. — queixou-se.

— Problemas no trabalho?

— Antes fosse... — murmurou.

Louise conhecia muito bem sua filha. Detectou tristeza na voz da jovem.

— O que foi, querida?

O tom carinhoso da mãe, desestruturou-a.

Não conseguindo reprimir o choro, entre lágrimas Susan contou à mãe sobre a discussão com Carlo e sua decisão em desistir de sua recuperação. Contou que ele havia terminado o relacionamento de uma maneira grosseira e estúpida.

— É temporário, você verá. Ele está na fase da revolta. Lembre-se que ele quase morreu. Não será fácil ele ganhar massa muscular, com as dores que ele sente, minha querida. Ele é muito impaciente e quer resultados imediatos e não é bem assim. — explicou a mãe, tentando amenizar a dor da filha.

— Ah, mamãe, eu o amo tanto... — confessou chorosa. — Mas ele não quis me ouvir e rompeu, então o mandei para o inferno!

— Deixe o tempo passar e ele retomar as forças. Ele está muito debilitado e vulnerável, minha filha. Tenha um pouco de paciência.

— Mas eu tenho paciência, mamãe. Ele é que não tem. É tão teimoso...

— Não fique assim. Tudo se resolverá, você vai ver. Soube por Luigi que ele está pensando em ir para a vila dele na Toscana, com Carmela e Klaus.

— Para a Toscana? Vai se enterrar lá de vez. Sem um fisioterapeuta? Aí que não fará exercício algum. Está vendo? Teimoso feito uma mula.

Louise deu risada.

— Não ria, mamãe. É sério.

— Desculpe, querida, mas vocês estão se comportando como duas crianças.

Susan ficou ofendida e defendeu-se irritada.

— Mamãe, foi ele quem rompeu comigo!

— Certo. Mas você sabe que Carlo sempre foi independente, determinado, sadio, viril...

— E...

— E agora está em uma cadeira de rodas, sentindo dores, totalmente debilitado, dependente e tomando analgésicos.

— E precisava ser tão grosseiro comigo?

— Querida, é assim mesmo que acontece com pessoas que ficam limitados após um grave acidente. Lembre-se que quiseram matá-lo e, por pouco, não conseguiram. Então tente entender o lado dele.

— Então eu tinha que ouvi-lo e ter ficado quieta? Ouvindo-o dizer bobagens?

Louise ficou em silêncio, fazendo-a entender, sem palavras, que era o que ela deveria ter feito.

Susan riu, balançando a cabeça.

— Ah, me poupe, mamãe. Ouvi-lo dizer asneiras e dizendo que não quer saber mais de mim?

Ouvindo a mãe suspirar, Susan sentiu com os olhos marejados.

— Ele di... ele disse que... que era para eu não ligar mais e que não queria mais me ver... — queixou-se, chorosa.

— Oh, minha filha, como sinto isso, mas tenha paciência com ele. Ele a ama demais para romper tudo dessa maneira. Dê um tempo a ele, sim?

Susan limpou as lágrimas nervosamente.

— Está bem, mamãe. Farei isso. Mas eu estava tão ansiosa para poder contar a todos de uma vez...

— Relaxe. As coisas acontecerão no seu devido tempo. Vai dar tudo certo.

— Obrigada, mamãe, por me ouvir. Te amo.

— Também te amo. Só sinto não estar aí para te dar um colinho.

— Mas só em ouvir o meu desabafo, já me ajudou bastante. Avise-me quando ele for para a Itália.

— Avisarei.

— Klaus irá com ele? E a família dele vai junto?

— Não. Segundo Luigi, só Klaus irá.

— Isso é ótimo. E talvez Klaus ajude o turrão a sair dessa fase deprimente.

— É uma possibilidade. Carlo confia muito nele.

— De fato. Vou tentar dormir, mamãe. Essa noite passada eu estava tão irritada que não consegui dormir nada.

— Eu também preciso dormir. Levantei muito cedo hoje e estou muito cansada. Atendi algumas pacientes de um colega que pegou uma gripe muito forte. Boa noite, minha filha. Durma bem e tenha calma e paciência.

— Vou tentar, mamãe. Boa noite.

Susan ia desligar quando lembrou-se de algo importante.

— Mamãe, a senhora não contou ao papai sobre Carlo e eu, não? — perguntou não escondendo a preocupação.

— Não, minha filha. Vocês é quem deverão contar a ele e ao Matt e ao Luigi.

— Certo. Obrigada, mamãe. Obrigada.

— Não precisa me agradecer, filha. Sou mãe e isso basta. Boa noite, querida.

— Boa noite, mamãe.

Um pouco mais tranquila, Susan adormeceu logo.

Enquanto isso em Milão, Aldo recebia em seu escritório um homem alto, forte e musculoso, que mais parecia um pugilista do que um fisioterapeuta, inclusive demonstrando que o nariz fora quebrado, provavelmente resultado de uma luta.

— Por favor, sente-se, *signore* Benetti. Tive ótimas referências sobre o seu trabalho e tenho certeza de que é o homem certo para cuidar do meu irmão.

— *Grazie, signore* Martinelli. Agradeço sua confiança. Sei alguma coisa sobre seu irmão através da mídia. Sei que sofreu um atropelamento premeditado por um traficante que ele colocara na prisão e também sei que ficou em coma por meses entre a vida e a morte. *Certo?*

— Isso mesmo. — E rapidamente, Aldo contou-lhe tudo, desde o atropelamento, até o momento, inclusive sobre a dispensa do fisioterapeuta indicado pelo cirurgião que o atendera.

— Está me dizendo então que ele já foi atendido por um fisioterapeuta?

— Exatamente. Um ótimo profissional, mas que Carlo resolveu dispensar, porque não consegue ficar em pé. Meu irmão está impaciente, deprimido e totalmente debilitado. Nosso outro irmão de Nova Iorque disse que ele sente dores horríveis e vive a base de analgésicos.

— Entendi. Se eu tivesse o prontuário dele...

— Aqui está. — disse-lhe Aldo empurrando-lhe uma pasta que até então estava sob suas mãos. — Nosso irmão Lorenzo enviou-me um relatório do fisioterapeuta que o atendeu dois meses atrás, assim como todo o histórico médico, que ele conseguiu com o cirurgião que o atendeu, desde que deu entrada no hospital.

O profissional começou a folhear e ler cuidadosamente o conteúdo da pasta, sendo observado por Aldo, ainda surpreso pelo físico dele. Era incrível a massa muscular daquele homem.

— O outro fisioterapeuta já fez um ótimo trabalho pelo que li aqui... Por que foi dispensado?

— Nós sentimos muito sua dispensa. Era um profissional conceituado, mas meu irmão, que sempre foi um homem agradável, gentil, amável e calmo, se transformou em um homem mal-humorado, agressivo, tamanha sua revolta pelo que lhe aconteceu. Está irreconhecível, segundo nosso irmão Lorenzo.

— É normal, *signore,* os pacientes serem agressivos, quando sentem dor. — explicou pacientemente o fisioterapeuta. — Estou acostumado a lidar com pacientes rebeldes. Mas sempre consigo dobrá-los. — explicou rindo.

Aldo sorriu.

— É o que esperamos do *signore.*

— E não se arrependerá. E, *per favore,* vamos deixar de lado a formalidade, já que vou atender seu irmão. Apenas Fúlvio ou Bennetti.

— Perfeito. Ah, e outra coisa, Bennetti. — começou Aldo um tanto preocupado. — Ele não sabe de sua contratação. Ele com certeza não vai deixá-lo nem se aproximar dele.

— Quer dizer que decidiu me contratar sem o seu conhecimento? — perguntou o fisioterapeuta.

— Exatamente. Na verdade a decisão é da família toda. — explicou Aldo. — E quero preveni-lo que ele decidiu a não fazer mais fisioterapia, seja do tipo que for. Está irredutível em recusar-se a deixar que o apertem aqui e ali, o fazendo sentir dor. E não quer ninguém dizendo o que ele precisa fazer. Enfim, não quer ninguém por perto a não ser *nostra mamma* e seu guarda-costas.

— Então ele é o tipo de paciente que mais gosto de atender. Como lhe disse anteriormente, estou acostumado a lidar com pacientes *ribelli (rebeldes)* assim.

— Está seguro? — perguntou, já sabendo a resposta. Sabia que o homem era determinado e muito seguro de sua competência logo que ele entrou em seu escritório.

— Sim e estou preparado para isso, *signore*. — respondeu, tal como esperava Aldo. — Posso começar na semana que vem, se assim for necessário.

— Muito bem. — disse Aldo, aliviado com o fato de Fúlvio Benetti não ter se deixado intimidar por nada do que ele lhe contara a respeito do estado emocional de Carlo

— Ele ainda está em Nova Iorque? — quis saber ele.

— Sim. Mas dentro de 15 dias ele virá para ficar em sua vila na Toscana juntamente com nossa *mamma* e mais seu guarda-costas. Dois aliados que o senhor terá. O senhor terá um quarto a seu dispor, naturalmente.

— Obrigado. Quando começo?

— Eu aviso, quando ele chegar, certo?

— Aguardarei seu chamado. — disse o fisioterapeuta se levantando. — Posso levar isso para ler mais detalhadamente? — perguntou levantando a pasta numa das mãos.

— Naturalmente. Foi para o senhor que meu irmão mandou. Fique à vontade. Mas eu gostaria de lhe mostrar uma coisa... — disse Aldo, entregando-lhe uma fotografia, enquanto segurava outra.

— Esse é meu irmão, antes do acidente. Um exímio magistrado, respeitado e querido no mundo jurídico. Após o julgamento do facínora que quase o matou, ele pediu a aposentadoria e abriu um escritório de advocacia em sociedade com uns amigos. Mal tinham começado a trabalhar, quando aconteceu o atropelamento.

O fisioterapeuta pegou a fotografia e examinou-a detalhadamente. Via um homem grisalho, elegante, distinto e fisicamente bem apessoado.

— O senhor disse que ele é seu irmão caçula? — perguntou intrigado pelos cabelos totalmente grisalhos.

Aldo riu.

— Sim, ele e minha única irmã são gêmeos e os caçulas. E ele é o único grisalho da família, assim como eu sou o único careca. — disse bem-humorado, passando a mão em sua cabeça lisa.

Rindo, Bennetti devolveu a foto e pegou a outra que ele lhe entregava.

A diferença era gritante e o fisioterapeuta sentiu uma enorme compaixão, pelo homem magro, pálido cuja expressão irritadiça era de um homem que estava de mal com o mundo. Nada nele lembrava o homem que era antes do acidente. Numa foto ele era o vencedor e na outra simplesmente um derrotado.

— Esperamos que o senhor nos *devolva o homem* da primeira fotografia. — disse Aldo, pegando as fotos e colocando-as sobre a mesa.

— Farei o impossível para conseguir isso, eu lhes prometo. — disse, muito seguro do que prometia. — E eu gostaria que o senhor preparasse uma sala em especial para que eu possa trabalhar com todos os aparelhos que estou acostumado a usar. Tenho para alugar em minha clínica o que for necessário para...

— Bennetti... — Aldo o interrompeu. — Relacione tudo o que você precisa e eu providenciarei o quanto antes. A vila tem uma academia bem equipada. Podemos transformá-la numa clínica de recuperação temporária. Talvez fosse interessante você ir até lá para ver o local e detalhar o que realmente precisa. Compraremos o que preciso for. Que tal ir lá amanhã? Pode ser?

O fisioterapeuta anuiu.

— Mandarei meu motorista Angelo ir buscá-lo. Se me der o endereço...

Rapidamente, Benetti entregou um cartão a Aldo.

— É o endereço da minha clínica. Estarei lá a partir das 6 horas da manhã.

— Perfeito. O carro estará em frente à sua clínica às 6h10.

— *Certo.*

Aldo levantou-se, rodeou a mesa para poder se despedir do fisioterapeuta.

— Posso lhe fazer uma pergunta, se me permite? — perguntou curiosa e cautelosamente.

— Fique à vontade, senhor. — disse ele com um sorriso de quem já sabia qual seria a pergunta.

— O senhor alguma vez foi pugilista?

Benetti deu uma gargalhada.

— Sempre me fazem essa pergunta. O senhor não é o primeiro.

— *Scusi.* — desculpou-se Aldo, constrangido.

— *Non si preoccupi, signore* Martinelli, pois estou acostumado. E a resposta é sim. Enquanto fazia a universidade, eu lutava, para manter minha bolsa de estudos. Formei-me, deixei a luta para sempre, mas fiquei com um nariz quebrado e uma cicatriz no supercílio direito. — disse, passando o dedo nas antigas lesões.

— Devia ser dos bons. Gosto de homens determinados, que vão atrás de seus sonhos.

— *Grazie.* Então ficarei aguardando o horário que seu motorista irá me pegar na clínica.

— Obrigado você por nos atender. Sabemos que tem sua clínica para atender...

— Sem problemas. Meus dois irmãos são meus sócios e portanto poderão tocar a clínica sem mim.

— São fisioterapeutas também?

— Sim. E são excelentes profissionais.

— *Credo* (creio).

— *Arrivederci, signori* Martinelli.

— *Arriverdeci, Benetti.*

Tão logo o profissional saiu, Aldo ligou para Lorenzo.

— Enzo. Tudo acertado. Contratei o melhor fisioterapeuta de Milão. E em rápidas palavras, resumiu sua impressão sobre Bennetti e tudo que conversaram.

Depois, ao ouvir a resposta do irmão, Aldo deu um suspiro.

— Assim espero. Com *mamma* aqui, talvez ela o convença a mudar de ideia. — retrucou.

E por fim, Carmela, Carlo, Klaus e Mimi, a governanta de Carmela, voaram para a Itália, em meados de setembro. Chegaram à vila, quinze dias depois da conversa de Aldo com o fisioterapeuta. E conforme o prometido ao profissional, a clínica de recuperação temporária foi montada na vila.

Angelo, o chofer de Aldo, os deixou na vila às 21 horas e logo foram levados aos seus aposentos pelo casal de caseiros Cesare e Simona, que cuidavam da casa desde que a reforma ficou pronta. Quando a vila estivesse ocupada pela família, eles também desempenhavam o papel de jardineiro e governanta.

Por isso Mimi seria apenas a acompanhante de Carmela e atenderia apenas a idosa, mas também daria uma ajuda à Simona quando fosse necessário.

Logo depois, o jantar foi servido para Carlo, Klaus e Mimi. Carmela teve seu jantar servido no quarto, pois a viagem fora longa e cansativa.

Na manhã seguinte, estavam os três tomando o café da manhã, quando Carmela observou com tristeza que Carlo quase não comera nada. Seu coração condoeu-se com a aparência dele.

Antes tão vigoroso, tão saudável, tão dinâmico, o homem à sua frente estava apático, amargurado, quase esquelético e muito pálido. *Mio povero figlio (coitado do meu filho)* pensou também tristonha.

Disfarçadamente, Klaus também estava olhando seu patrão com muita compaixão. Custava acreditar que aquele homem calado, sisudo, era o mesmo homem, alegre, feliz que lhe apresentara Susan Hamilton como o amor de sua vida. *Maldito Mendonza!* Quando Simona e Mimi vieram recolher a louça do café, a sala estava em intenso silêncio. Cada um com seus pensamentos.

Carmela agradeceu e perguntou ao filho se ele queria mais alguma coisa e ele apenas fez que não com a cabeça e pediu a Klaus que o levasse para o quarto.

O guarda-costas olhou para a idosa e esta lhe disse que fizesse isso e que mais tarde iria conversar com o filho.

— Senhor, o dia está lindo lá fora, não quer dar uma volta pelo jardim? — tentou o alemão.

— Quero ir para meu quarto, Klaus, se não se importa...

— Claro, senhor. — e levantando-se, colocou-se atrás da cadeira de rodas, soltou-lhe o freio e o conduziu para o quarto.

O quarto estava iluminado pela luz do sol, pois as janelas e a porta francesa estavam abertas.

Carlo franziu o cenho e olhou para Klaus.

— Por favor, Klaus feche as cortinas e as janelas e me ajude a deitar. Estou muito cansado.

— Cansado? Como? Se...

— Me ajude a deitar, Klaus. — ordenou rudemente.

Klaus deu de ombros e fez o que ele queria e saiu do quarto. Como Carmela ainda estava à mesa, ele foi até ela e sentou-se à sua frente.

— O que faremos com ele, *mamma* Carmela? — perguntou, não escondendo a frustração.

A idosa suspirou longamente e sacudiu a cabeça.

— Não sei, Klaus. Estou muito preocupada com ele. Conversei com Aldo hoje antes do café e ele me disse que contratou um fisioterapeuta de Milão para atender Carlo. Vai chegar amanhã, mas não sei como diremos isso a ele. Ele deixou muito claro que não quer mais ninguém mexendo nele... E outra coisa, pensei em contratarmos um enfermeiro para cuidar da higiene dele. Você e Cesare têm suas obrigações.

— Eu não me... — o guarda-costas parou quando a idosa fez um sinal com a mão interrompendo-o.

— Está decidido, Klaus! — sentenciou a idosa com firmeza.

— Ao que tudo indica, teremos dias difíceis. — comentou o guarda-costas, num suspiro.

— Sim, mas não vamos deixá-lo nos intimidar com sua cara feia.

Klaus riu, diante da expressão bem-humorada da idosa. *Mamma* Carmela era deveras uma pessoa maravilhosa, carismática, sensível e generosa com todas as pessoas, principalmente com sua família. A fragilidade dela era só aparência.

Em seu quarto Carlo estava deitado, quando sua mãe entrou nos aposentos. Virou a cabeça para olhá-la se aproximar da cama. Viu-a se dirigir à janela e as cortinas fechadas, foram abertas rapidamente.

— *Mamma, per favore, não...* Quero ficar no escuro! — queixou-se ele, escondendo sua irritação, da idosa mãe.

— No escuro? Com esse dia maravilhoso? Nem pensar! — esbravejou a matriarca. — Você está vivo, *bambino mio*. Vivo, *hai capito*? (você entendeu?). Vou chamar Klaus para colocá-lo na cadeira de rodas e levá-lo para tomar um pouco de sol. O clima está favorável para passeios ao ar livre. — o avisou, zangada.

— Não quero! — retrucou, tal como menino mimado.

— Não estou perguntando se você quer. Você vai! — exclamou a mãe, surpreendendo-o com o seu tom autoritário.

— O que é isso, *mamma*? Esqueceu que não sou mais um *bambino*? Lembre-se que sou um homem de 42 anos!

— Ah, é? Então se comporte como tal! — rebateu irritada, chamando Klaus que estava na porta, fora do quarto, aguardando.

Carlo arregalou os olhos. Nunca vira sua mãe zangada daquele jeito, desde que era adolescente.

— *Mamma,* eu não vou! Está frio, apesar do sol, e estou com muita dor hoje.

— Carlo Martinelli, não ouse me desobedecer! Não pode ficar entocado neste quarto. Está frio? Estamos com 22ºC hoje, Cesare me disse. E depois, você tem roupas adequadas para o frio, *certo*?

Nesse momento, Klaus entrou no quarto e se assustou com a expressão furiosa com que *mamma* Carmela olhava para o filho. E sufocou uma risada ao ver a expressão atônita de seu patrão.

— Pode voltar, Klaus! Eu não...

— Klaus, coloque esse teimoso na cadeira e leve-o para tomar sol no jardim. E se ele reclamar, me avise que ele saberá de verdade quem é a mãe dele. Apesar da idade ainda tenho força na mão.

— *Mamma,* eu estou machucado! Você não teria coragem...

— Tente e verá! — explodiu ela vermelha de raiva. — E pare de ter pena de si mesmo e agir como um covarde!

Nesse momento, Klaus não resistiu e soltou uma risada que enfureceu Carlo, fulminando-o com os olhos.

— Não se atreva a rir, alemão, senão o mandarei embora daqui. — vociferou.

— Daí eu o contratarei como meu funcionário e você não poderá fazer nada. — replicou a mãe sardônica. Preocupado com a pressão da mãe, Carlo resolveu atendê-la e ajudou Klaus a colocá-lo na cadeira, mesmo zangado.

Carmela acompanhou com os olhos a saída do filho em sua cadeira de rodas com Klaus.

Estava muito zangada com o filho. Como não queria recuperar-se? Será que não lembrava que tinha um filho que precisava dele? Que tinha uma família que o amava?

Nesse momento, Simona entrou no aposento.

— *Signora*... — chamou gentilmente a idosa.

Carmela voltou-se para a governanta que se assustou com seu rosto corado demais.

— Está se sentindo *bene*? Seu rosto está tão... tão vermelho...

— *Sì, tutto bene,* Simona. Apenas esse bambino me tirou do sério. — explicou sorrindo calmamente.

— A *signora* está falando do *signore* Carlo? — perguntou, achando graça na expressão *bambino,* para se referir ao patrão com mais de 40 anos.

— Sì. Mas precisa de alguma coisa?

— No, é o *signore* Aldo que está ao telefone e quer lhe falar.

— *Grazie,* Simona. Atenderei aqui mesmo.

— *Como quiser, signora.* — disse, retirando-se silenciosamente.

Após falar com seu primogênito, Carmela deu um longo suspiro.

— Vou trazer *nostro figlio* de volta, custe o que custar, *Paolo mio!* — murmurou Carmela, de mãos postas e olhando para cima, como se estivesse fitando o céu.

Antes de ir para os seus aposentos, a idosa foi até a cozinha avisar Simona, que teriam um convidado para o almoço.

Enquanto isso, Carlo resmungava para Klaus que a mãe parecia um general autoritário.

O guarda-costas riu.

— Me tratando como se eu fosse um *bambino.* Mas ela se engana se vou deixá-la comandar a minha vida aqui.

Klaus ouviu e ficou quieto. *Vai perder feio, Carlo Martinelli,* pensou o guarda-costas, rindo por dentro.

Klaus levou-o até o início das videiras, colina abaixo. O sol estava forte e o céu límpido e azul, tipicamente de outono. Depois de travar a cadeira de rodas, o alemão se sentou em um banco de madeira e ambos admiraram o cenário.

— O senhor fez um grande negócio comprando este lugar. É espetacular. — disse Klaus. — Que vista maravilhosa temos daqui!

— *Vero.* Lá naquelas muralhas — disse Carlo, apontando para as torres de pedras ao longe. — estão San Geminianno e Sienna. Qualquer dia, iremos até lá. A idade média está em toda a parte, com sua arquitetura de pedras brutas. Tudo está como era originalmente. Modernidade só no interior das casas. — explicou.

— Gostaria muito de conhecer. Deve ser interessante.

— Você vai gostar, alemão.

Klaus levantou-se e destravou a cadeira de Carlo, para prosseguirem com o passeio.

Já estava quase na hora do almoço quando voltaram para a casa.

— Preciso de um banho, Klaus. Estou muito suado. Até eu contratar um enfermeiro para me atender nas necessidades, combinei com Cesare para me ajudar. Poderia chamá-lo, por favor? — pediu gentilmente ao guarda-costas.

— Perfeitamente, senhor.

Estavam se aproximando da casa quando Carlo freou a cadeira, assustando Klaus.

— O que foi, senhor? — perguntou preocupado e se inclinando para ver-lhe a expressão facial.

— De quem é esse carro? — perguntou o ex-promotor tenso.

— Não é do senhor Aldo?

— Não. Aldo quando vem para cá vem com a sua *Subaru Forester e esse é um Audi.*

— Dona Carmela espera alguém para almoçar? — perguntou Klaus intrigado.

Ao fazer a pergunta, Klaus lembrou-se que a matriarca comentara sobre o novo fisioterapeuta que Aldo tinha contratado em Milão. Mas resolveu não alertar o patrão.

— Não que eu saiba. Eu disse a ela que precisava de privacidade.

Retomando a caminhada, entraram pelos fundos, mas desviando da cozinha.

Ao chegarem próximos da sala de estar, ouviram Carmela rir e uma possante voz masculina lhe acompanhar. Como a cadeira era silenciosa, entraram na sala sem serem vistos pelos dois animados ocupantes que continuavam a conversar.

Carlo e Klaus puderam examinar o visitante com tranquilidade. Era de cabelos escuros cortados à máquina, quase raspados, mas ambos se surpreenderam é com a sua aparência física. Tão alto quanto Klaus, porém forte e musculoso o suficiente para lutar com três caras do seu porte, ao mesmo tempo. Vestia-se com simplicidade, chamando a atenção pela roupa branca que usava. Foi aí que Carlo ficou tenso. De onde estava vociferou:

— Quem é você e o que está fazendo aqui? — nem se preocupou em ser gentil, como sempre fora no passado.

Carmela voltou-se e sorriu para o filho e depois para o visitante que se levantou e olhou com curiosidade o homem na cadeira de rodas que o fitava com hostilidade. *Tal como esperava.*

— Desculpe, meu filho, *signore* Bennetti. Ele não era tão mal-educado e grosseiro assim... — disse a matriarca suavemente, conseguindo deixar Carlo constrangido.

Carmela fez sinal para ele se aproximar, não passando despercebidas as faces pálidas do filho amado. Pela rigidez do rosto, sabia que ele estava sentindo dor nesse momento.

— *Vieni qui, figlio mio (venha aqui, meu filho).*

Enquanto ele se aproximava, pensou tristemente que ele nem vinha se alimentando bem nos últimos dias. Queixava-se que seu quadril e perna doíam tanto, que nem os analgésicos facilitavam um sono tranquilo, deixando-o ainda mais mal-humorado e irritado.

De cara fechada, ele aproximou a cadeira de rodas da poltrona onde a mãe estava sentada, ainda fitando o brutamontes de maneira hostil. Klaus aproveitou e deixou a sala silenciosamente, como sempre fazia, quando queria deixar a família em sua privacidade.

— Este é o *signore* Bennetti, o fisioterapeuta contratado pelos seus irmãos, para cuidar de você.

— Sem meu conhecimento? Como se atreveram, se eu disse que não quero ninguém tocando em mim? — perguntou. — *Sono stanco* (estou cansado) de apertões que não levam a nada!

— Carlo, não fique bravo com seus irmãos. Eles estão preocupados e só querem *tuo bene.* — repreendeu a idosa.

— Certo, mas é minha vida, minha escolha! — bradou batendo com o punho no braço de sua cadeira, assustando a idosa mãe.

— Carlo! — gritou ela também, se levantando com tanta agilidade, surpreendendo-o, mesmo no estado emocional em que se encontrava, uma vez que ela sofria de artrite reumatoide há anos. — Você está me envergonhando! E imagine o que seu filho diria desse seu comportamento? E a vergonha que daria aos seus irmãos e principalmente à Giorgia? Pensou nisso, seu *stupido*?

Constrangido por saber que estava ruborizado frente ao estranho, Carlo olhava para a mãe, sem saber o que dizer.

O fisioterapeuta acompanhava aquela cena, em silêncio. E se não fosse inconveniente, ele teria rido da cara de seu futuro paciente, ao levar um sermão da velha mãe.

Sabia da história de Carlo Martinelli, no mundo jurídico de Nova Iorque, e se compadecia pela sua revolta, realmente entendia a reação dele, depois da vida ativa que ele tivera antes do atropelamento.

A atitude hostil que o ex-promotor nutrira por ele, antes mesmo do tratamento começar, logicamente dificultava as coisas, mas ele já tinha lidado com aquele tipo de paciente, inúmeras vezes, e fora bem-sucedido e não iria falhar com Carlo Martinelli!

— *Mi dispiace* (me desculpe), *signore* Bennetti — ouviu a voz da matriarca, se dirigindo a ele.

Estava admirado da força de espírito daquela idosa que certamente beirava os 80 anos. Ainda tinha pulso firme na família, pelo que pudera perceber. O filho mais velho dela em Milão tinha lhe colocado a par de algumas atitudes dela, que não se importava com a idade adulta de seus filhos. Tratava-os como se ainda fossem seus *bambini (meninos),* à mão de ferro.

De repente o ex-promotor virou-se para ele, com o semblante fechado.

— Bem, Bennetti, infelizmente você terá que ir embora. Não o quero aqui. — disse-lhe rudemente. — Vou me arranjar sozinho. De nada adiantou a fisioterapia de Julian.

— Com todo respeito, *signore* Martinelli, mas eu li o relatório do meu colega de Nova Iorque. O resultado que ele conseguiu foi o esperado, de acordo com a programação dele. Suas lesões nos membros inferiores foram gravíssimas. O processo é deveras lento e gradativo.

— Estou cansado de tudo. As dores são insuportáveis. — queixou-se.

— Acredito. Mas eu gostaria que, antes de me dispensar, fizesse uma cuidadosa reflexão de como estava antes dos primeiros cuidados fisioterapêuticos e depois que meu colega foi dispensado. Verá que já tem um pouco mais de mobilidade, independentemente de conseguir ficar em pé ou não. E as dores nesse estágio são normais. Lembre-se que ficou meses sem mobilidade alguma, contando com o período em que ficou em coma induzido. Seus músculos das pernas estão enfraquecidos, devido aos meses de imobilidade. Temos que fortalecê-la o quanto antes.

— *Caspita*! — exclamou Carlo, muito irritado, elevando os olhos para cima, como se estivesse suplicando aos céus. — Você é daqueles profissionais sádicos que sentem prazer em cutucar e apertar até fazer com que o paciente desmaie de tanta dor. É isso? — perguntou fulminando-o com o olhar. — Nunca!

— *Signore*, gostaria que reconsiderasse sua decisão. Olha, eu tenho 20 anos de profissão e, ao longo desses anos, alguns de meus pacientes que se recuperavam de acidentes quase fatais foram protagonistas de verdadeiros milagres. E é notório que, em certos ferimentos como os seus, sinta-se dores insuportáveis, durante a recuperação. Eu o compreendo perfeitamente e sei o quanto sua dor é grande.

— Sinto ratificar que perdeu seu tempo vindo aqui. Por mais que meus irmãos tenham confiado em seu trabalho, eu não preciso dele, *capisce?* (entende?).

— Perfeitamente. E devo lembrá-lo que os cirurgiões que lhe atenderam fizeram sua parte com muita competência, pois lhe salvaram a vida. Agora cabe ao *signore* fazer o restante, se entregando ao tratamento fisioterapêutico que lhe proponho.

— Carlo, aceite, *figlio mio*... Ao menos faça isso por mim e Luigi. — interveio a mãe.

Carlo olhou para a mãe e se sentiu mal, ao ver a dor em seus cansados olhos azuis.

Pensou no dia em que Luigi perdeu a paciência com ele e nas palavras de Susan.

Bennetti aguardou. Tinha quase certeza de que vencera a primeira rodada, que era o fim da resistência do ex-promotor.

— Está bem. Está bem, dona Carmela. — retrucou, mal-humorado. — Porém, eu te dou três meses, Bennetti. Setembro, outubro e novembro. — falou rispidamente, olhando para o fisioterapeuta. — Se até esse tempo eu não conseguir ficar em pé, estará demitido, *capisce?* Três meses! — sentenciou.

— *Capito signore!(entendido senhor!).* Pode confiar em mim. Mas setembro já está quase no fim. Temos outubro, novembro e dezembro. *Certo, signore?* — retrucou o fisioterapeuta sorrindo e confiante.

Olhando para a mãe, Carlo viu seus olhos cheios d'água.

— Pela senhora e por Luigi. — enfatizou. — *E por Susan, talvez...* Pensou melancólico.

A mãe apenas anuiu com uma lágrima solitária escorrendo pelo rosto.

— *Grazie, Dio mio.* — exclamou ela, feliz.

Uma semana se passou e Carlo, apesar de ter consentido nas sessões de fisioterapia, estava com o mesmo mau humor desalentador. Porém, Bennetti ignorava o seu mau humor e punha em prática o planejamento que fizera para a recuperação dele. Quando sentia sua relutância em fazer o que ele mandava, apenas sorria e continuava, até ouvi-lo soltar os habituais palavrões. E isso fazia com que ele risse mais, para ira de Carlo.

— Está se divertindo com minhas dores, não é mesmo? — perguntou o ex-promotor, fulminando-o com o olhar.

Bennetti desligou os aparelhos que estava usando nas pernas do paciente irado e os substituiu pelas massagens.

— Acha que sou tão sádico assim? — retrucou o fisioterapeuta com ironia — E pode fazer a cara feia que quiser, *signore*. Já falei para sua mãe e irmãos e até para o senhor que adoro trabalhar com pacientes difíceis... E eu ri é dos seus palavrões.

— Eu o desafio?

— Exatamente. E lhe asseguro que nunca tive um paciente tão difícil quanto Carlo Martinelli.

— Engraçadinho! — Carlo torceu a boca, desdenhando a afirmação do fisioterapeuta. — Então, ótimo motivo para desistir de mim.

— Nem pensar. Eu lhe prometi e vou cumprir que dentro de três meses, eu o colocarei em pé no andador.

— Gostaria de acreditar nisso. — retrucou não escondendo a incredulidade.

— Pois acredite ou não me chamo Fúlvio Mario Bennetti.

De repente Carlo soltou um palavrão e empurrou a mãos do fisioterapeuta, que lhe apertava a região das fraturas na perna esquerda.

— *Cazzo*! — gritou. — Quer me matar, infeliz? Chega por hoje! — vociferou.

Com um suspiro, Benetti soltou-o.

— *Dio mio*, e pensar que seu irmão disse que o senhor era gentil... — provocou.

Carlo grunhiu, o que provocou mais diversão no fisioterapeuta.

— Está *bene*. — respondeu Fúlvio. — Amanhã é dia de exercitar-se na piscina. Às oito horas, vou buscá-lo em seu quarto.

— Vai depender de como passarei a noite, depois da sua tortura cruel hoje.

— *Signore*, a água é ótima para músculos enfraquecidos como os seus.

Pacientemente, ele colocou seu paciente na cadeira de rodas e chamou Klaus que logo apareceu para levá-lo ao quarto e para o banho, onde Cesare já o esperava com tudo pronto.

Ocupado com suas dores e irritação, Carlo não viu a troca de olhares entre o fisioterapeuta e seu guarda-costas, assim como o sinal de positivo que ambos fizeram.

Após algumas discussões, Carlo havia permitido que Cesare se encarregasse de fazer sua higiene, mas até um enfermeiro ser contratado. Cesare tentou convencê-lo de que ele daria conta do recado mas Carlo disse que ele já tinha obrigações demais, para acumular mais uma. Bennetti se encarregava de sua medicação, seguindo as prescrições do doutor Gunther.

Dias depois, já passavam das 20 horas, quando Bennetti entrou no quarto de Carlo, com os analgésicos na mão e estacou quando o viu próximo de sua escrivaninha com uma taça de vinho na mão. A garrafa estava pela metade e aberta. Tudo indicava que ele acabava de encher sua taça.

— Tomando vinho, *signore*? — perguntou com certa surpresa. — Péssima ideia. É álcool, sabia?

— Sou idiota por acaso? Lógico que sei que é álcool. — respondeu rispidamente.

— E sabe também que *não deve tomar álcool, certo?*

Ao menos por enquanto.

Carlo o olhou com um sorriso cínico.

— Ah, é? E por quê? — perguntou.

— Porque está tomando analgésicos fortes. Álcool e analgésicos não são uma boa combinação e, como disse, o *signore* não é idiota.

O ex-promotor pousou pesadamente a taça da bebida sobre a mesa.

— Quer ser demitido já? — perguntou furioso e ofendido.

— Não disse nada demais, disse?

Pegando novamente a taça, Carlo deu um grande gole da bebida.

— Seria bom parar com a bebida e tomar esses analgésicos para conseguir dormir. — disse mostrando os três comprimidos que tinha na mão.

— Não me venha com sermões, Bennetti. A única coisa que funciona pra mim é isto. — disse, levantando a taça. — É isto que me faz dormir e não os analgésicos.

— O que me preocupa é que, além de tirar o efeito do analgésico, a bebida aumenta sua depressão. — explicou calmamente.

Carlo levava a taça aos lábios, quando parou na metade do caminho, ao ouvir as palavras do seu fisioterapeuta.

— O que disse? Quem está depressivo? — alterou-se mais uma vez.

Bennetti sorriu benevolente.

— O senhor está com todos os sintomas.

Irritado, Carlo, mais uma vez, pousou a taça sobre a mesa, desta vez com mais força.

— Eu não estou com depressão alguma! — exclamou veementemente.

— Pode até ser, mas se juntarmos sua raiva, frustração, revolta e rudeza... Sei que era uma pessoa calma, gentil, determinada e bem-disposto, sempre...

— Essa pessoa não existe mais. — interrompeu-o amargurado.

— Existe sim. Só está adormecido como seus músculos. Se colaborar comigo, na sua recuperação, Carlo Martinelli, o corajoso promotor que colocou o maior traficante das Américas na prisão, estará de volta dentro de três meses, no máximo.

Carlo o olhou com descrença.

— Você está perdendo seu tempo comigo. — murmurou abaixando a cabeça, demonstrando desânimo.

Com um suspiro, Bennetti colocou os comprimidos que segurava sobre a mesa e sentou-se na poltrona vazia ao seu lado.

Seu olhar percorreu o quarto lentamente, parou na taça de vinho e depois subiu até o rosto amargurado do seu paciente.

— Seus irmãos, seu filho e sua mãe o querem recuperado e de volta à vida, saudável como sempre foi.

Carlo apenas deu de ombros e abaixou a cabeça novamente, entrelaçando as mãos sobre as pernas.

— E... — começou cautelosamente, sem deixar de fitá-lo — E quem sabe, uma linda jovem loura de cabelos cacheados?

Carlo levantou a cabeça com rapidez e olhou o terapeuta.

— *Scusa*? O que sabe sobre isso? — perguntou carrancudo.

— Nada. A não ser que ela é muito importante para o *signore*.

— Droga! Quem andou batendo com a língua nos dentes?

— Ninguém.

— E como sabe disso?

— Talvez pela fotografia que está aí ao lado da garrafa e um tanto amassada de tanto o senhor segurar? — disse indicando a foto, com um leve movimento de cabeça.

Assustado, Carlo olhou para a foto de Susan que tinha deixado ali, após ficar horas olhando-a.

Pegando a foto, rapidamente a colocou dentro da gaveta da escrivaninha.

— Isso não diz respeito a ninguém, *capito*?

Bennetti apenas sorriu. Enfim, descobrira a causa maior daquela amargura e desalento todo.

— Entendido. Mas se me permite...

— Não permito! — interrompeu-o zangado o ex-promotor.

— Por que ela não está aqui? — insistiu o fisioterapeuta, ignorando a advertência contida na negativa.

Carlo voltou o olhar inflamado ao homenzarrão, e ficou encarando-o, demonstrando que não estava interessado em responder à pergunta dele.

— Pelo seu silêncio, acho que ela o abandonou ao vê-lo em uma cadeira de rodas. Acertei? — perguntou Bennetti, ignorando o perigo de provocá-lo.

— Dio, será que você não percebeu que não quero falar sobre isso?

— Não guarde rancores e amarguras, *signore*. Falar só lhe fará bem. É comum elas abandonarem o homem nessas circunstâncias.

— Ela não me abandonou, *imbecille*! — explodiu o ex-promotor. — Fui eu quem a mandei embora da minha vida! — concluiu com o rosto vermelho de raiva.

Bennetti sabia que, se ele pudesse, teria lhe dado um soco. Mas ao menos ele pusera para fora o que o incomodava. Pelo pouco que conhecia do seu paciente, tinha quase certeza de que a história seria essa. Ele a tinha afastado de si, porque achava que nunca iria recuperar o movimento das pernas. Apostaria seu diploma nisso.

— Mas... Por quê? Sei que não é por falta de amor entre vocês. Caso contrário, não estaria com a foto dela em seu bolso.

— Olhe para mim! Como posso obrigá-la a ficar comigo desse jeito, preso em uma cadeira de rodas, *cazzo*? — berrou.

Benetti não conseguiu esconder seu olhar pesaroso.

— E não quero a pena de ninguém! — bradou Carlo com toda sua revolta.

Benetti balançou a cabeça.

— Não estou com pena por sua condição atual, signore, pois sei que é passageira. Sinto pena é da linda jovem que o senhor dispensou por nada.

— Como nada? Olhe para mim, *caspita!* O que você vê? — perguntou correndo as mãos e o olhar pelo seu corpo, inativo na cadeira de rodas.

— Quer saber mesmo o que vejo? — perguntou o fisioterapeuta paciente e ousadamente.

Carlo não respondeu, mas encarou-o feroz.

— Bennetti! Cuidado! — ameaçou-o.

Fúlvio o ignorou e continuou.

— Vejo um homem amargurado, revoltado com a vida, sem esperança e sem vontade alguma de lutar, para reverter essa situação e voltar a ser o homem destemido que sempre foi.

— *Cazzo!* Você não entende?

— Será que sou eu quem não quer entender mesmo? — retrucou o fisioterapeuta, mesmo sabendo que o irritaria. — Signore Martinelli, há mais de 20 anos que lido com pacientes de todas as idades, com os mais variados diagnósticos, desde o mais previsíveis aos imprevisíveis e lhe digo que nunca fracassei com nenhum deles. Acredite em mim, quando lhe digo que voltará a andar no máximo em cinco meses, se me ajudar. Por que não chama sua linda namorada para vir para cá e lhe ajudar nessa caminhada?

Carlo o olhava com descrença e esperança ao mesmo tempo e balançou a cabeça tristemente.

— Eu a magoei e sei que ela não vai me querer de volta. É a segunda vez que a mando embora.

— Se ela o amar como a ama, tenho a certeza de que ela virá correndo.

— Ela não poderá vir mesmo se quisesse, pois, além de ter o seu trabalho em São Francisco, poucas pessoas, além de você, sabem do nosso relacionamento. — explicou mais calmo.

— Sua *mamma não...*

— Não sabe. Ela a conhece, mas não sabe sobre nós e nem meu filho sabe. Só meus irmãos Lorenzo e Giorgia, Klaus e meus sócios.

— *Signore* Aldo?

— Principalmente ele.

Ao ver a indagação silenciosa do fisioterapeuta, Carlo riu.

— Aldo é o mais *vecchio e o mais conservador* da família.

Bennetti não cabia em si de satisfeito, pois tudo levava a crer que quebrara o muro de hostilidade e amargura que seu importante paciente levantara ao redor de si.

Por isso, tentou mais uma vez ter a sua colaboração no programa de recuperação que tinha montado para ele.

— Então, vai me ajudar a tirá-lo dessa cadeira? — perguntou com cautela.

Ao ver que o ex-promotor permanecia em silêncio e fitava-o com desconfiança, tentou de novo.

— Signore... por favor, me dê a chance de provar o que eu digo. Prometi tirá-lo dessa cadeira e fazê-lo ficar em pé em três meses, certo? Mas preciso de sua colaboração e do seu empenho total. E então?

— Sim. Três meses para me colocar em pé e seis meses para minha recuperação total e nenhum dia a mais, *okay*?

Aliviado e satisfeito, Benetti se levantou e apertou-lhe o ombro, sorrindo. *Grazie a Dio, vencera mais uma etapa!*

— Fechado! Vamos usar muito a hidroterapia.

Depois de lhe dar os comprimidos e um copo com água, o fisioterapeuta saiu do quarto, levando a garrafa e a taça de vinho para a cozinha e foi contar as boas novas para Carmela, que ficou feliz e agradeceu o empenho do rapaz em convencer seu filho turrão.

— *Grazie, caro mio.* — agradeceu a velha senhora com lágrimas nos olhos. — E aproveitando, gostaria que me indicasse um enfermeiro para ele.

— Pedirei aos meus irmãos que me mandem alguém a altura, *signora.* — respondeu Fúlvio.

— *Grazie, ragazzo* (obrigada, rapaz).

Nessa mesma noite, Fúlvio ligara para os irmãos pedindo um enfermeiro de alto padrão para cuidar de Carlo.

No dia seguinte antes das seis horas, um animado, Bennetti chegava à porta do quarto de Carlo, quando Cesare saiu.

— Não sei o que você fez, amigo, mas ele é outra pessoa hoje. Acordou cedo e está à sua espera desde às 5h30 da manhã. — disse Cesare sorrindo e olhando para seu relógio de pulso.

— Eu lhe disse que viria buscá-lo as seis. — desculpou-se o fisioterapeuta.

— Mas ele está impaciente à sua espera.

— *Bene. Molto bene! (Bom. Muito bom!)* — respondeu Benetti, dando uma tapinha no ombro do mordomo e entrando no quarto. Sorriu ao ver seu paciente de sunga, pronto para ser levado à piscina.

— *Buongiorno, signore Martinelli.*

— *Buongiorno, caro.* — respondeu o ex-promotor.

— Gostaria de avisá-lo que logo terá um enfermeiro para cuidar do *signore*. Logo deve estar por aqui.

— *Grazie,* Bennetti. Eu já tinha pensado nisso.

Fúlvio anuiu e levou-a até a piscina.

E daí por diante, fisioterapeuta e paciente deram início a uma série de exercícios na água, para fortalecer a musculatura. Bennetti aos poucos foi colocando-o em pé na água, com a sua ajuda, fazendo exercícios de abre e fecha, rotações e 15 minutos de natação por dia.

Motivado Carlo tentava ficar em pé fora d'água, mas Bennetti disse-lhe que tivesse paciência, pois com muita hidroterapia é que se chegava lá. O importante é que na água ele já conseguia movimentos que antes não conseguia com as pernas e quadris.

Carmela acompanhava o progresso do filho, com a felicidade estampada no rosto.

Certa manhã, após um mês e meio de hidroterapia, Carlo estava se sentindo mais disposto e com grandes expectativas, apesar de ficar dolorido após os exercícios. Aos poucos foi diminuindo os analgésicos para dormir. Quando Pietro, o enfermeiro, o ajudou deitar-se, Carlo pegou em sua mão, o surpreendendo.

— *Grazie, caro.*

— De nada, *signore*. Alegro-me em vê-lo mais disposto. Bennetti realmente está fazendo um belo trabalho. — comentou o enfermeiro.

— Apesar de me irritar às vezes, quando quero respostas. — observou Carlo.

— Como assim?

— Ele apenas ri e diz que estou fazendo progressos. — explicou o ex-promotor.

— E isso não é uma resposta?

— Pietro, eu quero saber quanto tempo levarei para sair da cadeira de rodas.

O enfermeiro riu.

— Mas o senhor não está contente?

— Sim, estou me sentindo mais forte a cada dia que passa. Já consigo ter alguma força nas pernas. — confessou emocionado. — Nosso *Rambo* é deveras competente.

Pietro riu.

— Rambo?

— E não é um *Rambo italiano* com aqueles músculos?... — falou o ex-promotor rindo gostosamente.

— Realmente é um excelente profissional.

— Pietro... — chamou Carlo, quando o enfermeiro se preparava para deixar o quarto.

Ele parou e voltou-se.

— Senhor?

— Poderia chamar o Klaus para mim, por favor?

— Pois não. Com licença.

Em questão de minutos Klaus bateu na porta

— Entre.

Fazendo sinal para Klaus sentar-se na poltrona ao lado da cama, Carlo pigarreou antes de olha firme para o guarda-costas.

— Klaus, tenho pensado... Será que ela me perdoará?

Sabendo de quem ele falava, o guarda-costas sorriu.

— Se o senhor pedir desculpas, tenho quase certeza, pois quem ama perdoa, não é assim?

O ex-promotor ficou em silêncio por uns momentos.

— E se ela não quiser saber mais de mim? — perguntou preocupado.

— Se não tentar, o senhor não saberá, certo?

— *Certo. Grazie, caro.*

— Mais alguma coisa, patrão?

Carlo ficou pensativo por uns segundos, até que respondeu com um sorriso.

— Não, *grazie mille.* Era só isso que gostaria de perguntar. Pode voltar ao trabalho.

Carlo se encostou a cabeça nos travesseiros que Pietro colocara atrás dele e fechou os olhos. O lindo rosto de Susan surgiu em sua mente. Sentiu um aperto no peito, ao relembrar as palavras rudes que dissera a ela e a mágoa que percebeu em sua voz, depois de dispensá-la como se fosse *qualquer* mulher, e não o amor da sua vida. *Pazzo*! Ela era a mulher da sua vida, a sua bambina! Onde estava com a cabeça, ao querer tirá-la da sua vida? E se ela não quisesse mais nada com ele? *Pazzo*! *Pazzo*!

Virando a cabeça para a sua escrivaninha, ficou olhando para o celular. E se ligasse agora para ela? Será que ela atenderia?

Inclinou-se e alcançou o celular sobre a mesa, ficou olhando para ele por alguns minutos, sem saber o que deveria fazer. Após alguns minutos de indecisão, repôs o aparelho no mesmo lugar. *Covarde! Sou mesmo um covarde.*

Se passaram mais duas semanas, e ele não criara coragem de ligar para a jovem, apesar de estar mais confiante a cada dia que passava, no trabalho de Fúlvio Bennetti.

Pietro acompanhava de perto essa insegurança do patrão.

— Que dia é hoje, Pietro? — perguntou numa manhã, enquanto o enfermeiro o ajudava a colocar a sunga para a hidroterapia.

— Dia 28 de outubro, senhor. — respondeu Pietro, olhando para o seu relógio de pulso. — Mais um mês e meio e será Natal. O senhor voltará para Nova Iorque?

Perdido em seus pensamentos, Carlo nem prestou atenção na indagação do seu enfermeiro.

— Senhor? — chamou Pietro.

Silêncio.

— Senhor? — tentou de novo o enfermeiro. — O senhor está bem? Está me ouvindo? — a voz dele refletia preocupação.

Num sobressalto, Carlo retornou ao presente, fitando seu enfermeiro.

— Sim... Quê?... Disse alguma coisa?

— Perguntei se voltará para o Natal em Nova Iorque?

— Oh, não. Ficarei por aqui. Estou pensando em trazer a reunião da família para o Natal, aqui.

Pietro anuiu.

— Chamará todos? — perguntou. Uma noite, Carlo lhe falara sobre Susan.

Carlo o fitou com uma tristeza velada, mas Pietro percebeu.

— Quer saber se *ela* virá, não é? — perguntou Carlo.

— E ela virá? — especificou a pergunta.

— *No amico, mio!* — respondeu. — Ainda não criei coragem para ligar a ela. Acho que ela não vai querer falar comigo. — explicou, como para se justificar.

Pietro balançou a cabeça, penalizado.

— Precisa de algo mais, senhor?

— *Grazie, caro.* Logo Bennetti virá me buscar.

Assentindo Pietro saiu do quarto ao mesmo tempo em que o fisioterapeuta entrava para buscar seu paciente.

Ao sair do quarto, Pietro procurou Klaus. Ao encontrá-lo, contou a ele que Carlo ainda não ligara para a jovem namorada. Pietro sabia que Klaus a conhecia.

Klaus ouviu o que Pietro viera lhe contar e ficou pensativo, olhando o horizonte. Estava entardecendo e o clima já começara a mudar. As temperaturas já começavam a variar entre 10ºC e 21ºC.

Klaus respirou fundo e tomou uma decisão.

Mais tarde em seu quarto, o guarda-costas ligou para Giorgia, colocando-a a par do medo que Carlo estava de ligar para Susan.

Da janela de seu apartamento com os braços cruzados, Susan deu um longo suspiro e se chegou mais ao vidro da janela. Olhou o céu cinzento e as pessoas agasalhadas e encolhidas andando rapidamente pelas calçadas, açoitados pelo vento forte que varria São Francisco, naquele dia. Sentiu um arrepio só em pensar no frio que estava lá fora. Ainda bem que era domingo e ela não pretendia sair de casa de maneira alguma.

Há tempos que sentia seu mundo cinza, onde somente pensamentos negativos invadiam sua mente.

E tudo por culpa de um italiano turrão e covarde!

Susan sentiu o sangue ferver de raiva só de lembrar o dia em que Carlo dispensou-a sem mais nem menos. Por mais que pensasse, não via motivos para tal atitude dele, a não ser o medo de enfrentar os dias longos de tratamento intensivo até sua recuperação final.

— Estúpido, imbecil, Carlo Martinelli! Te odeio! — murmurou zangada, enquanto se afastava da janela e se jogava no sofá. Mas ao mesmo tempo sentia saudades dele e seu coração se apertava de tanto amor pelo turrão.

Esticando-se no sofá fechou os olhos, enquanto sentia lágrimas escorrendo pela face. Com raiva pegou uma almofada e a colocou sobre o rosto.

Será que estava conseguindo ficar em pé, como esperava? *Oh, Deus, que ele consiga sair daquela cadeira de rodas o quanto antes...*

Soubera por Giorgia que ele estava em sua *villa* na Toscana, com *mamma* Carmela, Mimi e Klaus e que estava sendo atendido por um fisioterapeuta de Milão que Aldo havia contratado, meses atrás. E Luigi contara para Louise que ele estava mais animado com o novo fisioterapeuta que prometera tirá-lo da cadeira de rodas em questão de um ou dois meses.

Susan morria de vontade de vê-lo, abraçá-lo... *Oh, Deus, como eu o amo!*

Perdida nos pensamentos custou a ouvir o celular tocar, chegando a assustá-la. Esticando a mão pegou-o na mesa de centro à sua frente. Nem se preocupara em ver quem era, pois sabia que era a mãe. Ela havia dito que lhe telefonaria antes da noite.

— Oi, mamãe... — falou baixinho.

Ouviu alguém rir através do aparelho e não era sua mãe. Rapidamente sentou-se.

— Desculpe, querida, mas sou eu Giorgia... — ouviu a voz suave da irmã de Carlo.

Susan sentiu o coração quase sair pela boca.

— Gioia... O que houve? Carlo? — perguntou assustada.

Giorgia riu.

— Não, não! Se acalme. Está tudo bem com ele. Só quê...

— Só quê? — repetiu Susan trêmula.

— Primeiro, deixe-me dizer-lhe que eu não o via tão animado e confiante em sua recuperação, desde que mandou o Julian embora. Temos nos falado todos os dias e sinto que ele é outra pessoa, aliás, é o nosso Carlo... Mais alegre, mais confiante, mais esperançoso...

— Graças a Deus. Já consegue ficar em pé?

— Quase. É questão de tempo. O fisioterapeuta que o Aldo contratou é fora de série. Não se deixou intimidar pelo mau humor e hostilidade inicial, com que ele recebeu o pobre rapaz. No início, Carlo não o queria, mas não sei o que o cara fez que nosso paciente acabou cedendo e aceitando o tratamento. E agora aguarda os exercícios na água, com ansiedade. *Mamma* não cabe em si de contente.

Susan colocou uma das mãos no coração ao falar...

— Sério? Oh, Gioia, que noticia maravilhosa! Obrigada por me ligar para contar.

— Mas não liguei apenas para isso... — acrescentou Giorgia, aguçando-lhe a curiosidade.

— Por que me ligou, Gioia? — perguntou ansiosa.

— Bem, é que... Mas primeiro quero que me diga se ainda o ama?

— Com todas as forças do meu coração. — respondeu, estranhando a pergunta. — Por quê?

— Bem, ele também a ama, apesar de terminar o relacionamento de vocês. Foi Klaus quem me ligou hoje e me contou como ele se comportou depois.

— Imagine se não me amasse, então... — respondeu sem esconder a amargura.

— Depois daquele dia, Klaus disse que ele ficou insuportável. Ficou intratável, como uma criança mimada. Mas *mamma* não lhe deu trégua. Ficou em cima dele, como se ele fosse uma criança. Ela dando a dura nele, era hilário, pois ele ficava quietinho. Mesmo idosa, nossa *mamma* fez valer sua autoridade, o que divertiu a turma lá. Diz que foi incrível, quando ela entrou no quarto de Carlo, abrindo as cortinas e obrigando-o a dar uma volta pelos jardins com Klaus. Só faltou ela tirá-lo a tapas da cama — acrescentou rindo gostosamente, ao lembrar-se da cena que Klaus lhe descreveu. — Ah, e Klaus me contou que Fúlvio...

— Fúlvio?

— Sim, o fisioterapeuta. Ele contou para Klaus que encontrou-o com sua fotografia. E foi através disso que ele conseguiu a aceitação do tratamento... Fúlvio a usou como motivação...

Susan ficou emocionada ao ouvir que ele também estava sofrendo de saudades.

— E...

— E que ele sente a sua falta. Ele contou-lhe que estavam brigados, que se arrependia do que tinha feito e tinha medo de que você não o quisesse mais. Disse a Klaus e Fúlvio que quer lhe telefonar, mas acha que você o colocará para correr, depois de mandá-la embora pela segunda vez. Por isso Klaus tomou a liberdade de me telefonar, pois tinha certeza de que você também estava sofrendo igual. Certo, minha querida?

Susan sentiu os olhos se encherem de lágrimas.

— Si... sim. Mas ele quer me ligar? Tem certeza?

— Sim, vive com o celular na mão e pensativo, mas está com medo.

— Italiano, teimoso! — exclamou irritada. — Obrigada, Gioia. Vou aguardar o telefonema dele. Se é que ele vai mesmo ligar...

Gioia riu:

— É questão de tempo, verá.

— Deus te ouça, Giorgia.

— Bem, era isso. Boa noite e desculpe a intromissão. Mas amo os dois e desejo que sejam felizes juntos. Ambos merecem.

— Não se desculpe, por favor. Agradeço a consideração. Deixou-me feliz hoje, ao me contar sobre o desenvolvimento de sua recuperação e também que ele está sofrendo como eu, esse turrão!

— Ah, e ele falou que vai levar a festa de Natal para a Toscana.

Susan ficou em silêncio, absorvendo a notícia.

— Ah, é? — perguntou Susan.

— Sim. Vai ser ótimo. Espero que você vá. Mas, agora, vou deixá-la descansar. Boa noite, querida.

— Boa noite, Gioia. Obrigada mais uma vez.

— Se ele telefonar, vai ser boazinha com ele?

Susan riu.

— Vou tentar, Gioia. Vou tentar.

Após desligar, Susan sorriu.

— Então ele também está sofrendo com a separação? Bem-feito! — murmurou.

E o Natal em sua villa na Toscana? Bem, não sabia como estariam os dois até lá. Mesmo que estivessem bem, talvez não fosse inteligente estar lá, uma vez que a maioria da família não sabia da história deles.

No dia seguinte, Susan retornara para casa mais cedo, pois estava com muita dor de cabeça e não estava rendendo nada no projeto que ela e Sarah estavam trabalhando. Justin, então, resolvera dispensá-la mais cedo. Após entrar e fechar a porta, jogou a bolsa e as luvas de qualquer jeito no sofá e foi direto para a cozinha. Precisava urgente de duas aspirinas, pois a dor de cabeça era muita. Pegou um copo de água, o frasco de aspirinas e tomou os comprimidos em um gole só.

— Jesus, que dor horrível! — exclamou segurando a cabeça com as duas mãos. Voltando para a sala, tirou o sobretudo, o cachecol e deixou-os ao lado da bolsa no sofá, para guardá-los no dia seguinte. Estava tão zonza que pensava apenas em tomar uma ducha rápida e atender ao "*chamado da cama*". Por ela, dormiria de roupa e tudo, mas sabia que uma ducha quente iria aliviar a tensão do corpo todo.

Vinte minutos depois já estava deitada e começando a dormir quando um som estranho chegou-lhe aos ouvidos. Ficou atenta ao som que continuava. Levou uns minutos para perceber que era o seu celular dentro de sua bolsa, na sala. *Oh, não, agora não. Preciso dormir! Ligue depois, seja quem for.*

Esperando que seu desejo se realizasse, tornou a fechar os olhos. Mas foi em vão. O som parou por uns segundos, mas recomeçou e, se fosse possível, mais alto ainda.

Ao perceber que não pararia enquanto não atendesse, Susan se levantou e aos tropeções foi até a sala para pegar a bolsa onde o maldito celular "*berrava*" e catou-o de dentro dela, irritada. *Droga, droga. Não espere que eu seja educada, seja você, quem for! Droga!*

Com raiva, atendeu sem nem mesmo olhar quem era.

— Não quero saber nem quem é, mas tomara que seja algo importante, para me tirar da cama! — bradou.

Silêncio do outro lado.

— Alô! Alô! — como ninguém falava e ela sabia que havia alguém do outro lado, ficou mais irritada ainda. — Ah, não, agora você vai falar. Quem é e o que quer? Fale senão vou desligar na sua cara, ouviu?

Ouviu uma risada familiar e sentiu seu coração disparar. *Ai meu Deus! Será?*

— Que... Quem é? — perguntou, deixando a irritação de lado, com a esperança inundando seu coração.

— Se eu soubesse que estaria tão zangada, telefonaria amanhã. — ouviu a voz querida.

— Ca... Carlo... é... é você? — perguntou, com as pernas tão trêmulas que se sentou no sofá, nem reparando que se sentara sobre seu sobretudo.

— *Sì*. Estava dormindo? Posso ligar amanhã se quiser. Eu est...

— Não! — interrompeu ela. — Po... pode falar agora. Estou ouvindo.

Susan pôs a mão no coração, como se pudesse controlar seu batimento forte.

Como ele ficou em silêncio, ela resolveu fazer a pergunta que estava na ponta da língua, desde que soube que era ele, ao atender.

— Carlo... Por que está me ligando? — perguntou num murmúrio lento e desconfiado. — Não queria que eu ligasse para você e agora...

Mais silêncio.

— Por que me ligou, Carlo? — refeita do choque, perguntou novamente com mais ênfase.

Ele deu uma tossida, que ela interpretou como de insegurança.

— Bem... eu... eu andei pensando e... e... cheguei à conclusão de que você... você... Tinha razão, *bambina mia,* mais uma vez.

Susan deu um longo suspiro e fechou os olhos. *Oh, meu Deus, ele está querendo me pedir desculpas?*

— Sobre o que especificamente eu tenho razão? — perguntou, mesmo sabendo a resposta. Ele teria que dizer em alto e bom som.

Ele riu.

— Você sabe, *amore mio.* — respondeu ele rindo suavemente.

— Não, não sei. — disse ela categoricamente.

— Ora, *bambina,* preciso mesmo te dizer?

— Sim, precisa. — retrucou ela, sem dó.

— Ah, *Dio,* de que eu sou covarde. Pronto, satisfeita?

— Ah, perfeito. E continua covardão? — insistiu ela, se fazendo de difícil, mas com o coração leve.

— Acho que não. Estou seguindo religiosamente o tratamento do meu fisioterapeuta. Foi Aldo quem o contratou em Milão. Ótimo profissional.

— Estou sabendo, mas fico feliz por isso. Já estava na hora de deixar de lado a teimosia, seu turrão.

— *Bambina,* não quero brigar, por favor. E como assim estásabendo?

— Sabendo por alguém, mas isso é irrelevante.

— Por favor, quero que você me perdoe e volte pra mim! — pediu ele quase num sussurro.

— Mas por quê? — Susan sabia que estava sendo cruel, mas ele merecia pelo que a fizera sofrer.

Silêncio.

— Por que, Carlo? — repetiu.

— Mas você é geniosa, hein? Preciso me lembrar disso. — respondeu um tanto irritado pela indiferença dela.

— Ah, é? Eu é que sou geniosa agora? Quem foi o turrão que me dispensou sem mais nem menos?

— *Madonna mia*, estou te pedindo que me perdoe e que volte pra mim...

— E por quê? — repetiu começando a divertir-se com a irritação dele. Adorava vê-lo irritado.

— Porque te amo! *Cazzo*!! — explodiu ele, arrancando risos dela, deixando-o mais irritado. — Se for para me azucrinar, vou desligar e falar com você, quando estiver menos chata! — exclamou zangado.

— Está bem, está bem, desculpas aceitas. — respondeu ela, segurando o riso.

— Bambina, não seja cruel. *Ti amo* e preciso de você. Aqui comigo!

Foi o momento em que ela se emocionou e toda a birra foi para o espaço.

— Certo. Desculpe, meu amor. Mas você é que foi cruel e me fez sofrer muito! — reclamou ela.

— Eu sei. *Perdonami, amore mio.* Fui um idiota. Mas eu também sofri bastante por essa minha babaquice. Será sorte demais, se você ainda me amar como antes.

— Mesmo sendo turrão, continuo, sim, te amando com a mesma intensidade e também preciso de você. Mas como precisa de mim aí? *Mamma* Carmela não está aí com você?

— Sim, ela está, mas eu não suporto mais ficar sem você. Já fiquei longe demais sem poder sentir você perto de mim. E estou precisando muito de você nesse momento em que estou me recuperando. É importante demais tê-la ao meu lado... E não me importa se isso vai melindrar nossas famílias.

— Como... Carlo o que vai fazer? — perguntou ela, desconfiada.

— Vou contar para *mamma* sobre nós! — anunciou, com a determinação expressa em seu tom de voz.

— Não, Carlo, por favor... Papai... Aldo... Os meninos... Como eles reagirão? Não sei se estou preparada para isso, nesse momento.

— Que se danem todos! *Scusa!* — explodiu ele. — Chega de pensar no que os outros vão dizer. Somos livres, adultos, nos amamos e temos direito de ser felizes, certo? Chegou a nossa hora, *bambina!*

— Não sei...

— Quem é que está sendo covarde agora? — provocou ele maliciosamente.

— Não sou covarde! — replicou ela zangada. — É que... é que...

— É que, o que, por *Dio*? — interrompeu-a começando a se irritar com ela.

Ela percebeu que ele estava ficando irritado. Sentia medo da reação de seu pai e de Aldo, o sisudo primogênito de *mamma* Carmela. Quanto à idosa, não temia sua reação, pois tinha certeza de que ela aprovaria a felicidade do filho amado.

— É que Aldo...

— Dane-se Aldo! Já disse que não me interessa a opinião de ninguém. Isso só diz respeito a nós dois, *capisce*?

A jovem ficou em silêncio por alguns segundos e então se decidiu.

— Está certo. Tem razão. É agora ou nunca.

— Enquanto você conta para *mamma,* eu vou até Nova Iorque conversar com meu pai. Ok?

— Essa é a minha garota! — comemorou aliviado. — Tão logo conte a Edward, você vem para cá, certo?

— Meu trabalho...

— Peça licença até depois do ano novo a Justin. — interrompeu-a.— Diga-lhe que vamos noivar no Natal. Tenho certeza de que ele não se oporá. Com cadeira de rodas ou não, casaremos em março. — decidiu num impulso, surpreendendo-a.

— Carlo, calma, casamento não é assim. Temos que planejar com cuidado. — argumentou ela assustada com a urgência dele.

— Bambina... Quer se casar comigo?

Susan não resistiu e deu uma gargalhada, deixando-o intrigado.

— Por que ri? Não quer?

— Claro que sim, seu bobo. Estou achando engraçado receber o pedido de casamento que mais sonhei através do telefone. — respondeu.

— Quando estivermos juntos aqui, eu farei o pedido de novo, tal como você sonhou. Juro-te!

— Então está bem. Mas já adianto que março está muito próximo, para preparar tudo. Quero casar na igreja, de noiva e tudo o mais que tenho direito.

— Você terá tudo o que quiser, mas vamos nos casar em março e ponto-final. — ratificou ele um tanto impaciente.

— Está bem, seu turrão. Vou pedir uma dispensa de Justin e vou depois de amanhã para Nova Iorque e seja o que Deus quiser!

— Assim que se fala. Bem vou desligar, para você descansar.

Foi nesse momento que Susan percebeu que sua dor de cabeça tinha sumido.

— *Buonanotte, amore mio.*

— Boa noite, querido.

Dias depois, Susan estava jantando com os pais e Mathew. Havia chegado a Nova Iorque naquele mesmo dia, na hora do almoço. Sua mãe fora buscá-la no aeroporto e ficou sabendo de sua intenção em revelar ao pai sobre ela e Carlo e também já adiantou à mãe que Carlo queria o casamento em março. Louise ficou ao mesmo tempo empolgada e preocupada pelo pouco tempo que teriam para organizar o casamento.

— Então, minha filha, qual seria a conversa urgente que queria ter comigo? — perguntou o pai, na hora da sobremesa.

— Coma sua sobremesa. Depois vamos tomar café na sala de televisão e então ela falará. — disse a esposa, respondendo por Susan.

— Uau, pelo seu jeito você já sabe o que é. Acertei? — perguntou Edward brincalhão, piscando para a esposa.

— Sei, mas será Susan quem lhe dirá.

— Você vem embora de São Francisco, isso? — perguntou Mathew empolgado. Seu maior desejo era que a irmã deixasse São Francisco e viesse morar com eles em Nova Iorque.

Susan olhou para o irmão e carinhosamente alcançou sua mão do outro lado da mesa.

— Talvez... exista uma possibilidade de acontecer isso. — respondeu, apertando-lhe a mão.

— Sério, mana?

— Sim. Veremos. Primeiro tenho que conversar com papai.

O jovem levantou-se para dar um beijo na irmã e abraçá-la pelos ombros.

— Ouviram isso, mamãe e papai? Susan de volta para casa.

Louise fitou o filho e sorriu-lhe.

— Seria maravilhoso, mas quem sabe ela tenha outros planos...

— Que planos?

— Tenha paciência. Ela vai nos contar daqui há pouco. — ralhou a mãe.

Rindo muito, os três foram se dirigindo para a sala de televisão, enquanto a empregada levava a bandeja com as xícaras e o café, a qual depositou com cuidado na mesa de centro e serviu-os, saindo depois discretamente.

Acomodados, cada um em suas poltronas favoritas, pegaram suas xícaras e, enquanto tomavam o café, permaneceram calados, cada um envolto em seus próprios pensamentos.

— Bem, minha filha, qual é o assunto? — perguntou Edward, o primeiro a terminar o café, colocando a xícara na bandeja.

Temerosa, Susan trocou um rápido olhar com a mãe, o que foi facilmente percebido pelo médico.

— O que você duas estão escondendo, afinal? — indagou ele intrigado.

— Bem, papai, na verdade é um comunicado e espero que você entenda, por favor... — começou a jovem.

— Está me deixando curioso. Que comunicado é esse, para deixá-la tão tensa?

— Não estou tensa... — defendeu-se ela.

— Não negue, querida. Vejo daqui o quanto está tensa. Fale de uma vez e vamos acabar com esse suspense?

— Você vem embora? — arriscou o irmão.

— Matt... — disse Louise, pedindo silêncio, com o indicador nos lábios.

Susan ficou apreensiva e demorou em encontrar as palavras torcendo as mãos, não escondendo o quanto estava nervosa. A mãe carinhosamente cobriu-lhe as mãos, numa demonstração de apoio, e fez sinal para que continuasse.

— Quero que saiba que encontrei o homem da minha vida, aliás, reencontrei. Estamos apaixonados e queremos nos casar em março.

— Já? Está grávida por acaso?

— Papai!

— Claro que não, Ed. Deixe-a continuar... — ralhou Louise.

— Ok, ok, desculpe. Continue, querida.

— Começamos a namorar há pouco tempo, mas já nos conhecemos há anos. Espero que nos dê a sua benção, mas já aviso que isso será irrelevante, pois vou me casar com ele de qualquer jeito. Nada me fará desistir dele e ele de mim. Quanto à família dele, haverá com certeza alguma resistência, porém ele disse que também não fará diferença alguma, pois isso é um assunto que só diz respeito a nós dois.

— Quem é ele, afinal? O tal Nicholas?

— Nicholas casou, papai. Fui ao casamento dele, lembra? — respondeu ela impaciente.

— Então quem é o rapaz?

A jovem olhou para a mãe que mais uma vez assentiu dando-lhe força.

— Bem... é... é... Carlo Martinelli! Espero que não fi... — ela parou ao ver a troca de olhares entre o pai e o irmão assim como o risinho irônico deles.

— O que foi? Por que estão rindo? — perguntou zangada, olhando de um para o outro.

— Sim, também pergunto. — intrometeu-se Louise intrigada com a atitude do marido e do filho. — Por que esses sorrisos, sem graça?

Mathew caiu na gargalhada, deixando a irmã mais furiosa.

— Qual é a graça, afinal?

— Desculpe, querida, desculpe — desculpou-se o pai. — Pensei que nunca iria ouvir isso...

Mãe e filha olharam para o médico surpresas.

— Ou... ouvir... ouvir o que, papai? — perguntou cautelosamente.

Seria possível quê...

— Que você e Carlo estão apaixonados e vão se casar.

— Mas... mas...

— Eu e Matt fizemos até uma aposta, para ver quanto tempo levaria para vocês se revelarem.

As duas mulheres olharam para os dois que ainda riam.

— Ed! Você...

— Papai! Desde... Desde quando o senhor e Matt... Como sabem? — perguntou a jovem cada vez mais confusa.

Tornando a ficar sério, Edward levantou-se e ajudou a filha a levantar-se. Louise e Mathew também se levantaram.

— Lembra daquela noite em que ele veio jantar aqui com Luigi? Naquele dia, vocês pensavam que eu não estava prestando atenção em vocês, certo? Quando você veio pedir para abrir a garrafa de vinho... Lembra?

Ela ficou olhando para o pai enquanto sua mente trabalhava, procurando imagens daquela noite. E lembrou. Estivera tão nervosa que derrubara várias vezes o abridor de garrafa na cozinha e fora até onde seu pai e Carlo conversavam, para que um deles abrisse a garrafa de vinho, para ela. E lembrou-se de como Carlo a atormentara. *Meu Deus*! *Então seu pai notara?*

— Sim...

— Percebi os sussurros e a linguagem corporal de vocês dois. Claro que não gostei e fiquei preocupado, pois naquela época Kate ainda era viva. Mas depois pensei que, conhecendo você dois, sabia que não ia acontecer nada que pudessem trair a Kate.

Susan sentiu o rosto arder.

— E agora recentemente quando sua mãe contou que ele veio te buscar para ajudá-lo com os livros no escritório... Não falei nada para sua mãe, mas sabia a intenção dele, de vocês. E como ele agora está viúvo, não existe mais obstáculos para que fiquem juntos.

Susan estava trêmula de emoção e surpresa pela aceitação sem contestações de seu pai.

Edward então a puxou pelos ombros e abraçou-a fortemente, sentindo o quanto a filha estava trêmula.

— Eu dou-lhe a minha benção sim, minha querida. Não poderia escolher marido melhor para você. — emocionado, lhe deu um beijo na fronte.

— Oh, papai, não sabe o quanto fico aliviada... Obrigada. Mamãe foi mais resistente. — comentou a jovem, olhando para a mãe que ficara perplexa com a confissão do marido.

— Por que não falou nada para mim, Ed? — queixou-se Louise para o marido. — Eu não percebi nada disso.

— Por isso mesmo resolvi não chamar sua atenção. — disse ele. — Sabia que iria se preocupar.

Mathew que até o momento estivera apenas ouvindo jogou-se nos braços da irmã.

— Que ótima notícia, minha irmã! Então Carlo vai ser meu cunhado e eu e Luigi vamos ficar mais unidos pelos laços familiares, como irmãos. Posso contar para ele?

Susan emocionou-se com a alegria do irmão.

— Ainda não. Deixe-o saber pelo pai ou pela avó.

A frustração ficou aparente na expressão do jovem.

— É melhor assim, meu filho. — interferiu Louise ao observar a frustração do filho. — É melhor que ele saiba por alguém de sua família.

— Está certo. Vou aguardar. Mas ele também não ficará surpreso. — disparou olhando com malicia para a irmã.

Susan olhou para o irmão assustada.

— Como assim, ele não ficará surpreso? Ele comentou alguma coisa sobre mim... e o pai dele?

— Oh, não. Ele apenas me disse meses depois da morte da mãe que gostaria que o pai se interessasse por você.

Susan sentiu o coração disparar.

— Ele... ele disse isso mesmo? — perguntou incrédula.

— Disse e eu também concordei com ele. Fiquei muito feliz quando papai contou suas suspeitas e até fizemos apostas. Por falar nisso, eu achava que você contaria antes dele sair da cadeira de rodas e papai achava que só depois da recuperação total dele é que vocês dois contariam para as famílias. Eu ganhei a aposta, papai! Pode comprar o bilhete para o primeiro jogo do New York Knicks da temporada. Já estão à venda os ingressos.

— Certo, filho. Amanhã comprarei. Será que Luigi quer ir junto?

— Com certeza, papai. Pode comprar para ele também. Ontem comentamos sobre a vontade de assistir ao primeiro jogo da temporada.

— Bem, minha filha, nós abençoamos o namoro de vocês. Mas temo que vai ser um pouco mais difícil para Carlo. Tenho certeza de que ele encontrará resistência por parte de Aldo. Nunca vi homem mais conservador do que esse primogênito de Carmela.

— Sim, parece que vive fora do tempo. Eu também disse isso a Carlo. Aldo vai criar caso. Mas ele assegurou que não importa o que ele disser. Nós faremos do nosso jeito, queira ele ou não.

— Bem, agora vou para a biblioteca. Trouxe uma revista médica para ler um artigo que me interessou. Volta manhã para São Francisco?

A jovem anuiu.

— Nos veremos no café da manhã então. Boa noite, queridas. — despediu-se com um beijo no rosto de cada uma e chamou o filho para lhe acompanhar

— Mathew, venha comigo, quero lhe mostrar algo na revista.

— Ok, papai. — disse o jovem acompanhando o pai para a biblioteca.

Mathew já tinha se decidido em fazer o curso de Medicina e seguir a carreira dos pais.

— Papai... — chamou Susan antes que ele atravessasse a porta da biblioteca.

— Sim, querida?

— Carlo quer que eu vá ficar com ele na Toscana. *Mamma* Carmela, Mimi e Klaus estão lá com ele, além do fisioterapeuta de Milão. O Natal vai ser lá e ele quer que eu vá antes do Natal.

— E seu trabalho? — perguntou-lhe e mãe.

— Vou pedir uma licença a Justin, até depois do Ano Novo, e posso trabalhar remotamente no que for preciso.

— Vá. Acho que realmente ele precisa de você lá. Lorenzo disse-me tempos atrás que ele estava intratável, irreconhecível do homem gentil que nós conhecemos. Dispensou o fisioterapeuta que o cirurgião lhe indicou e queria fazer os exercícios sozinho. Aldo então contratou um fisioterapeuta famoso em Milão e mandou-o para a *villa*, para atendê-lo. Faça o que seu coração mandar. Não é, querida? — perguntou se voltando para esposa, num explícito pedido de concordância.

— Com certeza. Vá e dê-lhe mais motivação para seguir o tratamento. E Carmela vai adorar ter você lá. Tenho certeza de que ela vai abençoá-los.

— Também acho. E agora vou para o meu quarto e tentar dormir. Meu voo sai às 8 horas amanhã. Você me levará, mamãe?

— Eu a levarei, pois sua mãe tem duas cirurgias bem cedo. — respondeu-lhe o pai.

— Ok, papai. Boa noite a vocês.

— Boa noite, querida! — disseram pai e mãe juntos.

— Boa noite, mana. — Mathew disse, dando um beijo no rosto da irmã.

Depois de tomar uma ducha, Susan se deitou, pegou o celular e mandou uma mensagem de texto a Carlo.

Meu pai me surpreendeu. Não só nos abençoou como também disse que já desconfiava... Foi mais fácil do que eu esperava, depois da resistência da minha mãe, quando lhe contei. Mathew ficou felicíssimo e já queria contar a Luigi, mas eu disse que esperasse, até que você contasse para ele. Achei melhor assim. Vou embora amanhã e então pedirei uma licença a Justin. Se cuide. Te amo.

S.

Dando uma arrumada no travesseiro, agradeceu a Deus por ter dado tudo certo com seu pai e em segundos pegou no sono.

No dia seguinte às sete horas da manhã, já estava no aeroporto. E foi só lá que se lembrou de ver se havia mensagem de Carlo. Sorriu quando viu que tinha uma. Ele havia lhe respondido tão logo ele recebera a sua mensagem.

Que maravilha de notícia, bambina. Desconfiava que não seria difícil por parte de Edward. Louisie, afinal, reagiu como qualquer mãe, na mesma situação reagiria. Imagino a alegria de Mathew. Afinal, ele e Luigi serão como irmãos oficialmente. Eu também acho que não terei dificuldade com mamma. Ela te adora e ficará feliz em tê-la como nora. Acredite, amore mio. Talvez, teremos uma resistência apenas por parte de Aldo que para nós será irrelevante, certo? Ninguém nos impedirá de sermos felizes. Venha logo. Estou te esperando. Ti amo.

C.

Chegando em São Francisco, Susan não perdeu tempo e foi trabalhar mesmo cansada da viagem para falar com Justin e conseguir a licença para viajar para a Itália e trabalhar remotamente. Justin e Sarah ficaram felizes pelos dois terem se acertado finalmente.

— O mais difícil vocês duas já fizeram. — disse o arquiteto, olhando para Sarah e Susan. — Daqui em diante Sarah pode assumir o projeto sozinha e, se por ventura ela precisar, coloco mais uma pessoa para ajudá-la. Pode ir cuidar do seu homem lindo. — ao dizer isso, Justin se abanou com as duas mãos. — Oh, italiano gostoso!

— Justin! Se Bill souber disso... — brincou a prima.

— Não o trocaria pelo meu Bill, mas posso admirar o belo, não? — respondeu abanando-se com as mãos.

As duas amigas riram do gesto do arquiteto.

— Obrigada, Justin! — agradeceu Susan dando-lhe um abraço emocionada com a compreensão do chefe e amigo.

— Ora, deixe isso para lá. Está dispensada a partir de hoje até dia cinco de janeiro. Pode ser?

— Evidente que sim. Estarei aqui dia cinco então.

Sarah a acompanhou até em casa naquela noite, para ajudá-la a fazer as malas.

Completamente nas nuvens, Susan se pôs a arrumar a mala com a ajuda da amiga, para, enfim, ir ao encontro de Carlo, naquele final de semana. Seu voo sairia às oito da manhã do dia seguinte.

Sarah e Arthur a levaram até o aeroporto.

— Vá, minha querida. A felicidade a espera. — disse a ruivinha ao abraçar a amiga antes dela transpor o portão de embarque. — Tenha uma boa viagem e dê lembranças a Carlo.

— Diga ao italiano que mando um grande abraço e que espero sua recuperação o mais breve possível. — disse-lhe Arthur beijando-a no rosto.

— Obrigada, Arthur. Obrigada, Sarah. Espero que vocês apareçam por lá no Natal.

— Prometo que iremos. Agora vá. — disse Sarah empurrando-a suavemente. — Acabaram de fazer a última chamada.

Com a felicidade estampada no rosto, Susan entrou no portão de embarque e voltou-se mais uma vez para acenar para Sarah e Arthur, que responderam no mesmo instante.

Eram 21 horas, quando ouviu a voz do piloto avisando que já estavam sobrevoando Milão e que logo estariam pousando no Malpensa Express. Seu coração disparou no peito. *Logo estarei com você, meu amor,* pensou emocionada.

Chegando ao aeroporto de Milão, Susan ligou para Carlo, dizendo que ia de trem até Florença e que o esperaria lá. Ele e Klaus iriam buscá-la, prometera ele.

Capítulo 23

Sonho realizado...

Depois que Carlo falou com Susan pelo telefone, resolveu contar à sua mãe, no dia seguinte e não naquele noite, conforme dissera à Susan. Precisava pensar bem em como contar à mãe.

Decisão tomada, ia tentar sair sozinho da cadeira de rodas para a cama. Precisava fazê-lo. Precisava!

Conduziu a cadeira até o lado da cama onde dormia. Tentou ficar em pé, mas as pernas fraquejaram e tornou a sentar-se.

— *Caspita*! — murmurou.

Suspirando ele contou até três e tentou novamente. E de novo e de novo não conseguiu. Sentia o suor escorrendo pelo rosto, mas não desistiu. Tinha que conseguir!

Se apoiando nos braços da cadeira, com muito esforço e algumas dores, conseguiu enfim ficar em pé. Balançou um pouco, mas as pernas por fim se mantinham firmes e conseguiu recuperar o equilíbrio. Entre lágrimas de alívio e dor, deu uma risada nervosa. *Di... o... Dio mio, grazie!*

Segurou com firmeza a cabeceira, conseguiu se virar e sentar-se na cama. Foi deitando-se devagar, bem devagar e procurando o apoio dos cotovelos. Sentiu umas fisgadas de dor nos ombros, mas continuou se esforçando e foi girando e se arrastando até conseguir colocar as pernas na cama. Ao conseguir ficou quieto, sentindo os músculos tremerem pelo esforço sobre-humano que fizera. Com mais um pouco de esforço pelos cotovelos se arrastou mais um pouco para cima, até conseguir deitar a cabeça do travesseiro. Sentia-se suado e dolorido. Lágrimas corriam pelas suas faces. *Conseguira. Conseguira! Sozinho!*

Exausto, estendeu a mão e apertou o botão de alarme que Pietro colocara em sua mesa de cabeceira, a fim de chamá-lo.

Em menos de um minuto, o enfermeiro abria a porta.

— Quer alguma coisa, senhor? — foi perguntando enquanto fechava a porta. Ao voltar-se e olhar para a cama, estacou, franzindo a testa. — Quem o colocou na cama? — perguntou curioso. — Benne...

Carlo começou a rir, apesar das dores e cansaço.

— Não, *caro mio*! Fúlvio não tem nada a ver com isso. — respondeu. — Eu consegui sozinho! — Sua voz não escondia o cansaço e a satisfação de seu grande feito.

— Deveria ter me chamado, senhor. Já pensou se caísse e machucasse o quadril ou a perna?

— *Ma... (mas)* Não me machuquei. Não foi fácil, Pietro, mas consegui! — exclamou orgulhoso. — Consegui!

— Verdade, o senhor conseguiu. Parabéns, precisamos contar à sua mãe e a Bennetti. — disse o enfermeiro, alegre, pela façanha do patrão.

No dia seguinte, levantou-se cedo. E depois que Pietro ajudou-o com o banho, Carlo barbeou-se e sentou-se na cadeira de rodas, sozinho, com um pouco de dificuldade, mas sob o olhar protetor de Pietro. Ansioso, se dirigiu aos aposentos da mãe. Sabia que a essas horas ela estaria tomando o café da manhã em seus aposentos. Sempre madrugadora, pois gostava de rezar, habitualmente antes do café.

Antes de bater à porta da mãe, virou-se para Pietro, que o acompanhava a uma certa distância.

— Pietro, preciso ter com minha mãe um assunto pessoal e urgente. *Per favore*, avise Fúlvio que vou me atrasar um pouco para a piscina. Ok?

— Sim, senhor. Mais alguma coisa?

— Não, *grazie amico.* — respondeu, batendo na porta.

— *Può entrare* (pode entrar). — ouviu a voz da mãe.

— *Buongiorno, mamma.* Tem café para mim? — disse ele, ao se aproximar da cadeira dela e beijar-lhe a fronte.

— *Buongiorno, figlio mio.* Vou pedir para Mimi trazer uma xícara para você. — disse ela tentando se levantar para chegar até o interfone.

— Deixe que eu faça isso, *mamma.* Esqueceu que estou motorizado? — disse com bom humor, se dirigindo para a mesa de cabeceira onde estava o interfone e pediu uma xicara para ele. Depois levou a cadeira de rodas até o lado oposto da mãe, ficando de frente para ela.

Minutos depois, Mimi bateu à porta e entrou com mais uma travessa de brioches e uma xícara para Carlo, que agradeceu-lhe gentilmente.

— Depois do café, quero ter uma conversa com a senhora. — anunciou ele.

— *Va bene.*

Enquanto tomavam café, Carlo relatou os progressos com a fisioterapia deixando a idosa muito feliz. Aproveitou para pedir perdão pelos aborrecimentos que causou a ela com sua teimosia e idiotice.

— *Grazie a Dio*, vejo você mais disposto, *figlio*. Até sua cor voltou ao rosto. Você estava tão pálido, tão apático... Posso até dizer que parece mais... *Felice?*

Ele riu, esticando a mão para afagar-lhe a face.

— *Sì, mamma*. Estou feliz. Mas agora tome seu café, senão vai esfriar. — disse indicando a xícara em suas mãos.

— *Certo*.

Nos momentos de pausa entre um gole e outro do seu café, Carlo ia ensaiando como começaria a conversa com sua idosa mãe.

Após o café, Carmela fez sinal para que ele fosse com ela até a sala de estar da sua suíte, onde se sentou em sua poltrona habitual perto da janela e fez sinal com sua bengala para chegasse perto dela.

— Então, agora vamos conversar, *figlio.* — disse a idosa com seu sorriso bonachão.

Carlo ficou olhando para a mãe, sem saber como começar. Pigarreou.

— Bem, *mamma*, com exceção do Aldo rabugento, todos têm falado que eu devo seguir minha vida, sem olhar para trás, *certo*?

— *Certo, figlio mio*. Você ainda é jovem, saudável e merece ser feliz. — respondeu a mãe.

Carlo anuiu e passou a mão na boca, terminando por coçar o seu queixo escanhoado, se sentindo desconfortável. Estava nervoso como um adolescente pronto para confessar uma terrível travessura para a mãe. Tentou preparar-se, mas, tal como havia previsto, o momento seria difícil. Sentiu falta do seu autocontrole dos tempos de promotor.

Ele levou a cadeira até a porta francesa que dava para a varanda do quarto e ficou de costas para a mãe, apreciando a paisagem ainda com um pouco de neblina por uns momentos, e voltou segundos depois para o mesmo lugar, sob o olhar confuso e curioso da mãe. Mais uma vez passou a mão no rosto e ficou olhando para cima de olhos fechados, como se estivesse fazendo uma prece e tornou a olhar para a mãe, que, nessas alturas, olhava-o sem entender nada com a testa franzida.

— Carlo? *Che succede, figlio mio?* (O que está acontecendo filho?) Está nervoso ou é impressão desta sua velha mãe? — a voz suave de sua mãe se fez ouvir. Dando um longo suspiro, olhou dentro dos olhos da idosa com determinação. Queria falar, olhando diretamente nos olhos dela.

Aproximou mais sua cadeira de rodas da poltrona da mãe e inclinou-se para pegar suas mãos.

— *Mamma*... — começou olhando-a fixamente — *Mamma* ,eu... Eu... Olha já lhe adianto que já me confessei logo depois do Natal passado.

A mãe apenas piscou muito curiosa.

— Você está me deixando nervosa, *figlio*. O que aconteceu de tão grave para merecer uma confissão de sua parte? — falou a idosa, sem esconder a preocupação.

— Ano retrasado, no meu encontro anual da turma de 89, em Houston, eu conheci uma jovem... — Carlo sentiu o retesamento das mãos de sua mãe nas suas. — Talvez por estar carente e aborrecido com a crise no meu casamento, eu encantei-me com essa jovem. Olhamo-nos, conversamos e... Bem... — continuou. — A verdade é que nos apaixonamos. Por uma brincadeira, nós não revelamos nossos nomes, uma vez que não nos encontraríamos mais. Achamos melhor assim. — comentou sorrindo timidamente. — Mas, por uma brincadeira do destino, meses depois, nos encontramos de novo,e nosso reencontro foi numa situação muito constrangedora para ambos, numa festa de Natal com nossas famílias. Foi quando soubemos quem éramos de verdade e... e... o mundo veio abaixo para nós, frente à verdade nua e crua. — fechou os olhos, lembrando do impacto que foi para ambos, a descoberta de suas identidades. — Tentamos... — continuou Carlo, um pouco tenso. — Tentamos levar nossas vidas adiante, ignorando nossos sentimentos, mas foi ficando cada vez mais difícil para nós. Depois, com a morte de Katherine, eu isolei-me e decidi não me envolver mais com ninguém, pois me sentia culpado pela morte dela. Sendo assim, tirei qualquer esperança de futuro entre nós.

A mãe anuiu, com a atenção inteiramente voltada no filho.

Carmela endireitou-se e se recostou na poltrona.

— Você disse que ela é jovem? — perguntou Carmela cautelosamente, lembrando-se do que ele dissera no início.

— Sim. Ela tem agora 29 anos.

A mãe arregalou os olhos.

— *Figlio,* são 14 anos de diferença entre vocês. Você tem certeza de que quer isso mesmo? Você parou para pensar que, quando você tiver 50 anos, ela ainda será jovem, na casa dos 30? — ressaltou a idosa.

Carlo sentiu uma pontada de dúvida, mas, ao lembrar-se dos olhos cheios de amor de Susan quando olhava para ele, acabou instantaneamente.

— *Sì, mamma,* pensei muito sobre isso e discuti esse detalhe com ela, mas recebi um beijo apaixonado como resposta. — disse num tom suave. — *Mamma,* tenho a certeza de que fomos feitos um para o outro. Não se preocupe. É a mulher da minha vida, pode ter certeza.

Dessa vez foi Carmela quem pegou as mãos do filho nas suas, olhando-o com um olhar penetrante.

— *Figlio,* sinto-me feliz em vê-lo feliz, depois de tudo o que passou. Quando vou conhecê-la? — perguntou ela, ansiosa.

— Você já a conhece. — respondeu ele sorrindo.

— *Scusa?* — a idosa arqueou as sobrancelhas brancas.

Carlo riu, prevendo a grande surpresa que a mãe teria.

— Eu disse que você já a conhece. Queremos apenas a sua benção.

— Carlo, de quem você está falando? Como assim eu a conheço? Espere... — disse a idosa de repente, lembrando de que Carlo falara que haviam se reencontrado numa festa de Natal da família. — Você disse que se reencontraram numa festa de suas famílias? Como assim? — perguntou curiosa e ansiosa.

Ele sorriu. Ela ainda não tinha se dado conta e ele esperava pelo momento.

— Você a conhece, sim, e desde que ela nasceu, assim como eu. Eu a pegava no colo... — respondeu, olhando a mãe, em silêncio, aguardando que as palavras fizessem sentido para ela.

— Desde que nas... Carlo, de quem você está falando, afinal? — perguntou com desconfiança no olhar.

Carlo arqueou as sobrancelhas e continuou em silêncio, esperando que ela mesma descobrisse quem era. Ao ver a transformação tomando conta no rosto amado da mãe, Carlo percebeu que ela, enfim, descobrira de quem estavam falando.

— *Dio*! — exclamou, colocando as mãos na boca. — Você, não está falando de... de... Carlo, é quem eu estou pensando? — perguntou com os olhos azuis arregalados.

Ele sacudiu a cabeça lentamente, confirmando e sorrindo-lhe com carinho.

— *Dio mio,* é Susan? A *bambina* de Louise?

A idosa ficou olhando para o filho, meneando a cabeça, totalmente incrédula.

— *Ma... Ma,* ela é tão jovem... e você...

— Está me chamando de *vecchio,* dona Carmela? — perguntou bem-humorado. — Há pouco disse que eu ainda era jovem para refazer a minha vida. — concluiu, rindo da expressão envergonhada da mãe.

— *Certo. No* importa... Teus irmãos já sabem? — perguntou.

— Somente Gioia e Lorenzo. Louise soube quando Susan foi me ver, na manhã após o acidente. E Edward também já sabe, desde ontem.

Carmela ainda meneava a cabeça de um lado para o outro, não acreditando no que ouvira do filho.

— *Dio mio,* nunca me passou pela cabeça que você... e a pequena Susan poderiam vir a se apaixonar um pelo outro, quando adultos. *Dio mio, Dio Santi...* E posso imaginar a surpresa que vocês tiveram naquele Natal... Porque foi ali que vocês se reencontraram, conforme falou há pouco... — disse a idosa compreensivamente, colocando-se no lugar deles. — E agora estou me lembrando que Aldo comentou para Lorenzo que você estava bem estranho naquela noite.

Aldo! Aquele rabugento também percebeu?

De repente a mãe colocou a mão no coração e arregalou os olhos.

— Carlo... vocês... Você me disse que se apaixonou quando seu casamento estava em crise..., mas ainda estava casado, *certo?*

Carlo anuiu lentamente, sabendo o que a mãe ia perguntar.

— Então vocês... vocês... *Per favore,* diga que não... que não...

Carlo colocou o dedo indicador nos lábios da mãe, impedindo-a de fazer a pergunta. *Que Dio me perdoe pela mentira, mas não posso contar-lhe toda a verdade... Aliás, ele apenas omitiria...*

— *No,* não se preocupe. Aconteceram apenas beijos.

— *Baci, baci, ma,* mesmo assim, não deixou de ser uma traição à Kate. Oh, Carlo...

Se ela soubesse que Kate também me traiu igualmente. Mas isso ela e Luigi jamais saberiam disso!

— *Mamma,* aconteceu. Simplesmente aconteceu. Foi mais forte do que nós. Lembra-se que eu disse que me confessei? E para que fique mais tranquila, Susan também se confessou.

A matriarca ficou em silêncio por alguns minutos digerindo as palavras do filho.

Carmela refletiu por alguns minutos. Lembrou-se que Dio dera uma segunda chance ao filho depois do atentado, do coma e, sendo assim, merecia ser feliz com a bambina de Louise. E Susan com certeza faria seu filho feliz. Susan era gentil, discreta e gostava da sua família.

Então, pegou a mão do filho e apertou.

— *Va bene.* Se *Dio* lhe salvou a vida, é para você ser feliz, *figlio mio.* Então que assim seja. Dou-lhes a minha benção!

Carlo beijou-a na mão e na face, inteiramente comovido.

— Grazie mamma.

— Ah, e agora estou entendendo suas escapulidas, antes do acidente. — lembrou a mãe com malicia no olhar.

— Eu ia encontrar-me com ela em São Francisco. — confessou ele, mas achando por bem omitir os fins de semanas no veleiro.

Carmela riu.

— Na verdade você sempre teve uma conexão emocional muito forte com essa *bambina* de Louise. — lembrou-o.

Carlo riu e chegou-se mais para beijar as bochechas da mãe.

— E Edward o que acha disso? — lembrou a idosa.

— Louise já nos abençoou. E ontem ela contou ao pai e ao irmão, quando foi à Nova Iorque para isso. A surpresa foi que Edward e Mathew já estavam desconfiados, como Lorenzo. — Carlo riu ao imaginar a cara de Susan ao saber disso. — Sendo assim, ele também nos abençoou. E quanto à Luigi, sei que ele me apoiará. Faz tempo que ele quer que eu arranje uma namorada. — riu quando viu a surpresa na expressão da mãe.

— *È vero?* — perguntou ela.

— *Sì.* E tenho certeza de que ele aprovará Susan, pois ele gosta muito dela.

— Luigi é um *bravo ragazzo.* Tal como você era na idade dele. Quando pretende contar aos seus irmãos?

— No Natal, quando estivermos todos juntos, que tal?

— *Bene, bene.* Ah, como quero abraçar aquela *bambina. Mia nuora,* quem diria... — disse a idosa ansiosa para abraçar a jovem que considerava como filha.

— Ela vai tentar uma licença com Justin, para vir para cá, antes do Natal.

— *Meraviglioso*! E pretendem casar logo? — perguntou a mãe.

— Em março, mesmo que eu esteja de cadeiras de rodas. — respondeu Carlo.

— Se continuar nesse ritmo, pode ser que já esteja fora da cadeira de rodas. — profetizou ela.

— Darei tudo de mim para que isso aconteça, *mamma.* Pode acreditar.

Nesse momento Pietro bateu à porta e entrou.

— Com licença, *mamma* Carmela, mas vim buscar nosso paciente para levar à piscina. Fúlvio já foi para lá.

— *Certo,* Pietro, pode levá-lo. Agora ele tem mais uma motivação para sair dessa cadeira... — disse a idosa, toda sorridente, não escondendo a felicidade.

— Ah, é? — perguntou o enfermeiro curioso, olhando para o patrão.

— Vou me casar Pietro. Em março, com *mia bambina.* — explicou.

— Que noticia maravilhosa, senhor. Então, reataram o namoro?

— Sim. Semana que vem ela estará aqui, se tudo der certo no seu trabalho.

— Parabéns. Fico feliz pelos dois. Até logo, *mamma* Carmela.

— *Ciao, ragazzi!* — respondeu a matriarca, muito feliz.

Carlo seguiu a semana fazendo os exercícios com Fúlvio e alguns sozinho, dentro de seus limites. Estava motivado, feliz e ansioso pela chegada de Susan.

O reencontro em Florença...

O outono continuava, como sempre, variando as temperaturas. Naquele dia em especial, estava muito frio.

A sala de jantar tinha uma grande lareira de pedras, cuja lenha estalava ao ser consumida pelo fogo forte, o que deixava o ambiente e as pessoas ali presentes confortavelmente aquecidos.

Carlo olhou para o relógio mais uma vez, enquanto jantava com a mãe, Klaus, Fúlvio e Pietro.

— Você já está me deixando nervosa, *figlio mio*. É a quinta vez que olha esse relógio. Calma, logo estará indo buscar sua *bambina*. — disse-lhe a mãe, muito séria.

Envergonhado, Carlo sentiu o rosto queimar.

— Desculpe-me, mamma, mas quero chegar antes do horário na *stazione ferroviaria*.

Terminando seu jantar, Klaus pediu licença e levantou-se.

— Vou preparar o carro, senhor. E não se preocupe, chegaremos no horário que o senhor estipulou. Pode terminar seu jantar sossegado. — disse o guarda-costas, pegando o sobretudo que deixara no encosto de sua cadeira para vesti-lo e sair.

Carlo ouviu a risada de Fúlvio e fitou-o com um olhar de interrogação. Pietro, que ameaçava rir, conteve-se ao ver a cara de desagrado do patrão.

— O que foi, *Rambo?* — perguntou Carlo usando o apelido que dera ao fisioterapeuta, que se divertia muito, com ele.

— Nada, *signore!* Se me permite, até parece um adolescente que vai encontrar sua namoradinha pela primeira vez.

Carmela deu uma sonora gargalhada recebendo um olhar ofendido do filho.

Riu mais ainda, ao ver o olhar do filho.

— *Mi dispiace, figlio (me desculpe, filho),* mas Fúlvio tem razão. — disse a matriarca, limpando os lábios com o guardanapo.

Desta vez, Pietro não conseguiu conter o riso.

Fúlvio queria parar de rir, pois via que seu paciente estava se irritando, mas, cada vez que olhava para Carmela e Pietro, tornava-se mais impossível parar de rir.

Carlo olhou um por um, deixando claro seu desagrado e terminou seu jantar, sem falar nada.

Conseguindo parar de rir, a idosa bateu carinhosamente na mão do filho.

— *Mi dispiace* (desculpe-me), mas fico feliz de vê-lo motivado e feliz por ir buscar *tuo amore.*

Carlo sorriu, enfim.

— *Certo,* vocês três. Entendi. — disse piscando para Fúlvio e Pietro.

— Senhor, está tudo pronto. Vamos? — ouviu o vozeirão de Klaus entrando na sala de jantar.

Carlo passou o guardanapo na boca e afastou-se da mesa.

— Me leva até o quarto, Klaus? Preciso ir pegar meu sobretudo. Simona disse que o vento está gelado demais.

Pietro fez menção de levantar-se, mas Carlo o impediu com um gesto.

— Fique. Termine seu jantar, Pietro. Klaus me acompanhará. — disse Carlo gentilmente.

— É verdade. — respondeu o alemão, acompanhando-o ao lado da cadeira, para o corredor.

Minutos depois, bem agasalhado, Carlo e Klaus foram se despedir.

— Vou ficar esperando *a bambina* chegar, *certo, figlio mio?* — anunciou a mãe.

— *Mamma,* resolvi agora com Klaus passar a noite em Florença. Acabamos de reservar o hotel. Voltaremos pela manhã. Então dorme tranquila *certo,* dona Carmela?

— *Melhor.* Ela deve estar cansada, a *poveretta.*

— *Buonanotte, mamma.* Fúlvio? Pietro?

— *Buonanotte!* — respondeu o fisioterapeuta e o enfermeiro ao mesmo tempo.

— Boa viagem! — gritou a matriarca, quando eles já tinham saído.

— *Grazie, mamma!* -- respondeu Carlo sem esconder a alegria.

Uma hora e meia depois, estavam os dois na estação de trem aguardando na plataforma em que chegaria o trem de Susan. Carlo estava nervoso, ansioso e emocionado. Não a via desde que recobrara a memória. Seu coração estava palpitando por saber que logo a teria nos braços. Logo poderia beijá-la.

Quando o trem apontou, seu coração parecia que iria sair pela boca.

— Chegou, senhor! — disse Klaus, percebendo as emoções conflitantes no rosto sério do patrão.

As pessoas foram descendo e recebendo as boas-vindas de amigos e familiares que as esperavam, como ele.

À medida que o tempo passava e Susan não aparecia, ia ficando mais nervoso.

— Ela não veio, Klaus! — murmurou ele, apertando as mãos que estavam em seu colo.

Klaus riu.

— Calma, senhor. Ainda está descendo muita gente. Tem mais vagões e... Olhe, lá está ela! — exclamou apontando para a jovem que acabara de descer. Um senhor que descera junto a ajudava com a pesada mala que estava tirando de dentro do vagão.

— Vou lá, ajudá-la. — disse o guarda-costas, se afastando e indo ao encontro da jovem.

De longe, Carlo viu a alegria de Susan ao ver Klaus. Sorridente ela abraçou-o e olhou para onde ele estava, seguindo a direção que o alemão mostrava-lhe com o dedo.

Sorrindo lindamente ela acenou-lhe. Com o coração cheio de amor, ele respondeu-lhe. Dio, como ela estava linda. Como a amava... Como pudera querer afastá-la de sua vida se ela era a sua própria vida? *Pazzo!*

Viu quando Klaus agradeceu ao senhor que a ajudara e pegou a mala para arrastá-la, enquanto ela o acompanhava, conversando e rindo. Era maravilhosa!

À medida que chegavam mais perto, Carlo sentia seu corpo reagir à suave beleza da jovem.

Linda em seu casaco verde-escuro sete oitavos, botas pretas de cano longo, um cachecol branco, além do gorro, também branco, de onde algumas mechas douradas teimavam em sair. Seus lindos cachos dourados...

Ao chegar frente a ele, ela parou e deixou cair a bolsa para inclinar-se e abraçá-lo fortemente.

— Oh, meu amor, que saudades! — sussurrou-lhe e deu-lhe um selinho, mas Carlo a puxou, a abraçou e deu-lhe um longo beijo apaixonado, alheio aos olhares curiosos das pessoas que passavam por eles, carregando suas malas. Inebriado pela proximidade do corpo suave e amado, mesmo que não pudesse senti-la de corpo inteiro, por causa da cadeira de rodas, emoldurou o lindo rosto com as mãos enluvadas e deu-lhe outro beijo, deixando-a sem fôlego.

— Que saudades... Ah, amore mio, que idiota arrogante que eu fui...

Susan riu e cobriu-lhe os lábios com o dedo, impedindo-o de falar.

— Shhh... Não fale. Vamos esquecer isso, meu amor. Estou aqui e agora, nada poderá nos separar, daqui para frente.

Carlo pegou-lhe o dedo e mordeu amorosamente.

— Reservei hotel para nós, esta noite. Você deve estar muito cansada. Partiremos amanhã cedo para a *villa*. Tudo bem para você, *amore*?

Juntando a bolsa do chão ela se colocou ao lado da cadeira, acompanhando-o, enquanto Klaus ia à frente com a sua mala.

— Perfeito. Você está se sentindo bem, meu amor? — perguntou-lhe carinhosamente.

— Agora mais do que nunca. Só faltava você, aqui comigo. — disse-lhe, olhando-a nos olhos.

— Vamos vencer isso junto, meu querido. Logo estará fora dessa cadeira. — determinou ela.

Quinze minutos depois, chegavam ao hotel. Klaus foi até a recepção, enquanto eles aguardavam no carro.

Abraçados, entre suspiros e gemidos, os dois beijavam-se loucamente.

— Ah, *bambina*...

— Carlo... você... nós podemos... isto é, você pode...

Ele abraçou-a e acariciou-lhe os seios.

— *Tesoro,* pedi que Klaus reservasse um quarto para nós e outro para ele. Não haverá dor que me impeça de fazer amor com você esta noite. Meus músculos podem estar fracos, mas, a parte da minha anatomia que mais nos interessa nesse momento, está firme, forte e pronta para agir. — disse

Carlo piscando maliciosamente para a futura noiva, deixando-a vermelha, ao pegar sua mão e colocá-la em contato com a evidência do seu desejo.

Ele riu dela.

— Como sempre, meu pequeno "tomatinho". — sussurrou-lhe, puxando-a para si e lhe mordendo o lóbulo da orelha perfumada. A jovem riu, pois sabia que estava muito vermelha mesmo.

Tempo depois, os três já estavam instalados em seus quartos. Klaus se acomodara no quarto ao lado do deles.

Antes do guarda-costas se despedir deles, quis saber se precisavam dele.

— Precisa de ajuda para tirá-lo da cadeira? — perguntou olhando diretamente para Susan.

— Obrigada, Klaus, mas vamos tentar fazer isso sozinhos. — disse a jovem olhando para Carlo ternamente.

— Cuidado com movimentos bruscos... — recomendou, piscando para os dois, de maneira maliciosa.

— Saia daqui e entre rápido em seu quarto, senão será demitido, seu alemão enxerido. — retrucou Carlo, bem-humorado.

Susan não pode deixar de achar engraçada a brincadeira dos dois.

— Se precisarem de mim, é só darem um toque no celular, ok? — avisou sério.

— Ok, Klaus. Eu o chamarei se necessário. Boa noite. — disse a jovem.

— Boa noite, senhorita.

Susan fechou e trancou a porta, tirando o gorro branco e jogando-o no sofá próximo da porta. Depois se virou para Carlo, que a olhava enternecido de sua cadeira de rodas.

— Amo seus cabelos, bambina... — sorrindo, com os olhos presos, um no outro, ambos iam tirando os casacos, luvas e cachecóis, amontoando-os no mesmo sofá.

— Enfim sós! — exclamou ele. — Você não tem ideia de como sonhei com esse momento, amore mio... Desde que você aceitou voltar para mim.

— E acho que posso imaginar, se levar em conta o quanto eu sonhei também com esse momento, meu amor. — disse ela emocionada.

— Eu fui realmente um idiota, estúpido, irracional e covarde, acima de tudo. Você e Lorenzo estavam certos. — confessou ele, sacudindo a cabeça, envergonhado pela atitude que o levara afastá-la dele. — Perdão, *amore.*

— Não vamos mais falar sobre isso. Página virada. — respondeu ela se aproximando, se ajoelhando aos seus pés e pegando em suas mãos.

— Adoro seu cheiro, *bambina.* — sussurrou-lhe, beijando a mãos delicadas.

Ela arrepiou-se toda.

— Agora me ajude a sair dessa cadeira, que estou louco para beijá-la, para abraçá-la... — pediu ele.

Encostando a cadeira na beira da cama, Carlo firmou-se nos braços da cadeira e, com a ajuda dela, ficou em pé. Quando viu que ele ia perder o equilíbrio, segurou-o pela cintura.

Ficaram imóveis por um segundo, sentindo o calor de seus corpos unidos, até ele sentir-se seguro. Com jeito, ela ajudou-o a se virar para que então pudesse sentá-lo na cama. Feito isso, a jovem empurrou a cadeira para longe.

— Tudo bem? — perguntou ela, preocupada ao ver que havia algumas gotas de suor em sua testa.

— Um pouco cansado pelo esforço, mas estou ótimo. Venha cá, amore mio! — pediu ele, sem esconder o desejo que seu olhar transmitia.

Quando ela chegou perto, ele deitou-se e puxou-a com ele, ficando com as pernas para fora da cama com ela por cima dele. Com a ajuda da jovem, lentamente conseguiu colocar as pernas sobre a cama.

— Oh, Carlo, você conseguiu movimentar as pernas! — exclamou a jovem com a voz embargada pela emoção.

— Graças ao Rambo... — disse rindo.

— Rambo?

— *Sì*, meu fisioterapeuta.

— O nome dele é Rambo?

Carlo riu gostosamente.

— No. Ele chama-se Fúlvio, mas eu o chamo de Rambo. Quando o conhecer saberá o porquê. — respondeu rindo. — Agora venha aqui... —

apertou-a nos braços, mas ela saiu da cama para rapidamente despir-se da saia e blusa de lã, ficando apenas de sutiã e calcinha rendados.

Depois se deitou suavemente sobre ele, procurando não o machucar. Ele ajeitou-a gentilmente, para ter acesso ao seu corpo escultural e poder acariciá-lo.

Ele, então, lhe segurou a cabeça e beijou-a com sofreguidão. Ela retribuiu com a mesma ferocidade.

Foi como atear fogo em palha. Ele prendeu a respiração, estreitou-a com força contra o peito e começou a beijá-la com mais ardor, enquanto os longos dedos corriam num vai e vem pelas costas elegantes num total frenesi.

— *Dio,* que saudades de tê-la assim bem juntinho. Mas quero te sentir inteirinha... — disse ele, num gemido angustiado pelo desejo, tentando tirar as duas peças restantes da jovem. A fome que estavam um do outro ultrapassava o limite de tudo que haviam experimentado juntos.

Ajoelhando-se sobre ele, sedutoramente, ela foi acariciando seu torso e seus pelos macios, seus ombros, sem deixar de fitá-lo um segundo sequer, enquanto o despia, com lentidão que estava levando-o à loucura. Quando estavam ambos totalmente despidos, inclinou-se e mordeu seu lábio inferior, antes de beijá-lo com paixão. A resposta dele foi imediata. Apertou-a contra ele, gemendo e correndo as longas mãos sobre aquele corpo escultural, de cima a abaixo. Enlouquecidos de paixão, a respiração de ambos ficou ofegante. E quando ele sussurrou algo em voz baixa, ela nem chegou a ouvir, pois estava cega e surda, tal o desespero para manter aquela boca quente e ávida sobre a sua. Estremeceu ao sentir a prova da sua excitação, conseguindo perceber as mãos dele ficarem mais exigentes em cada parte de seu corpo. O calor dos dedos e depois os lábios sedentos, sobre seus seios, a fez gemer, provocando um prazer que a envolvia por inteiro, fazendo-a sentir sensações desconhecidas até então, por incrível que fosse. Talvez por estarem tanto tempo separados.

Susan gemeu impotente e se apertou mais àquele corpo viril, ficando inteiramente colada à fonte de todo aquele incrível prazer. Ele escorregou as mãos, segurou e apertou-lhe as nádegas de encontro à prova de seu desejo.

— Amor, você tem certeza... que... Esses movimentos não vão machucá-lo? — a preocupação era evidente na voz dela. Nunca se perdoaria se o machucasse com algum movimento brusco.

— Fique tranquila e me deixe amá-la — pediu-lhe num sussurro. E então, ele silenciou-a com sua boca exigente, num beijo voraz, tão intenso despertando nela uma resposta que estava ansiosa para dar.

Sem fôlego, ambos se afastaram um pouco para respirar. Ela ergueu-se pelos braços e ficou fitando-o com os olhos brilhantes e o rosto afogueado. Seus cabelos cacheados revoltos o encantou. Ela era lindíssima quando ficava excitada.

Ficou de joelhos de novo, apreciando o belo torso, apesar de ele ter perdido muito peso durante o tempo em que esteve hospitalizado. Devagar passou o dedo sobre as cicatrizes dos ferimentos e cirurgias.

— Oh, meu pobre amor, como você sofreu... Queria tanto ter ficado ao seu lado... — murmurou ela, lembrando-se do dia em que fora visitá-lo na UTI, após as cirurgias.

Involuntariamente, numa expressão sedutora, ela passou a língua pelos lábios, deixando-o tão fora de si que ele a puxou bruscamente e a beijou até ficarem sem fôlego.

— Quanto tempo, *bambina*, esperei por isso... — disse com a respiração entrecortada. — Estarmos aqui, sem culpas, sem arrependimentos...

Ela riu e ele se deliciou com a suavidade daquele riso.

Carinhosamente, ela beijou-lhe o torso nu, deixando seus longos e revoltos cabelos tocarem a pele nua de Carlo. Lentamente, ele conseguiu levantá-la para poder sugar de novo a nudez de seus seios no mesmo ritmo quente com que arremetia sua masculinidade contra suas coxas. Era tão gostoso estar sobre ele, apesar do medo de machucá-lo...

Ela sentia cada centímetro daquele corpo amado, o jeito como a ereção dele pulsava contra sua barriga enquanto ele a impulsionava para cima, relembrando-a da generosidade de sua anatomia e como ele podia ser explosivo nos momentos que antecediam o clímax.

Carlo estava se sentindo no paraíso ao senti-la sobre si, pele contra pele...

— Você é tão gostosa, bambina. Tão macia tão perfumada... — sussurrou-lhe entre pequenos beijos no rosto e ombros. — Ah, como sonhei com este momento...

— Oh, Carlo... por favor... por favor... — sussurrou-lhe em resposta, descontroladamente excitada.

As palavras dela o levaram além do limite do desejo. Segurando-a pelos quadris, a levantou e a colocou sobre sua ereção, de modo que pudesse penetrá-la completamente e assim fazê-la iniciar a cavalgada, lenta no início e ferozmente rápida à medida que o prazer aumentava.

Colando seus lábios aos dele, ela colocou as mãos na cabeceira da cama, para apoiar-se, à medida que aumentavam a velocidade dos movimentos eróticos.

Ambos gemeram ao tomarem consciência de que enfim estavam fazendo amor, porém ela tomou para si o controle, procurando liberá-lo de esforços bruscos que pudessem machucá-lo.

Mas ele não media esforços em acompanhá-la no mesmo ritmo.

Envoltos na necessidade de dar e sentir prazer, ambos sussurravam seus nomes, entre gemidos e suspiros. Amavam-se como se nunca tivessem feito amor antes e Carlo a seguia no mesmo ritmo, numa jornada de desejo, delírio e êxtase.

Susan não podia pensar, nem sentir nada, além do que ele lhe fazia, com o prazer finalmente tomando conta de seu ser. Sentiu-se partir em milhões de pedaços, cada um deles uma explosão de luz e cores como se fogos de artifícios explodissem em um céu escuro.

A respiração dela tornou-se áspera e curta quando seu ápice começou a queimar, a explodir, fazendo-a enlouquecer. No auge da paixão, gritou o nome dele ao mesmo tempo em que o ouvia gritar o seu e, então, prostrou-se exausta sobre ele, que a abraçou fortemente, igualmente exaurido. Ambos estavam plenamente saciados.

Suados, pele contra pele, coração contra coração, batendo descontrolados e arfantes pelo esforço físico, ficaram por minutos curtindo aquela proximidade após o amor, esperando que lentamente suas respirações voltassem ao normal.

Suavemente, ele levantou-lhe o queixo para que pudessem se olhar diretamente nos olhos. Uma felicidade incrível invadiu seu íntimo. Ela era sua. Sempre seria sua!

— Você está bem? — sussurrou ele.

— Oh... Sim. E... Você? — redarguiu ela com voz lânguida.

Estavam úmidos e enlevados. Quando Susan fitou aqueles olhos azuis que tanto amava, ela percebeu-lhe a face relaxada. Graças a Deus ele estava bem e ela não o machucara. E ele lhe pertencia! De corpo e alma.

Fechando os olhos, ele apertou-a contra o corpo nu e suado, amorosamente.

— *Ti amo. Tu sei mia... (você é minha)*

— Também *ti amo, amore mio.* — respondeu ela em italiano.

Felizes e cansados, adormeceram, ela ainda sobre ele e ligados intimamente.

Durante a madrugada, fizeram amor novamente, com a mesma impetuosidade.

Na manhã seguinte, pediram o café no quarto e ligaram para Klaus vir se juntar a eles.

O alemão os acompanhou no café, mas o tempo todo um sorriso malicioso brincando em seus lábios.

Em certo momento, Carlo pousou sua xícara no pires e olhou irritado para seu guarda-costas.

— Se não parar com esse sorrisinho bobo... — disse com uma ameaça no ar.

Susan mesmo envergonhada foi obrigada a rir e Klaus aumentou o sorriso, sem se intimidar pelo tom ameaçador do patrão.

Susan procurou colocar panos quentes, para acalmar o noivo.

— Gostaria de saber o motivo do sorriso desse alemão...

— Ora, patrão... Simples. Apenas me lembrei de que, dias atrás, o senhor era um homem, mal-humorado, arrogantemente agressivo, acabrunhado, revoltado, inacessível, enfim, de mal com o mundo e agora... E agora está aí, com essa cara de "garoto apaixonado", alegre, feliz, sem sentir dor alguma e de bem com a vida! Outro homem. Só isso! — retrucou o alemão. — Estou certo ou não?

Carlo ficou olhando para seu guarda-costas impassivelmente. De repente não aguentou e soltou uma sonora gargalhada, sendo acompanhado por Susan e o próprio Klaus.

— È vero. — disse Carlo entre risos, seguido pela jovem noiva. — Scusa. Bem, vamos acabar nosso café, para pegarmos a estrada logo.

Queremos chegar bem antes do almoço, certo? — perguntou olhando para seu guarda-costas.

— É o que pretendo, senhor. — respondeu Klaus, terminando seu café, limpando a boca com o guardanapo e deixando-o sobre a mesa, enquanto se levantava.

— Acabou, *amore mio?*

— Sim. — respondeu Susan se levantando e indo para o quarto se arrumar.

Ele fora o primeiro a acordar e, com a ajuda da jovem, tomara banho e se vestira apropriadamente para a viagem.

Uma hora depois, já estavam a caminho da vila.

Carlo sentia-se revigorado e muito feliz, assim como sua jovem noiva.

Abraçados, iam conversando animadamente sobre como seria a festa de Natal com toda a família, compartilhando ideias com Klaus, que se sentia feliz pela surpreendente disposição de seu patrão. De vez em quando, fitava o casal pelo retrovisor e piscava para os dois.

Ao transpor o portão de acesso à sua *villa* majestosa, Carlo percebeu que Susan estava tensa, pois, sem perceber, apertava sua mão.

— Relaxe, *bambina*, está tudo bem. *Mamma* a espera de braços abertos. Sabe que ela sempre gostou de você.

— Sim, eu sei, mas...

— Mas?

— Mas agora é diferente. Estarei frente a ela como futura nora...

Carlo e Klaus riram diante da cara apavorada da jovem.

— Bobagem. Ela ficou felicíssima quando soube.

— *Mamma* Carmela sempre se referiu à senhorita com muito carinho, isso ouvi muitas vezes. — explicou Klaus tentando acalmá-la.

A jovem deu um longo suspiro e achegou-se mais ao noivo.

— Está bem. Vou confiar nos dois. Mas ainda estou nervosa. — confessou.

Ambos riram. Klaus ajudou Carlo a sentar-se em sua cadeira de rodas e Susan ficou ao lado dele, ao caminhar para a porta.

Antes de entrar na casa, Carlo dispensou Klaus e ficou sozinho com Susan.

Ao perceber que ela estava nervosa, ele a puxou para que se inclinasse, a fim de beijá-la e acalmá-la.

— Tenha calma, *amore*... — pediu num sussurro, ligando a parte motora de sua cadeira de rodas. Ele pegou-a pela mão e dirigiu sua cadeira para a sala, onde Carmela aguardava com um sorriso nos lábios.

Tensa, Susan entrou na sala e, ao sentir um aperto de mão de Carlo, ela relaxou um pouco.

— Aqui está a mulher da minha vida, *mamma*. — anunciou Carlo empurrando suavemente a jovem para a mãe.

Ao ver a jovem um tanto hesitante, Carmela levantou-se e estendeu-lhe os braços. Susan sorriu e correu para os braços da futura sogra.

— *Vieni qui, ragazza!*— disse a idosa, acolhendo-a com carinho, nos braços. — Seja bem-vinda à *nostra famiglia*.

Dando-lhe um forte abraço a jovem murmurou:

— Não está zangada comigo?

— *Perché, cara?* — respondeu a idosa afastando-a para olhá-la bem nos olhos. — Como posso zangar-me se você é a felicidade do *mio* Carlo? Agora você fará parte dessa família, com a minha bênção. — proferiu Carmela, puxando-a novamente para os seus braços quentes.

Carlo olhava a cena com muita emoção em seu belo rosto.

Ali estavam a duas mulheres da sua vida, pensou.

A mãe olhou-o e chamou-o para fazer parte do seu abraço. Aproximando a cadeiras de rodas, ergueu-se um pouco de maneira que conseguiu abraçar as duas mulheres da sua vida.

Com a felicidade estampada no rosto, Carlo recebeu o abraço, juntamente com Susan.

Contente, a idosa sentou-se novamente, puxando Susan para sentar-se ao seu lado, enquanto Carlo postou sua cadeira em frente às duas. Alegres, começaram a lembrar do tempo em que Susan era uma garotinha de cachos dourados, que sempre encantou Carlo.

— Vocês nasceram um para o outro. — comentou a matriarca. — Vão falar para o restante dos familiares, no Natal? Já chegaram a um acordo? — perguntou Carmela, curiosa.

Carlo anuiu, seguido por Susan. Já tinham conversado sobre isso. Era a ocasião perfeita.

— Vou contar a eles e ao mesmo tempo anunciar nosso noivado.

— *Perfetto.* — respondeu a idosa, sem esconder a alegria. Até que enfim seu Carlo iria ser feliz com a mulher que amava.

Horas depois, Carlo e Susan estavam passeando no jardim. Lá ele apresentou-a a Fúlvio, e então ela riu, entendendo o porquê do seu apelido de Rambo.

Mais tarde, depois de se instalar confortavelmente em seu quarto, Susan se dirigiu à piscina, onde Carlo fazia os exercícios hidroterápicos sob a supervisão de Fúlvio.

Tinha colocado um biquíni, entrando na água, para ficar perto dele.

Depois de meia hora, Fúlvio deu por encerrado seu trabalho e saiu da água. Susan se assustou com o tamanho dos músculos do homem.

— Quando quiserem sair da água me chamem, para ajudá-lo a sair da água.

— Certo. Obrigado, Rambo.

Carlo então começou a movimentar as pernas como o fisioterapeuta o ensinara, com a ajuda de Susan.

Já era tarde, quando chamaram Fúlvio para tirá-lo da água.

— Mais uma semana e seu braço estará apto para ajudá-lo a sair sozinho da água, *signore.* — prometeu o fisioterapeuta.

— Se Deus quiser, Fúlvio. — respondeu Carlo sorrindo.

Após sentá-lo na cadeira de rodas, Carlo dispensou o rapaz.

— Agora pode deixar com Susan, Fúlvio.

— Certo, *signore.*

E assim, mais uma semana se passou. Como Fúlvio dissera, Carlo já conseguia sair da água sozinho e com a ajuda de Susan se sentava na espreguiçadeira, onde deixara o andador. Não escondia a felicidade por ter deixado a cadeira de rodas de vez. Com o andador, podia ser mais independente. Fúlvio cumprira seu trato. Três meses para colocá-lo em pé, fora da cadeira de rodas.

Nas horas livres, ele e Susan passeavam pela propriedade e quando podiam davam vazão ao amor que sentiam um pelo outro, com beijos apaixonados.

Carmela assistia a essa demonstração de amor através da janela do seu quarto e sorria ao ver a felicidade dos dois apaixonados. Enfim seu bambino voltava a ser o homem alegre e gentil que era e transbordava de felicidade por todos os poros, com sua linda *bambina* sempre junto dele.

Enquanto passeavam, iam fazendo planos para a vida de casados. Carlo disse-lhe que ela poderia redecorar a casa, se quisesse. Mas ele sentiu que ela ficara quieta demais e não lhe respondera como esperava que fizesse.

Ele parou se apoiando firmemente no andador, postando-se em sua frente, fazendo-a estacar.

— O que há, amore? Não gostou da ideia? — perguntou confuso, tomando-lhe as delicadas mãos nas suas.

— Não é isso. É que... É que...

Ele puxou-a e tomou-lhe uma das faces, numa das mãos, para que pudessem se olhar nos olhos.

— É quê... O quê? — perguntou ansioso.

Ela abaixou os lindos olhos verdes e depois os levantou de novo, aprisionando o olhar dele.

— Sinto muito, querido, mas não sei se me sentiria bem na casa onde viveu com Kate. — antes que ele interpretasse mal seu comentário, tratou logo de explicar. — Veja bem, não é questão de ciúmes, certo? É só que eu me sentiria uma verdadeira intrusa, mesmo que mude a decoração. Continua sendo a casa de Kate, entende?

Ele ficou observando-a em silêncio por alguns minutos tentando absorver e entender os motivos dela em ter confessado aquilo.

— *Bambina*, Kate morreu há um ano atrás... — começou ele. — mas entendo suas razões.

Ela sorriu, e ele percebeu o alívio em seu olhar.

— Obrigada.

— Quer que compremos um apartamento ou outra casa? — perguntou lhe acariciando os cabelos.

— O que você quiser, meu amor... — respondeu suavemente a jovem.

Ele ficou observando-lhe a expressão, muito sério.

— Ou... Ou... Você se importaria se comprássemos uma casa no mesmo condomínio?

Os olhos dela brilharam.

— No mesmo condomínio? Mas... Como? Não existe nenhuma casa que esteja à venda por lá. — observou ela. — Ao menos, quando estive lá recentemente, não vi nada e mamãe não comentou nada.

— Aí que você se engana. — disse ele, meneando a cabeça — *Mamma* me contou que Jeff Stanford mudou-se mês passado para a Califórnia e colocou a casa à venda.

— Os Stanford? Qual? — perguntou, tentando lembrar-se qual era a casa em questão.

— A quarta casa, após a de Lorenzo. Lembra? A cinza com branco.

A jovem enrugou mais ainda a testa. E, por fim, lembrou.

— Ah, sim. Lembro agora. Está à venda? Sério? — perguntou animada.

— Sim. Podemos comprá-la, se quiser.

— E a sua?

— Posso vendê-la. Ou alugá-la. Por que não?

— Luigi não ficará triste?

— Acredito que não. Logo ele estará na faculdade. — completou ele.

— Então aceito. — disse a jovem, terminando com expectativa do noivo.

— Ótimo. — disse ele, beijando-a de leve nos lábios. — Vou ligar para Lorenzo fazer o negócio por mim.

Feliz, a jovem abraçou-o com tanto ímpeto que quase o derrubou com o andador.

— Ei...

— Desculpe. Desculpe, *amore.* — a jovem disse, segurando-o com firmeza.

Radiantes com a solução encontrada, a cada dez passos que davam, beijavam-se com paixão.

Por respeito à Carmela, não tinham feito amor, desde a noite que passaram no hotel, mas, a cada beijo e abraço apaixonados, ficava difícil controlar o desejo.

Após Pietro ajudá-lo no banho após o jantar, ele deixava-os sozinhos e assim podiam dar vazão ao desejo, com beijos e carícias descontroladas.

— Estou louco para fazer amor com você... — ele sussurrava junto ao seu ouvido, tão excitado quanto ela.

— Eu... eu também... — sussurrou-lhe igualmente. — Mas não podemos... *Mamma* Carmela...

— Sim, eu sei, *bambina*, mas está difícil de controlar... — disse beijando o pescoço perfumado dela.

Toda noite, ambos iam dormir excitados e ansiosos. Isso quando conseguiam dormir.

Durante o dia, quase sempre seus olhares se encontravam e seguiam um ao outro. Quando estavam próximos, não conseguiam deixar as mãos longes um do outro.

Estavam tão envolvidos nas demonstrações de carinho e paixão que não notavam a troca de olhares divertidos entre Klaus, Fúlvio e Pietro.

Com a proximidade do Dia de Ação das Graças, Carlo procurou intensificar os exercícios de fortalecimento das pernas e quadris. Além dos programados por Fúlvio, à noite, em seu quarto, ele procurava fazer os exercícios, sozinho, e não contando nada à Susan. Pretendia lhe fazer uma surpresa, se possível no Natal.

Quando ele informara a Fúlvio sobre isso, o fisioterapeuta foi contra, mas Carlo estava determinado a deixar o andador o quanto antes.

— Está bem. — concordou o fisioterapeuta por fim. — Mas, então, permita ao menos Pietro estar presente, caso você perca o equilíbrio.

— Certo, certo, Rambo. Mas não cairei, verá.

Rindo o fisioterapeuta deu um leve soco num dos ombros do ex-promotor.

— Boa sorte, *signore.*

E assim, nas noites seguintes, sob o olhar protetor de seu enfermeiro, Carlo fazia todos os esforços possíveis para ficar em pé sozinho. O esforço e a dor o faziam suar e às vezes quando perdia o equilíbrio Pietro corria para ajudá-lo, mas estacava, quando o patrão energicamente o fazia parar com um aceno de mão.

— *Caspita*! Fique onde está! Eu consigo sozinho! — bradava. E procurando se apoiar no que via pela frente, conseguia erguer-se e sorrir vitorioso para seu enfermeiro que voltava a sentar-se.

— Se continuar nesse ritmo, no Natal estará de bengala, senhor. — comentou.

— Esse é o meu objetivo, *caro*. Quero surpreender a todos. Portanto, bico calado, *capisce?*

— Perfeitamente, *signore*.

Depois Carlo tomava um demorado banho de banheira para relaxar os músculos e se deitava. Ficava tão cansado que pegava no sono de imediato.

Susan continuava acompanhar de perto o trabalho de Fúlvio na piscina. Ficava sentada na borda, enquanto o fisioterapeuta trabalhava os músculos do amado. Quando o rapaz dava por terminada a sessão de exercícios e saia da piscina, Susan entrava e ambos brincavam como duas crianças na piscina aquecida, sempre levando em conta as limitações que Carlo ainda possuía.

Da janela de seu quarto, Carmela ouvia a risada alegre do filho e da noiva, enquanto tricotava, e elevava suas preces a Deus pela recuperação física e emocional do filho

Na hora do jantar, Carmela comentou sobre como estava feliz em ver o filho novamente alegre e divertido, como sempre fora na juventude.

— É tão bom ter *mio figlio* de volta... — disse a ele.

— Ora, *mamma*, eu sempre estive junto da senhora... — defendeu-se.

— *Sì*, mas não era você. Esse é o *mio* Carlo. — respondeu a mãe apertando suavemente a mão do filho, que estava sobre a mesa. — Alegre, divertido, *felice*...

Carlo ficou olhando para a mãe, sem saber o que dizer. De repente se deu conta de que realmente ele se esquecera de sua verdadeira essência alegre, tão comum nos Martinelli.

Olhou para a jovem noiva e sorriu amorosamente.

— É o amor da *mia bambina* que me trouxe de volta, *mamma*. — explicou, fazendo-a corar.

— *Grazie ,bella*. — disse a idosa, olhando com carinho para a futura nora.

Susan sentiu lágrimas nos olhos. O carinho de *mamma* Carmela a emocionava muito.

Foi durante a sobremesa que Carmela comentou sobre o telefonema que recebera de Giorgia.

— Ela disse que virá para o Dia de Ação de Graças e ficará até após o Ano Novo. As meninas e Robert virão apenas um dia antes do Natal. Vai trazer alguns enfeites de lá, por conta dela para a decoração da *villa*.

— O que acha, *amore*? — perguntou ele para Susan.

— De decorarmos a *villa*?

Ele assentiu sorridente.

— Ideia maravilhosa! — respondeu a jovem batendo palmas alegremente. — Eu ia sugerir isso amanhã. Estou feliz por Giorgia vir para o Dia de Ação de Graças. Pena que as meninas não virão junto...

— Elas ficaram para ajudar o pai no restaurante, no lugar da mãe. — respondeu Carmela.

Carlo riu da alegria da noiva. Parecia uma verdadeira *bambina*. Não resistindo, surpreendeu-a beijando-a apaixonadamente, sem se importar com a plateia.

— Carlo! — exclamou envergonhada.

— Não precisa ficar envergonhada, *bambina* — disse a sogra, rindo. — Ele é seu noivo!

Susan sorriu para a sogra.

— É verdade. — acrescentou Carlo se deliciando com a timidez de Susan.

Susan sorriu e deu-lhe um suave beliscão.

Dias depois, Giorgia chegou, trazendo sua alegria peculiar.

Ficou feliz por saber que *mamma* Carmela já sabia do relacionamento de seu irmão com Susan. E tanto Carlo quanto Susan adoraram a presença de Giorgia.

No Dia de Ação de Graças, Carmela fez a costumeira oração dela, seguida por Carlo, Susan, Giorgia, Klaus, Mimi, Simona, Cesare, Fúlvio e Pietro. Depois, o almoço transcorreu alegremente com todos interagindo.

— Bem... — começou a falar *mamma* Carmela. — Acho que precisamos comprar uma árvore de Natal...

Giorgia bateu palmas.

— A mais linda que tiver! — exclamou Giorgia, animada, seguida por Susan.

Carlo riu da alegria da irmã e da noiva.

Pietro sugeriu o local onde a família dele sempre compra as árvores deles.

— Ótimo. — retrucou Carmela.

— Então precisamos comprar mais enfeites. — sugeriu Carlo. — Nos leva até Florença, Klaus? — perguntou ao guarda-costas, que se preparava para sair da sala de jantar, juntamente com Fúlvio que também pedira licença para sair.

— Claro, senhor.

— E não dá para aproveitarmos e comprar alguns presentes? — pediu Susan. — Assim não fica tudo para a semana de Natal.

— Ótima ideia. — respondeu Carlo. — Como você quiser, amore. E para fazermos tudo com calma, vamos dormir lá. Algum problema, alemão? — perguntou ao seu guarda-costas.

— Nenhum problema. — respondeu Klaus com um sorriso. Estava muito feliz pelo seu patrão. Depois de tudo que passou...

Susan virou-se para o noivo e, ao ver o brilho de desejo naqueles olhos azuis, ela entendeu e ficou ansiosa. Enfim poderiam fazer amor sem preocupação.

Percebendo que ela entendera o recado, ele sorriu e deu-lhe um selinho carinhoso.

— Que tal prepararmos a lista de convidados? — sugeriu a idosa, olhando para a filha.

— Susan também pode ajudar. — acrescentou a idosa, olhando desta vez para Susan.

— Eu... A senhora quer que eu a ajude? — perguntou surpresa e feliz com a ideia.

— É claro ,*figlia mia*. Afinal, é *nostra famiglia, certo?*

— *Certo*. Adoraria ajudá-las. — respondeu a jovem feliz pela sogra já considerá-la da família.

— Então *andiamo* (vamos).

Sem esconder a felicidade, Susan acompanhou a futura sogra e a futura cunhada até o quarto da idosa, que ficava na parte de baixo da *villa*.

— Você acha que Louise e Ed aceitariam o convite para vir passar o Natal para cá? — perguntou Carmela.

— Com certeza, *mamma*. Lembre-se que será nosso noivado. E depois, acha que Mathew e Luigi vão ficar longe um do outro?

A boa senhora riu.

— Ah, aqueles *bambini são* como irmãos. Inseparáveis.

— Concordo, *mamma*.

Durante o jantar daquela noite, Susan disse a Carlo que Sarah lhe telefonara. Susan lhe falara sobre o futuro casamento e a compra da outra casa no condomínio.

Sarah ficou muito feliz pelo futuro casamento da amiga e disse que talvez ela e Arthur comprassem a casa de Carlo, pois pensavam num lugar maior, uma vez que pretendiam ter filhos logo. Susan ficou eufórica com essa possibilidade de ter Sarah como vizinha e assim pudessem futuramente curtir os filhos juntas.

— Ficarei feliz em vender para Arthur e Sarah. Vamos ver quando for a hora. — Carlo comentou.

No dia seguinte, chegaram antes do almoço em Florença. Klaus desceu o andador e ajudou Carlo a sair do carro com cuidado e acompanhou-os durante toda a aventura natalina de escolher vários tipos de decoração para a árvore. Como havia muitos turistas, tiveram que andar o mais lento possível, pois Carlo ainda cansava e tinha que descansar um pouco.

Susan se divertiu comprando os enfeites de Natal. E aproveitaram comprar vários presentes para as famílias.

Depois de Klaus guardar tudo no porta-malas, foram almoçar no hotel que se hospedaram na noite da chegada de Susan. Após fazerem o check-in, guardaram a pequena bagagem e saíram novamente às compras. Klaus os acompanhava para carregar as sacolas e auxiliar Carlo, se precisasse.

Já era fim da tarde, quando chegaram exaustos ao hotel.

Carlo estava exaurido, pois forçara tanto os braços quanto as pernas com o andador. Assim, cansados e felizes com as compras, resolveram jantar no quarto e dispensaram Klaus, para que aproveitasse a noite de Florença.

Antes de jantarem, telefonaram para Carmela, a fim de deixá-la tranquila.

Enquanto tomava sua taça de vinho, Carlo não cansava de olhar para a noiva a ponto de deixá-la ruborizada.

— Por que me olha assim? — perguntou baixinho.

— Gosto de olhar para você e saber que é mia. *Solo mia.* Você é linda, *amore mio,* e é a luz da minha vida.

— Oh, que fofo! E você é o amor da minha vida! — respondeu ela, levantando-se de sua cadeira e indo até ele. Chegando perto dele, fez sinal para que se afastasse um pouco da mesa, para que ela pudesse se sentar em seu colo, deixando-o encantado.

Ela enlaçou-lhe o pescoço e beijou os lábios dele, que retribuiu com desejo, abraçando-a fortemente. Beijaram-se até perderem o fôlego.

Trêmulo, ele afastou-a para que pudesse fitar-lhe os olhos verdes.

— Quero você... — sussurrou ele, não conseguindo esconder o desejo.

Ela riu baixinho.

— Eu também, meu querido. Não acha que estamos perdendo tempo? — perguntou maliciosa.

— Essa é *mia, bambina*! — exclamou beijando-a sofregamente.

E apaixonados, deram vazão à paixão e ao desejo que sentiam.

No dia seguinte, estavam saciados e mais apaixonados do que nunca, alheios ao olhar benevolente de Klaus, enquanto voltavam para a Toscana.

E assim os dias foram passando, e Carlo continuando com seus exercícios à noite em seu quarto, já conseguia dar passos mais seguros, com o uso da bengala, sob os olhos orgulhosos de seu enfermeiro e de seu fisioterapeuta. Estava pronto para surpreender Susan e a família, na noite de Natal.

— Eu lhe dei três meses para tirá-lo da cadeira de rodas. Colocá-lo em pé... Lembra, *signore* Martinelli? Era fim de setembro...

Carlo anuiu feliz.

— Pois é, e aqui está o meu paciente mais ranzinza andando com menos de dois meses. Isso só foi possível com a sua força de vontade e determinação em apressar o tempo, fazendo sozinho, sem meu acompanhamento. Ah, *signore,* nunca estímulo meus pacientes a fazerem isso, pois às vezes fazem um movimento errado e... Tudo vai por água baixo. — comentou em tom de sermão.

— *Scusa*, Rambo, mas eu precisava vencer isso sozinho. — desculpou-se Carlo, meio envergonhado.

À medida que se aproximava o Natal, Susan ficava cada vez mais nervosa e ansiosa. A expectativa de anunciar o noivado para os futuros cunhados a deixava muito apreensiva. Somente Lorenzo e Giorgia sabiam, além de seus pais.

Aos poucos a *villa* ia recebendo a decoração de Natal. Giorgia e Susan se esmeravam na decoração natalina.

A gêmea de Carlo estava feliz pelo noivado do irmão e Susan. Abraçou-os com alegria e carinho, quando soube que o noivado seria na noite de Natal.

Nesse ínterim, Carlo ligou para seus amigos e contou sobre seu futuro casamento com Susan, convidando-os para passarem o Natal com eles na Toscana, quando se daria o noivado.

Apenas Kevin e Arthur sabiam, até então... Ficou feliz com a reação dos amigos em acolher Susan com carinho.

Foram unânimes em afirmar que Susan era a mulher certa para fazê-lo feliz. E todos confirmaram presença no Natal.

Sarah ficara muito feliz pela felicidade da amiga, enquanto curtia sua própria felicidade com seu amado Arthur.

Lorenzo e Helen com os filhos chegaram primeiro e, logo depois, Luigi, junto com Mathew, Edward e Louise. Os dois jovens abraçaram Susan e Carlo, muito felizes. Carlo pedira a Mathew que contasse a Luigi sobre ele e Susan. Luigi ficara feliz e disse que também desconfiava.

— Ou vocês acharam que nós não tínhamos percebido os olhares que vocês trocavam? — perguntou Luigi piscando para o pai, que puxou o filho pelos ombros.

— Certo, Matt? — disse olhando para o amigo que abraçava a irmã.

— Eu, papai e Luigi já tínhamos percebido, e era só questão de tempo... — respondeu Matt.

Susan deu um leve soco no braço do irmão, sorrindo e corando.

Carlo estava radiante com a aprovação de seus futuros sogros e dos dois jovens. Luigi e Mathew não cabiam em si de contentes de agora serem parentes de verdade.

Carlo contou a Luigi sobre o veleiro e prometera levar a ele e Matt para um passeio, quando estivesse bem recuperado. Luigi vibrou e disse que estava ansioso para velejar com o pai.

Contou que recebia notícias de Luke e Bill, os meninos que cuidavam do veleiro, que estavam estudando e cuidando do barco.

E aos poucos a villa ia recebendo seus hospedes e entrando no clima de Natal.

No dia 23, já estavam todos presentes para o grande almoço de boas-vindas. *Mamma* Carmela estava muito feliz com sua família tipicamente italiana, alegre e barulhenta, a ponto de tapar os ouvidos rindo muito. Carlo sabia da felicidade da mãe, por ter todos os filhos e netos reunidos em sua amada Itália.

Apesar do andador, Carlo recebeu os irmãos, sobrinhos e amigos, sentado ao lado de Susan. Queria surpreendê-los andando de bengala na noite de Natal. Com exceção de Giorgia Lorenzo e os amigos, os demais irmãos que não sabiam do relacionamento de Carlo e Susan estranharam o comportamento afetivo dos dois. Porém nada comentaram, pois sabiam que sempre tiveram um grande carinho pelo outro.

O almoço estava sendo preparado para ser servido no grande salão de festas que Carlo fizera questão de ter na *villa*, ao lado da grande piscina.

Susan, elegantemente vestida e encantadora, foi bater no quarto de Carlo para descerem juntos.

Optara por uma calça de seda verde e uma túnica estampada em verde e branco. Klaus veio atender e não a deixou entrar, o que a intrigou.

— Se me permite senhorita, está linda! — elogiou o alemão. — Só um minuto. Pietro está terminando de vesti-lo, disse gentilmente.

— Mas eu posso fazer isso... — reclamou

— Ele está quase pronto... — retrucou o guarda-costas um tanto desconfortável.

— Pode abrir a porta, Klaus... — ela ouviu o amado falar.

Aos poucos Klaus foi abrindo a porta e então Susan arregalou os olhos, prendendo a respiração.

Sorridente, elegante e másculo, vestindo uma calça social cinza-escuro e uma blusa de malha num tom mais claro, Carlo se aproximava da porta andando sozinho, apoiado numa bengala elegante de madeira escurecida.

Susan não conseguia falar e Carlo se divertia com a surpresa da jovem noiva.

— E então, amada... — começou ele, olhando-a dos pés à cabeça. — Gostou da surpresa?

Ela assentia sem acreditar no que via.

— Eu... Eu... Oh, Carlo, você está andando... — sussurrou emocionada — Quando... quando...

Ele ria feliz.

— Oh, meu amor, que bom vê-lo andando... Sem ajuda... Graças a Deus!

— Há dias, venho me preparando, *bambina*, e ver sua reação, tudo valeu a pena, apesar das dificuldades que enfrentei. — disse ele, puxando-a para si e dando-lhe um beijo apaixonado, sob o olhar benevolente de Klaus e Pietro.

Depois de beijá-la, afastou-a e olhou-a com admiração da cabeça aos pés.

— Você está linda, *amore mio. Adoro* você de verde. — falou se referindo à cor de seu traje.

— Você também está lindo. — respondeu ela, limpando carinhosamente o batom que ficou nos lábios dele.

E então, acompanhados por Klaus e Pietro, desceram para o salão de festas.

Klaus foi à frente, deu uma olhada no recinto barulhento e voltou para encontrá-los.

— Estão todos lá, inclusive *mamma* Carmela.

Sorrindo os dois ouviram a algazarra dos jovens que batiam palmas por alguma coisa que foi dito por Luigi.

— Nossa vez, *bambina*... — disse ele, segurando sua mão. — Nervosa?

— Muito, mas estou com você. — sussurrou ela.

E então os dois adentraram no salão de mãos dadas e sorrindo.

Assustaram-se quando o silêncio foi geral. Pararam e ficaram olhando para os rostos amados, que surpresos olhavamdiretamente para Carlo e sua bengala. Carmela colocou as mãos no coração e não conseguia deter as lágrimas, tamanha a emoção de ver o filho, enfim, sem a cadeira de rodas e sem o andador. Giorgia, com as mãos no rosto, meneava a cabeça, surpresa e sorrindo emocionada.

— Carlo, você está andando! — exclamou sua irmã gêmea.

Saindo do torpor, Luigi avançou para o pai e Susan, sem esconder a felicidade.

— Papà, você deixou o andador! — disse o jovem, abraçando o pai efusivamente.

— Estava na hora, não é, *figlio mio*? — disse, retribuindo.

Lorenzo levantou-se e ergueu sua taça de vinho, fazendo um brinde a recuperação do irmão.

— Saúde, irmãozinho! Graças a Deus, você está recuperado.

— E graças ao Rambo ali. — respondeu Carlo, apontando para um sorridente e orgulhoso Fúlvio, que levantou sua taça para seu mais difícil paciente.

— Mas tenho que dizer que essa proeza ele conquistou sozinho, se exercitando no silêncio do seu quarto, sem a minha supervisão, mas *grazie Dio* deu tudo certo. — observou Fúlvio, orgulhoso.

Recuperados da surpresa, todos levantaram suas taças e se juntaram ao brinde de Lorenzo e Fúlvio.

Puxando sua noiva pela mão, Carlo seguiu para o lugar que estava destinado a eles, ao lado de Carmela e Aldo, que abertamente olhava para as mãos entrelaçadas de Carlo e de Susan.

Carmela, com lágrimas nos olhos, se inclinou e beijou a face do filho. Refeita da emoção, fez sinal à governanta, para servir o almoço.

E em meio a conversas paralelas, risadas e brincadeiras regadas ao vinho, o almoço transcorreu da maneira festiva, como todos esperavam. Alguns olhavam para Susan e Carlo um tanto desconfiados, mas ninguém se pronunciou até o final do almoço, quando todos foram para a grande sala de estar, para tomarem o licor.

Em determinado momento, Carmela deu uma batidinha com sua bengala no chão, chamando a atenção de todos, que voltaram toda a sua atenção à matriarca.

— *Bambini*, Carlo tem uma notícia para vocês. — anunciou sorridente.

Carlo retesou-se no início, ao ver todos os olhares voltados para si.

Pegou na mão de Susan e sentiu-a trêmula e gelada. Olhou-a nos olhos e percebeu o olhar apreensivo dela. Mas, após um longo suspiro, levantou-se e trouxe Susan consigo, encarando os irmãos, determinado a acabar com o suspense. Sorriu intimamente ao notar os olhares especulativos dos irmãos, principalmente de Aldo.

Foi olhando diretamente para ele que soltou a bomba, caso eles achassem que fosse uma notícia bomba.

— A notícia é que vou me casar novamente daqui uns seis meses. — jogou a notícia e quase riu das expressões de assombro que viu no rosto de cada um naquela sala, com exceção da mãe, dos futuros sogros, Giorgia, Luigi, Lorenzo e dos amigos.

— Quem é a noiva? — perguntou Aldo, muito sério e desconfiado, depositando sua taça com cuidado.

Carlo às vezes odiava a seriedade do irmão mais velho.

— Será que não percebeu ainda, meu irmão? — perguntou Giorgia meio irritada, usando da ironia, apontando para Susan.

Os olhos do primogênito de Carmela pousaram em Susan, que corajosamente sustentou o olhar severo. Sentiu o aperto suave e encorajador dos dedos do amado.

— Dio, mas ela é uma *bambina*, Carlo! — exclamou o irmão mais velho, indiferente aos olhares de censura de *mamma* Carmela.

— E isso importa, *figlio mio*? — perguntou a mãe.

— *Mamma*, ele carregou essa *bambina* no colo... — retrucou o primogênito.

— *Dio Santo,* Aldo! — exclamou Lorenzo, levantando-se da poltrona irritado — Estamos falando da felicidade de Carlo! Está na hora dele ser feliz, você não acha?

Carlo fitou Aldo, sem esconder seu desagrado, depois de perceber a postura constrangida de sua jovem noiva.

— Aldo, quero deixar claro, que estou apenas comunicando vocês. Não estou pedindo permissão, *certo*? A vida é minha e dela cuido eu. E para que saibam, as únicas opiniões que importam são da *mamma*, Luigi, Mathew, Edward e Louise, que já nos abençoaram.

Os dois irmãos ficaram se encarando, até Loretta cochichar-lhe alguma coisa. E após alguns segundos, com um dar de ombros, Aldo fitou Susan e deu-lhe um sorriso, fazendo a jovem suspirar aliviada.

— *Certo*, tem razão. *Scusa*. Então, só tenho que desejar a vocês dois toda felicidade do mundo. — disse, levantando-se para abraçar o irmão e a futura cunhada.

Susan, que ainda estava um tanto preocupada, foi abraçada e felicitada por todos. Aldo, em nome de todos, deu-lhes as boas-vindas à família.

Quando Sarah abraçou-a, ambas não seguraram as lágrimas. A amiga não escondia a alegria pela sua felicidade. Fora testemunha do que Susan sofrera por esse amor, que agora se tornava realidade.

— Você conseguiu! Você conseguiu, minha amiga. Parabéns! — sussurrou a ruivinha, abraçando-a fortemente.

— Parece que estou vivendo um sonho e que logo vou acordar... — murmurou Susan.

— Não é sonho. É real. Você finalmente tem o homem da sua vida.

Emocionada e com lágrimas escorrendo pela face, fitou o homem amado, que recebia o abraço de Arthur.

A véspera de Natal foi inesquecível para toda família Martinelli.

Antes da ceia, Carlo fez o pedido de casamento formalmente a Louise e Edward. Carmela, agradecia a Deus, pela felicidade de estar com todos os filhos e netos e principalmente pela felicidade de Carlo e Susan. Sentiu lágrimas nos olhos, quando Carlo entregou o anel de noivado para Susan. Uma linda esmeralda com detalhe em brilhantes, que fez a jovem chorar de emoção.

— Para fazer conjunto com seus brincos e cordão. — disse ele se referindo aos presentes dos natais anteriores.

Carmela acompanhava embevecida o casal de noivos que não se desgrudavam. Tinha certeza de que agora Carlo seria completamente feliz com a *bambina* de Louise. Só queria que seu falecido Paolo estivesse ali junto com eles.

O dia solene...

Meses depois a catedral de Saint Patrick estava lotada de amigos e parentes para o casamento de Susan e Carlo.

Ambos estavam lindos e elegantes em seus trajes. Ela num vestido em seda com detalhes em renda e salpicado de minúsculos pontos de cristal Swarovski, e ele num elegante smoking Armani.

Sarah, Giorgia e as sobrinhas de Carlo foram as damas lindamente trajadas em vestidos azul-escuro. Arthur, Kevin, Lorenzo, Luigi e Mathew e Marco foram os padrinhos.

Foi um momento inesquecível para todos os convidados na catedral, quando um Carlo emocionado acompanhava a entrada da noiva, trazida por seu pai até ele, com os olhos brilhantes de lágrimas, que ela não conseguiu evitar.

Foi impossível os convidados não notarem a mensagem transmitida, quando os olhares de ambos se encontraram, numa mensagem de amor. Intenso, puro e eterno.

Grazie, Dio mio, por este momento, pensou Carlo ao recebê-la das mãos de Edward.

Após os votos emocionados de ambos, Carlo beijou apaixonadamente a mulher da sua vida.

Depois os convidados foram recepcionados no restaurante da família Martinelli, onde receberam os cumprimentos e depois o jantar oferecido aos convidados.

— Quem diria, heim, italiano, você com sua *bambina*? Que vocês sejam muito felizes. — murmurou Kevin, ao abraçar o amigo.

— *Grazie, caro.* Ela é especial para mim desde que nasceu... — respondeu Carlo sorrindo feliz, apertando a mão de Susan.

Luigi estava radiante com o casamento do pai com Susan, assim como Mathew.

Depois que foram cumprimentados, seguiu-se um jantar regado a Dom Perignon e vinhos da adega Martinelli.

Quando o jantar terminou, os garçons liberaram o espaço para que pudessem dançar.

A banda habitual do restaurante já estava a postos, com seu vocalista, que pegou o microfone.

— Nossa banda... — começou ele. — cumprimenta os noivos, desejando-lhes uma vida plena de felicidades. — E para coroar este momento feliz, tocaremos uma valsa, para os noivos... Senhor @ e senhora Carlo Martinelli, por favor... — chamou o jovem vocalista, indicando a pista de dança.

Emocionados e de mãos dadas Carlo e Susan levantaram e beijaram *mamma* Carmela e Louise que estavam com eles à mesa.

Puxando a jovem pela mão, Carlo levou-a até a pista de dança e abraçou-a puxando-a para si.

Sem tirar os olhos um do outro, transmitindo o imenso amor que sentiam, rodopiavam pela pista, sob os olhares emocionados dos convidados.

A um gesto de Carlo, os demais se juntaram a eles na pista.

Depois que a música cessou, Carlo puxou suavemente a jovem esposa e beijou-a apaixonadamente, enquanto os demais voltavam para a mesa.

O jovem vocalista chegou novamente ao microfone e falou, olhando para os noivos que ainda estavam na pista de dança.

— A canção que cantarei agora foi um pedido especial do noivo.

Susan volveu os lindos olhos verdes para Carlo, numa muda pergunta.

Ele apenas sorriu e puxou-a suavemente para si.

— Para Susan... *Ti voglio tanto bene.* — respondeu o vocalista, por Carlo.

Quando o jovem começou a cantar, Susan sorriu e beijou o marido.

— *Ti amo.* — sussurrou ela.

— *Anche io (eu também)*

ti amo, amore mio. — sussurrou ele em resposta.

— Adoro quando você diz palavras de amor em italiano. — murmurou ela.

Carlo não resistindo, beijou-a apaixonadamente.

Os convidados aplaudiram e então o casal começou a dançar.

Enquanto dançavam, Carlo sussurrava a música em seu ouvido.

— Dime, che la amoré tuo no muore... È come il sole d'oro, no muore mai piu... Dime, che non mi sai ingannare. Il sogno mio de amore per sempre sei tuuu... Oh cara, ti voglio tanto bene... No n'e nessuno al mondo, piu cara di teee...

Emocionada ela afastou-se e olhou-o dentro dos olhos, enquanto ele entoava a linda música.

— *T'amooo... Sei tu mio grande amoreee... La vita de mio cuoreee. Sei solo tuuuuu.*

Ao terminar, ele beijou-a nos lábios.

— Ti amo. — sussurrou-lhe.

Susan se arrepiou toda, sentindo o coração transbordando de amor. Ficaram emocionados quando ouviram os aplausos vindos das mesas e assobios dos mais jovens.

Dançaram mais uma hora e depois se sentaram.

Logo depois Carlo levantou-se e dirigiu-se ao tablado, onde o jovem cantor terminava de cantar *Dio come ti amo.* Subindo, pegou o microfone que o rapaz lhe entregava. A música parou e todos pararam de conversar e se voltaram para Carlo.

— Agora eu gostaria que vocês ouvissem essa história... — começou ele. Anos atrás havia uma garotinha...

E assim, lentamente ele contou a história resumida dele com Susan garotinha. Quando se lembrava de algumas coisas que ela na sua ingenuidade dos quatro anos falava, todos riam e olhavam para a jovem, que sem querer ficava vermelha feito um tomate.

Contou que se encontraram em Houston, sem saberem quem era quem, e só descobrindo na ceia de Natal na casa de Carmela.

— Guardamos nossos sentimentos, pois sabíamos que não havia futuro para nós. — revelou, olhando a jovem amorosamente. — Depois de muita tristeza e dor por uns tempos, de repente o destino nos mostrou que o nosso momento chegara. E hoje estou aqui, aproveitando a presença de todos os familiares e amigos, para revelar que estou completamente apaixonado por minha esposa Susan Hamilton Martinelli. — deu ênfase ao Martinelli. — Meus "Cachinhos dourados". — declarou fitando a jovem esposa com intensidade.

— Que Deus nos abençoe, *cara mia*, com...

— Quero um irmãozinho! — gritou Luigi, interrompendo o pai, que riu e olhou para uma Susan, vermelha como um tomate.

— Você terá, não é, *amore mio?* — perguntou ele à jovem esposa ruborizada.

— Sim... — respondeu ela, sob o olhar emocionado da sogra.

— Então viva os noivos! — gritou Kevin, fazendo um brinde.

Carlo voltou para a mesa e antes de sentar-se beijou a esposa suavemente e deu um beijo na testa da mãe.

Edward ficara encarregado de levar os noivos para casa, a fim de trocarem as roupas para a viagem de lua de mel. Depois, levou-os ao aeroporto, para pegarem um voo para a Itália.

Passariam a lua de mel na *villa* da Toscana, que se transformaria num refúgio de férias para a família.

Epílogo

Toscana, anos depois...
Na Villa Sole D'Oro... (Vila Sol de Ouro)

O céu estava azul, límpido, tipicamente do verão italiano, ali naquele lugar maravilhoso da Toscana, onde estava a villa da família Martinelli, agora batizada de *Villa Sole D'Oro.* A paisagem era tal como uma pintura, onde o verde dos ciprestes se harmonizava com a cor da terra, abaixo das videiras e oliveiras.

Com as portas francesas abertas, sentado na confortável poltrona ao lado de sua cama, vestindo apenas uma bermuda, Carlo lia o último New York Times, mesmo com toda a algazarra que vinha da piscina, com Luigi e Matt, irmão e tio corujas agora universitários, brincando com Paolo e Giulia, os gêmeos de três anos.

— Luigi, cuide do *piccolo.* Ele vai pular! — gritou Carmela, que estava sentada à sombra, numa cadeira ao lado da piscina, acompanhando a brincadeira dos netos e Matt.

— Calma, *nonna.* — respondeu Luigi, pegando o irmão nos braços. — Estamos cuidando deles.

Carlo sorriu dentro do quarto, ao lembrar o quanto o pequeno Paolo gostava de brincar na água.

— Agora chega de piscina. Está na hora da soneca. — ouviu-se a voz de Claudia, a babá de Paolo e Giulia. — Venha aqui Giulia se enxugar. — disse a jovem estendendo uma toalha para pegar a garotinha dos braços do seu tio Matt.

Colocando a garotinha na cadeira ao lado da avó, ela pegou a toalha de Paolo, chamando-o. Bravo por ter que sair da água, o garotinho esperneou o quanto pode. Foi com a promessa do irmão de que depois da sesta eles voltariam a brincar que amenizou sua irritação.

Carmela sacudia a cabeça, dando risada do gênio forte do netinho.

— Não é só o nome do *nonno* que você tem, *piccolo*. — comentou a matriarca, pegando o netinho no colo, enquanto a babá enxugava uma sonolenta Giulia. — Você também tem o gênio forte dele. — concluiu Carmela, dando risada do irrequieto Paolo em seu colo.

Carlo divertia-se com o que ouvia.

Espichou-se na poltrona, numa posição mais apropriada para um cochilo, fechando os olhos e deixando o jornal aberto na mesma página sobre o tórax desnudo. Pretendia continuar a ler após o cochilo.

O dia estava quente, mas ainda tinha uma suave brisa que vinha das colinas e entrava na porta e janelas abertas da suíte.

De repente, o jornal foi abruptamente puxado para o chão, num amasso total, o sobressaltando.

— Mas... o quê? — disse assustado e se endireitando na poltrona. Olhando para o lado viu a mãozinha gorda que segurava com força o braço da poltrona e os cachinhos louros da pessoinha que tentava ficar em pé. Ficando em pé um tanto insegura, a pequena deu um gritinho e, então, ele foi presenteado por um lindo sorriso de covinhas, mostrando orgulhosamente os quatro dentinhos adquiridos nos últimos meses. O rostinho estava todo sujo de papinha e, pelos vestígios, Carlo adivinhou que era de cenoura.

Carlo sentiu-se transbordar de amor pela figurinha alegre que tentava alcançar seu braço. Agora tinha outro Cachinhos Dourados...

— Pa... pà... — resmungou, na linguagem própria de um bebê de um ano e meio.

— Ah... é você, *piccola*... Que está fazendo aqui? — disse, estendendo o braço e levantando-a para ficar sentada sobre sua barriga.

Pegando a rechonchuda mãozinha, Carlo mordeu-a levemente para a pequeninha soltar as adoráveis gargalhadas.

— Hum... mas que gosto de cenoura temos aqui? — perguntou encantado pela careta que ela fazia, quando ele soprava em seu rosto.

Não resistindo, Carlo abraçou-a ternamente, acariciando os lindos cachinhos dourados. Ela era o espelho da mãe, quando tinha a sua idade.

A voz suave de Susan se fez ouvir cada vez mais próxima da porta aberta da suíte.

— Chiara? Chiara, onde você está?

Ao ouvir a voz da mãe, a garotinha aconchegou-se mais nos braços do pai, como se pudesse esconder-se. Carlo foi obrigado a rir com a tentativa frustrada dela esconder-se da mãe.

— *Amore*, você vi... Ah, você está aí, sua fujona. — disse a mãe carinhosamente, ao ver a pequenina nos braços do pai.

Aproximando-se, ela tentou pegá-la, mas ela agarrou-se mais ao pai, que ria.

Com o rosto escondido no pescoço do pai, ela resistia ao apelo da mãe, meneando a cabeça num "não" muito divertido.

— Vamos, Chiara... — dizia Susan suavemente. — Annamaria já está com seu banho pronto.

Carlo afastou carinhosamente o corpinho rechonchudo da filha para olhá-la nos olhos, tão verdes quanto aos da mãe.

— Vá com sua *mamma, piccola mia.* Tome seu banho e depois você volta com o *papà*, certo? — negociou Carlo, sabendo que, após o banho, o sono a venceria, como sempre.

Cedendo ao apelo do pai, a garotinha levantou os braços para a mãe, que a abraçou e cheirou-a no pescoço, arrancando a gostosa gargalhada da pequena.

Carlo olhou-as, embevecido com a ternura e o amor que havia entre mãe e filha. Depois fixou o olhar nas curvas da mulher amada.

— Por que está me olhando assim? — perguntou sorrindo a jovem mãe, percebendo o escrutínio do marido.

— Porque você é a mulher mais linda do mundo! — exclamou apaixonadamente. — A cada dia que passa, eu me apaixono cada vez mais por você. Depois das gestações, você ficou com um corpo voluptuoso que me deixa louco, sabia? Nem parece que você teve um bebê há cinco meses.

E sem que ela esperasse, ele passou a mão maliciosamente nas pernas da esposa, que vestia um shorts branco, e deu-lhe um beliscão no traseiro.

— Pare, pare já. — disse ela afastando a mão dele. — Tenho muita coisa para fazer...

Ele riu e continuou olhando-a, embevecido pela beleza da jovem esposa.

— Você continua o grande sedutor que encontrei em Houston. — respondeu, saindo com a filha nos braços. Antes de alcançar a porta, Carlo chamou-a.

— Sim? — perguntou, voltando-se para olhá-lo.

— Volte depois... — disse ele com os olhos carregados de desejo em suas longas pernas.

Susan arregalou os olhos e balançou a cabeça, ante a malicia no olhar do marido.

— Não, senhor. — respondeu rápido. — Aldo já está em Florença aguardando Lorenzo e Helen que estão a caminho. — explicou calmamente. Vão chegar juntos, antes do anoitecer.

— Mas eles vão chegar mais tarde. Venha, *amore*...

— Carlo, eu preciso ir ver se os quartos estão preparados para receber os hospedes. Amanhã pela manhã, chegarão meus pais e o restante da sua família. E à tarde chegarão nossos amigos.

Carlo fez uma careta.

— *Va bene*. Estou abandonado aqui... — queixou-se, olhando-a com uma careta de tristeza.

— Você está parecendo sabe o quê? — perguntou a jovem esposa, sorrindo com complacência.

— Se for para ofender, prefiro nem saber. — respondeu Carlo, numa expressão de falsa irritação.

Susan riu.

— Você está parecendo um cachorrinho *pidão*. — comentou, sem dar atenção ao que ele falara.

— Certo, agora pareço um cachorro. Não perde por esperar, *bambina!* — ameaçou ele, com um sorriso malicioso. — À noite nós conversaremos, nessa cama... — concluiu com um olhar cheio de promessas. — O *cachorrinho pidão* vai ter a sua janta saborosa... — movendo as sobrancelhas para cima e para baixo maliciosamente.

— Hum, seu olhar promete loucuras. — acrescentou a jovem, saindo do quarto rindo. — Mal posso esperar. — gritou do corredor.

Amor da minha vida, pensou ele sorrindo.

No dia seguinte, a villa

estava totalmente tomada pelos parentes e amigos que vieram para o batizado do pequeno Edoardo de cinco meses.

Durante o jantar, a alegria era geral, com os jovens primos se deliciando na piscina. A noite estava quente e atrativa para brincar na piscina.

Os adultos reunidos no terraço, comendo uma bela massa, regada a um bom vinho toscano, também conversavam, entre risadas e gargalhadas.

Carmela muito feliz com o pequeno Paolo no colo, que tentava comer no mesmo prato da avó, para o encanto dos tios e avós. Giulia também comia junto com sua madrinha Giorgia, deliciada com a maneira de comer da sobrinha e afilhada. Susan, ao lado de Carlo, mesmo participando da conversa a mesa, não perdia de vista seus lindos pimpolhos. Sentiu uma imensa felicidade, ao vê-los saudáveis e felizes e principalmente por ter dado essa alegria a Carlo de ter mais filhos. Paolo e Giulia tinham os cabelos escuros e os olhos azuis do pai, enquanto Chiara era sua cópia, loura de lindos cachinhos e olhos verdes, um tanto maiores que os seus. Nesse momento, ela passava do colo de Aldo para o de Loretta, seus padrinhos, que a adoravam. Todo o amor guardado naqueles dois corações para um filho que não puderam ter transbordava quando viam a pequena Chiara, que também os adorava.

E à sua frente, o pequeno Edoardo tentava pegar o dedo da orgulhosa madrinha Sarah, embevecida pelo cândido olhar do bebê. Sarah e Arthur já tinham o pequeno Eric, seu afilhado e de Carlo, que chegara um ano antes dos gêmeos Paolo e Giulia e aguardavam o segundo filho para breve. Para felicidade de ambas, Arthur comprara e reformara a casa de Carlo, dando assim a oportunidade de as duas amigas acompanharem juntas o crescimento de seus bebês.

Involuntariamente Susan soltou um suspiro que não passou despercebido ao marido.

— Suspirando por que, *bambina mia?* — perguntou, tomando a pequena mão na sua e beijando os dedos, um por um. O gesto carinhoso foi acompanhado por Louise que os olhava com carinho. A médica estava muito feliz com a felicidade da filha em realizar o sonho do seu amado Carlo em ter uma família grande. E ela e Ed estavam realizados com os netinhos que eles lhes deram e Matt orgulhoso em ser tio de quatro lindos sobrinhos.

— Que sou muito feliz, meu amor. Obrigada por essa felicidade. — respondeu olhando-o com os olhos brilhando de amor.

Carlo, então, levantou o braço do encosto e abraçou os ombros da esposa puxando-a para si.

— Eu é que tenho que agradecer, *bambina*, por esta família maravilhosa, por este lar, cheio de calor, de amor, que você me deu. — murmurou ele beijando-a de leve nos lábios. — Nem em sonhos, pensava que nesta altura da minha vida teria mais quatro filhos. Isso me torna muito feliz e agradecido, amore mio. Você e meus filhos são a razão do meu viver e eu te amarei até o meu final.

— Eu também te amarei até o meu final. — sussurrou ao ouvido dele.

Não resistindo, eles se beijaram, pouco se importando com a plateia.

— Amigos... — começou Aldo, com a voz cheia de malicia. — Diante desse beijo escandaloso e apaixonado, vamos, então, brindar ao amor. — concluiu, pegando sua taça de vinho para um brinde. Levantou-se da cadeira, sem deixar de olhar o irmão e a cunhada, ainda se beijando como se estivessem sozinhos naquele terraço.

— Ao amor! — disseram todos, rindo diante do amor explícito ali, na frente deles.

Completamente alheios ao que se passava ao seu redor, o casal ainda se beijava.

Só quando ouviram os aplausos é que se deram conta de que não estavam sozinhos. Pegando sua taça de vinho, Carlo se levantou.

— Vamos brindar...

As gargalhadas a seguir o deixaram confuso. Olhou para Susan que deu de ombros, também não entendendo.

Olhando para Giorgia, interrogativamente, arrancou mais gargalhadas.

— Acorda, *papà!* — gritou Luigi, do outro lado da mesa. — Nós já fizemos o brinde. Vocês estavam tão *ocupados que* nem perceberam.

Carlo se sentou e abraçou Susan, ambos constrangidos, e então caíram na risada, sendo acompanhados por todos ali.

Fim